M000096523

MANIPOLAZIONE MENTALE

3 LIBRI IN 1:
IL LINGUAGGIO DEL CORPO, I SEGRETI DELLA PSICOLOGIA OSCURA, COME ANALIZZARE LE PERSONE

Phil Anger

Sommario

IL LINGUAGGIO DEL CORPO

NOZIONI DI PSICOLOGIA OSCURA: ANALIZZA E INFLUENZA CHI TI CIRCONDA, AUMENTA LA TUA AUTOSTIMA, MIGLIORA LA TUA VITA, INDIVIDUA E NEUTRALIZZA NARCISISTI E VAMPIRI PSICHICI

Phil Anger

Introduzione

Quando due persone comunicano, generalmente avremo un trasmettitore e un ricevitore. Il trasmettitore è chi sta comunicando, chi ha ne ha l'intento, chi intende esprimere un concetto all'altra persona, ossia il ricevitore. Potrebbe stare cercando di trasmettergli la sua idea di come vorrebbe apparire. Il messaggio inviato dal trasmettitore ha, generalmente, un effetto sul ricevitore; quest'ultimo ha, in altre parole, una reazione.

Cosa si Intende per Comunicazione Efficace?

Si può affermare che il messaggio sia efficace, chiaro e preciso quando il trasmettitore, colui che si esprime, ottiene dal ricevitore l'effetto desiderato, cioè quando l'effetto ottenuto corrisponde all'intenzione iniziale. Questo richiede certamente un buon trasmettitore, ma anche un buon ricevitore. Affinché la comunicazione sia efficace è necessario che la persona che sta parlando sia in grado di chiarire le proprie intenzioni e di esprimere i propri pensieri, desideri, sentimenti, nel modo più amichevole possibile, sia a livello verbale che a livello non verbale.

Non è virtualmente possibile conoscere cosa la persona con cui ci rapportiamo pensi o sappia, o ciò che accade nella sua mente. Di conseguenza, è necessario che il linguaggio sia sufficientemente chiaro e preciso, così da non indurre il destinatario a indovinare o leggere tra le righe. Un buon trasmettitore cerca di porsi nel miglior modo nei confronti delle esigenze del ricevitore; non si ottiene buona comunicazione solo tramite gli sforzi di chi ascolta; in generale è necessario che entrambi gli attori in qualche modo

3

si impegnino a trasformare le reciproche intenzioni in un comune vantaggio.

Ecco un semplice esempio di comunicazione efficace: Madame Poirier pensa: "vorrei mangiare una mela". Dirà: "Ho fame. Avete delle mele?" Madame Durand, sentendo ciò, pensa: "ha fame e desidera una mela", e risponde: "se ho capito bene, lei ha fame e desidera una mela ora". Madame Poirier penserà: "Ha capito che desidero mangiare una mela", e risponderà: "Sì, è proprio così". Il trasmettitore ha ottenuto un effetto che corrisponde all'intento iniziale: questa è buona comunicazione.

Un messaggio è un vettore o trasporto di intenti, composto da due componenti essenziali: il contenuto e il sentimento. Il contenuto è ciò che le parole del messaggio vogliono esprimere. Il sentimento è la modalità tramite la quale il contenuto viene consegnato. Ad esempio, se una madre dice al figlio: "Vuoi andare a dormire?" questo contenuto può essere veicolato tramite diversi sentimenti, I quali ne determineranno il significato. A seconda della caratterizzazione non verbale questo messaggio può assumere significati del tutto differenti: "sono molto stanca e non ho voglia di parlare con te", oppure "oggi non ti ho visto tutto il giorno e sarei felice di trascorrere un po' di tempo insieme, se non sei troppo stanco".

Il medesimo contenuto può essere caratterizzato da sentimenti diversi, ed esprimere sentimenti diversi a seconda dell'intonazione della voce, delle espressioni facciali, dei gesti e di altri elementi non verbali. Per comprendere al meglio le intenzioni del trasmettitore, il ricevitore deve non solo comprendere correttamente il contenuto del messaggio, ma anche interpretare correttamente le emozioni che lo accompagnano.

Capitolo 1. Segnali delle Braccia

Tutti noi spesso ci esprimiamo tramite le mani. Per alcuni la gestualità esprime correttamente il messaggio che si vuole trasmettere. Alcuni di noi non usano affatto i gesti delle mani, altri ne fanno uso eccessivo. Gran parte dei gesti delle mani sono universali, e una persona che non ne fa uso può essere vista come distaccata; per questo motivo, l'altra o le altre persone potrebbero interpretare questo come assenza di interesse per ciò che si sta cercando di comunicare. Se le mani sono tenute nascoste, il vostro pubblico avrà difficoltà a fidarsi di voi; le mani tenute aperte, con i palmi allargati, comunicheranno invece apertura e onestà.

D'altra parte, agitare a casaccio le mani mentre si parla, può suggerire che siamo ansiosi o in preda al panico. Anche la rabbia può far agitare le mani in modo inconsulto. Per capire meglio, prendetevi del tempo e osservate i personaggi dei film quando litigano, e noterete che la maggior parte delle persone accusate di qualcosa hanno la tendenza ad agitare le mani per aria in modo sconclusionato. È un qualcosa su cui si ha poco controllo, dal momento che la maggior parte del linguaggio del corpo avviene a livello inconscio. Agitare le mani in aria in modo incontrollato indica che si è sopraffatti dalle emozioni, o addirittura che si rinuncia a difendere la propria posizione, rigettando la discussione verso colui che la ha iniziata.

Si tenga presente ora l'eventualità di indicare oggetti o persone. L'indicare, come gesto, aiuta ad indirizzare l'attenzione dell'oratore e del suo pubblico verso un'area di messa a fuoco. Nei vostri primi giorni di scuola avrete probabilmente visto il vostro insegnante che indicava in una certa direzione, senza parlare, fino a che gli studenti che stavano parlando non si siano zittiti.

Indicare uno studente in particolare aveva attirato l'attenzione di tutta la classe su di lui, rendendolo il centro dell'interesse, e provocando una rapida decisione di smettere di parlare. Ciò dimostra che, proprio come la comunicazione verbale, anche il linguaggio del corpo comunica tono ed emozioni.

A maggior ragione, indicare agitando l'indice indica un preciso avvertimento. Quando si punta l'indice verso qualcuno, agitandolo, si esprime un ammonimento e un severo giudizio sul destinatario indicato. È l'equivalente del dire: "È l'ultima volta che te lo dico". Probabilmente un vostro genitore o un vostro insegnate potrebbero utilizzare questa gestualità per segnalarvi o avvertirvi che ciò che state facendo è sbagliato e che vi dovreste fermare. Guardando un film potreste aver osservato che un poliziotto o altra figura autoritaria utilizza il dito indice per ammonire qualcuno. Il gesto di indicare evidenzia l'individuo indicato e riduce l'attenzione unicamente al comportamento che l'oratore sta cercando di segnalare al suo pubblico.

In relazione a ciò, allargare le dita e unirle a quelle dell'altra mano indica una profonda riflessione personale, come durante una preghiera o durante il ricordo di un caro defunto. Lo stesso gesto può venire usato durante la meditazione oppure durante lo yoga. Unire le dita alle corrispondenti dell'altra mano può anche indicare umiltà e gratitudine per tutto ciò che si è ricevuto. Ad esempio, I seguaci della fede cattolica utilizzano questo gesto quando pregano, proprio per esprimere umiltà e riconoscenza.

Si vedono persone che picchiettano sulla testa, una o più volte... picchiettare sulla testa con un dito o con una mano può indicare che la persona sta pensando intensamente o si sta sforzando di ricordare qualcosa. Ad esempio, si potrebbe utilizzare questa gestualità durante una conversazione, quando si cerca di ricordare cosa abbia detto un'altra persona... sono spesso i bambini che picchiettano la testa con un dito o l'intero palmo per far capire che stanno cercando di ricordare qualcosa... è un po' come dire: "dai, cos'era?" oppure "davvero, come si chiamava?", manifestando l'impegno nel ricordare.

Un palmo della mano completamente sollevato, con le dita distese, può indicare l'intenzione o l'invito a fermarsi. Quando si vuole fermare un veicolo a bordo strada, si alza uno dei palmi; questo viene generalmente inteso come un invito ad accostare. La stessa cosa vale nell'ambiente sportivo, un cui un palmo alzato indica che per qualche motivo il gioco debba fermarsi. Quando si discute con il proprio partner, se lui o lei alza uno dei palmi, sta segnalandoci che dovremmo smettere di parlare o di svolgere qualsiasi altra azione che abbiamo intrapreso.

In caso di un applauso, battere le mani una contro l'altra indica l'apprezzamento nei confronti dell'oratore o del messaggio che ci è stato trasmesso. Tuttavia, a volte, battere violentemente i palmi uno contro l'altro potrebbe essere una richiesta di interrompere ciò che altri stanno facendo in quanto, ad esempio, immorale, o irritante. A casa probabilmente uno dei vostri genitori avrà battuto le mani improvvisamente e violentemente per fermarvi e attirare la vostra attenzione, specialmente quando giocavate rumorosamente.

Intrecciare le mani una nell'altra e piegare le dita indica che si sta prestando attenzione ma al tempo stesso non ci si trova a proprio agio. Durante un colloquio di lavoro, un meeting o una lezione, il gesto di intrecciare le mani dovrebbe offrire una sorta di garanzia nei confronti della persona verso la quale è diretto. D'altra parte, è un gesto che si utilizza anche quando si viene menzionati in modo negativo. Pensate a come avreste reagito se in ufficio foste stati annoverati tra gli impiegati fastidiosi o tra quelli che non hanno seguito le direttive aziendali: probabilmente avreste intrecciato le mani e piegato le dita.

In aggiunta, se ci si sente timidi o incerti, è probabile che, durante una discussione, si intreccino le dita e si alzino le dita intrecciate. In questo contesto, il gesto costituisce una intenzionalità di gestire la situazione che ci sta creando problemi. Non si tratta semplicemente della esternazione del proprio stato d'animo fisiologico, ma è anche e soprattutto un modo per indursi ad affrontare la nostra ansia e il disagio improvviso.

Sempre a proposito di linguaggio del corpo e, nel dettaglio, della gestualità, portare entrambe le mani dietro la testa e intrecciare le dita, si viene a creare una sorta di cuscino; questo gesto generalmente indica disinvoltura, stanchezza, o semplicemente che non ci si sente coinvolti nello specifico argomento trattato durante la conversazione. Il medesimo gesto indica anche insofferenza nei confronti della conversazione o attività in corso. Pensate a come reagireste sentendovi esauriti dopo una lunga conversazione con un amico, o dopo la visione di un film particolarmente impegnativo: probabilmente portereste le mani dietro la testa e intreccereste le dita, creando un poggiatesta. Nella maggior parte dei casi, lasciarsi andare a questo gesto indica che probabilmente si sta permettendo alla propria mente di lasciarsi andare a pensieri che esulano dalla conversazione in corso.

D'altra parte, a volte le persone lasciano che uno dei due palmi sfiori il viso; questo gesto indica un pensiero profondo, la riflessione ed elaborazione di informazioni apparentemente contraddittorie, oppure l'accettazione della sconfitta di fronte al pubblico. Il gesto suggerisce rinuncia, cedimento a favore di pensieri o punti di vista del pubblico, ai quali inizialmente ci si era opposti. Il gruppo, la classe o l'audience hanno messo spalle al muro l'oratore, obbligandolo a fermarsi e a prendersi un minuto per ammettere che potrebbe aver trascurato alcuni aspetti della vicenda. L'oratore con questo gesto sta probabilmente manifestando il proprio senso di sconfitta.

A volte invece, per indicare deciso rifiuto o forte disaccordo, entrambi le mani con i palmi larghi vengono agitare in modo alternato, creando una sorta di X. Da bambini o da studenti, durante una lezione, probabilmente avrete più volte "disegnato" una lettera X per indicare rifiuto, quando l'insegnante sarcasticamente vi aveva invitato a *non* seguire I suoi insegnamenti. Questo gesto indica anche l'atto del ritirarsi nel nostro mondo interiore, per evitare di ascoltare o considerare ciò che ci sta comunicando l'oratore.

Capitolo 2. Segnali delle Mani

L e strette di mano sono un aspetto davvero importante della nostra vita quotidiana. Incontriamo amici e colleghi ai quali possiamo stringere la mano, ogni giorno. Le strette di mano non sono certo una novità, esistono da tempo immemorabile, sono antiche quanto l'umanità.

Strette di Mano

L'usanza di afferrare reciprocamente la parte inferiore del braccio era praticata già in epoca romana, per accertarsi che l'altra persona non avesse un coltello nascosto nella manica. A poco a poco questa abitudine si è trasformata in un saluto di base che poi è diventato la stretta di mano dei giorni nostri. In realtà la stretta di mano ha pro e contro... non sempre si stringe la mano ad uno sconosciuto; la stretta di mano infatti indica che la persona a cui la si stringe è benvenuta. Se non siete di essere i benvenuti in una determinata situazione o area, è meglio non arrivare alla stretta di mano. Si può notare una tecnica di questo tipo osservando un venditore che incontra un nuovo possibile cliente: invece di offrire una stretta di mano, si limiterà ad un semplice cenno con la testa. Una stretta di mano non dovrebbe comunicare superiorità o sottomissione, ma semplicemente equità. Diamo un'occhiata in dettaglio ad alcune pratiche e caratteristiche legate alle strette di mano nel mondo.

Una Stretta di Mano Che Significa Uguaglianza

Una stretta di mano potrebbe essere vista come una lotta simbolica per il predominio, tra voi e la persona a cui stringete la mano. In sostanza, nessuno dei due dovrebbe rivolgere il palmo della mano verso l'alto o verso il basso. I palmi di entrambe le persone dovrebbero essere verticali, per una corretta stretta di mano; inoltre, la forza applicata deve essere la medesima per entrambi. Se ci si accorgesse che la forza applicata risulta minore o maggiore rispetto all'altra persona, bisogna agire di conseguenza per riequilibrare la situazione.

Una Stretta di Mano Che Significa Sottomissione

Una stretta di mano esprime sottomissione quando il vostro palmo si posiziona al di sotto del palmo dell'altra persona; già il fatto di posizionarsi al di sotto fa pensare ad un atteggiamento remissivo, il che vi farà apparire sottomessi.

La Stretta di Mano Aggressiva

Siamo al caso opposto della stretta di mano di sottomissione: non si permetterà che l'altra persona, stringendovi la mano, metta il suo palmo al di sopra del vostro. Per ottenere questo, alzerete il braccio al di sopra del palmo dell'altra persona, tenendo il vostro palmo rivolto in basso, realizzando così una vera e propria spinta verso il basso. Questa stretta di mano intende comunicare potere e superiorità da parte vostra. Non state permettendo al mondo di credere che siate sottomessi, solo perché avete offerto la vostra mano ad un'altra persona.

La Doppia Stretta di Mano

Presentate la mano destra con il palmo rivolto verso l'alto e, quando l'altra persona spingerà la propria mano in basso, verso la vostra, appoggiate il secondo palmo sul dorso della sua mano. Questa è considerata la stretta di mano delle persone di successo, vuole rappresentare onestà e un forte legame tra le persone che si stringono la mano. È considerata anche la stretta di mano del leader, dal momento che è molto utilizzata tra i politici.

La Stretta di Mano a Pesce Umido

Si tratta di una delle strette di mano meno gradevoli in assoluto. Un individuo che stringe la mano con il palmo umido e senza forza, a causa di questo sua caratteristica, verrà considerato privo e di personalità e poco affidabile.

La Stretta di Mano a Morsa

Anche questa è una stretta di mano poco apprezzata in tutto il mondo: si effettua afferrando la mano dell'altra persona, tirando verso l'alto e poi afferrandola anche con l'altra mano, quasi a volerla imprigionare. I movimenti sono violenti e questa stretta di mano è considerata eccessivamente potente e invasiva.

La Stretta di Mano Spaccaossa

La persona che utilizza questa stretta di mano, afferra la mano dell'altro individuo e la stringe come se volesse stritolarla. Una tale stretta denota una personalità aggressiva e non dovrebbe mai essere usata.

La Stretta di Mano in Punta di Dita

Anche questo tipo di stretta di mano è generalmente disprezzato. Le persone che la utilizzano si limitano a sfiorare le dita della mano dell'altro, e potrebbero addirittura mancare il colpo. Un tale modo di salutare denota mancanza di fiducia e scarsa stima personale. Spesso questo tipo di stretta di mano si verifica nei rapporti lavorativi, e spesso, in un colloquio di lavoro, provoca la fine effettiva del colloquio ben prima che il colloquio stesso abbia inizio.

I Movimenti delle Mani

I movimenti delle mani sono, in realtà, abbastanza accidentali, però ci dicono molto a proposito delle persone che li fanno mentre parlano. Ci sono, tra l'altro, linee di guida generali per utilizzare il linguaggio del corpo in modo efficace.

Tenete le Braccia in Posizione Aperta

La prima cosa da fare, è avere sempre una mano tesa. Le mani aperte indicano trasparenza e approvazione; le mani aperte denotano anche onestà e integrità; tuttavia, ci sono altre chiavi di lettura per i palmi delle mani. Se le mani di una persona sono aperte o con il palmo verso il basso, mentre parla, significa che la persona ha un atteggiamento in qualche modo dominante. Questo si evidenzia in particolar modo nelle strette di mano. Tuttavia, nel caso in cui i palmi siano invece rivolti verso l'alto, non c'è alcun atteggiamento di minaccia. In questo caso la persona si mostra accessibile e, in ultima analisi, accomodante. In sostanza modificare l'orientamento dei palmi delle mani può radicalmente alterare il modo in cui siamo visti delle altre persone.

Non Incrociate le Braccia

Quando si parla, non si dovrebbe tenere le braccia incrociate e le mani strette. Le mani chiuse denotano scarso senso di responsabilità e mancanza di sicurezza. Le braccia incrociate comunicano una sensazione di allarme o ansia. Immaginiamo due persone che parlano: la prima sta in piedi, a braccia incrociate; ebbene, questa persona automaticamente sembra non afferrare ciò che un'altra persona, coni palmi delle mani bene aperti, sta cercando di comunicargli: la seconda persona, al contrario, sembra trasmettere un atteggiamento di tolleranza e benevolenza. Teniamo anche presente che un tipo di atteggiamento protettivo, in quanto più istintivo, richiede minore autocontrollo, senza contare che tenere le braccia incrociate risulta spesso comodo: purtroppo, questo tipo di comunicazione non verbale spesso viene interpretata in modo negativo dagli altri. Tenere le mani chiuse è davvero da evitarsi, durante una discussione. Ovviamente le braccia possono cambiare posizione, ma non andrebbero tenute incrociate per tutto il tempo.

Non Tenete le Braccia Davanti a Voi.

Quando affrontate un interlocutore, non abbassate le braccia davanti a voi, afferrando una mano con l'altra. Anche questo denota fragilità. Questa posizione, nota anche come "cerniera lampo rotta", denota arrendevolezza e debolezza allo stesso tempo e di conseguenza evitata il più possibile.

Cercate di evitare di abbottonare e sbottonare in continuazione le maniche della camicia in un luogo pubblico; una volta di più questo denota la vostra preoccupazione di apparire deboli. Similarmente, le donne dovrebbero evitare di afferrare le loro borsette e stringere a sé mentre parlano, anche questo denota incertezza e prudenza eccessiva

La Barriera del Braccio

Quando siete al ristorante o al bar, evitate di afferrare la tazzina del caffè e di proteggerla con il braccio, allontanandola alla vista. Non si dovrebbe usare il braccio come una sorta di barriera tra noi e il nostro interlocutore. Meglio aprire la propria comunicazione non verbale e spostare la tazzina a lato.

Parallelo Contro Perpendicolare

In una discussione di gruppo, se c'è necessità di indicare qualcuno, non bisogna usare la mano più lontana da questa persona. Utilizzate invece la mano più vicina, in modo che il braccio possa rimanere parallelo al corpo. Spostare il braccio dal corpo per indicare qualcuno è generalmente visto come un movimento sconsiderato. È bene cercare di mantenere le braccia il più possibile parallele al corpo. Ricordate di utilizzare sempre con cautela le mani e le braccia durante una conversazione: un uso sconsiderato potrebbe deteriorare o comunque modificare l'impressione che state dando, portando ad un esito diverso da quello desiderato.

Le Gambe

Le gambe sono molto lontane dai nostri occhi, pertanto è altamente probabile che vengano trascurate durante una discussione. Detto questo, le gambe trasmettono una quantità impressionante di informazioni sui nostri sentimenti ed emozioni.

I movimenti delle mani e della testa aggiungono certamente moltissimo alle nostre capacità di espressione non verbale; d'altra parte i movimenti delle gambe hanno un significato ben preciso, ed è bene mantenerle nella posizione più adatta. È sicuramente il caso di indagare più a fondo su cosa le varie posizioni delle gambe possano comunicare, e lo faremo più avanti.

Capitolo 3. Sorrisi, Risa e Segnali degli Occhi

Il viso è solo una piccola parte del vostro corpo, ma ha un impatto enorme sulla quantità di informazioni che le altre persone potranno raccogliere su di te. Il viso, pur essendo più piccolo, ad esempio, dello stomaco, o del resto del corpo nel suo complesso, è fondamentale per la quantità di segnali che può inviare alla persona con la quale state comunicando. Le persone guarderanno quasi sempre il vostro viso più che qualsiasi altra parte del vostro corpo. Vorranno osservare i vostri occhi, le espressioni della vostra bocca, per capire al meglio ciò che state cercando di condividere. Vediamo diversi modi tramite i quali, mediante le espressioni facciali, abbiamo la possibilità di condividere i nostri sentimenti e stati d'animo.

Microespressioni

Le microespressioni sono minuscole variazioni nei tratti del viso che danno una migliore percezione di ciò che una persona stia pensando o intenda fare. Che si tratti di una piccola ruga sulla fronte, o di un movimento della bocca, le microespressioni sono segnali da cogliere per interpretare quali siano i pensieri di chi abbiamo di fronte.

Ci sono sette diverse emozioni che possono essere colte tramite le microespressioni, in dettaglio: rabbia, paura, disgusto, tristezza, soddisfazione, felicità e sorpresa. Queste microespressioni si manifesteranno diversamente da persona a persona; tuttavia, ci sono alcuni tratti comuni che possiamo analizzare per riuscire a capire ciò che una persona possa provare. Vediamone qualcuna in dettaglio.

La rabbia, per cominciare, può essere facilmente colta esaminando le sopracciglia e la bocca. Le sopracciglia rivolte all'ingiù e all'interno, verso il naso, sono un tipico segnale di rabbia. La palpebra inferiore si potrebbe alzare e stringersi sugli occhi, così da far assumere uno sguardo leggermente strabico. Chi è arrabbiato, facilmente risucchierà le labbra all'interno, tanandole strette attorno alla bocca. L'espressione risulterà accigliata, anche a causa delle guance, che saranno tese, e della bocca, che sarà incurvata verso il basso.

Passiamo ora ad esaminare le espressioni di disgusto, che si potrebbero assumere a causa di un cattivo odore, o addirittura perché non abbiamo gradito quello che si è stato detto da un'altra persona. In termini di movimenti delle sopracciglia, si può mostrare disgusto allo stesso modo in cui mostriamo rabbia. Spesso però, una sensazione di disgusto lascerà le persone con la bocca leggermente socchiusa. Le guance saranno tese e il naso raggrinzito. Tutto va come se il loro viso si stesse allontanando da ciò che le ha disgustate.

Anche la paura, per quanto riguarda le sopracciglia, avrà una espressione simile; tuttavia le troveremo appiattite, in posizione decisamente più rialzata. Anche la fronte corrugata e la bocca leggermente aperta si possono interpretare come segnali di paura. Occorre osservare il resto del corpo per capire se si tratta di paura o semplicemente di sorpresa.

La sorpresa in effetti è piuttosto simile alla paura, ma ha connotazione più positiva; una persona sorpresa avrà sopracciglia incurvate, a differenza di una persona spaventata, che le avrà maggiormente allineate. La bocca sarà socchiusa o addirittura aperta, magari con gli angoli leggermente rialzati. Anche in caso di cattive notizie, ci potrebbe essere un leggero sorriso. Questo sorriso sta semplicemente a significare che la persona sorpresa sta cercando di elaborare l'emozione all'interno della sua mente.

La tristezza, da un punto di vista delle microespressioni, si potrebbe considerare una sorta di rabbia, ma rivolta verso il basso. Le sopracciglia saranno arcuate, ma meno tese e più vicine agli occhi. Notiamo anche che le guance saranno più rilassate, e gli angoli della bocca rivolti verso il basso.

La soddisfazione è una sorta di autocompiacimento; di certo siamo soddisfatti di cosa accade al momento, ma questo non implica necessariamente felicità. Ci si sente a proprio agio, non si è arrabbiati, questo tipo di situazione. La bocca generalmente è dritta, anche se uno dei due angoli potrebbero essere leggermente rialzati. Non si tratta assolutamente di un sorriso, o meglio, è un mezzo sorriso, un'espressione intermedia. Questo capita perché non astiamo provando emozioni forti, ma tuttavia sentiamo il bisogno di manifestarle alla persona che abbiamo di fronte.

Per finire, vediamo cosa accade quando si prova felicità. Si tratta senza dubbio di una delle microespressioni più semplici da individuare. La persona sorridente è una persona felice. Più è grande il sorriso, più è facile immaginare cosa quella persona stia provando. È sicuramente il caso di approfondire questo aspetto, per vedere in maggior dettaglio il sorriso di una persona ci possa comunicare.

L'Efficacia di Un Sorriso

Spessissimo accade di simulare un sorriso; è un modo molto diffuso per comunicare a chi ci sta di fronte che siamo d'accordo con quello che ci sta dicendo, o che stiamo apprezzando il particolare momento; questo non significa che stiamo davvero provando emozioni.

È facile individuare un sorriso finto osservando gli occhi di chi sorride; chi sorride per finta non avrà rughe agli angoli degli occhi, e le sopracciglia rimarranno ferme. Al contrario, chi sorride davvero avrà le sopracciglia leggermente rialzate e gli occhi saranno leggermente più chiusi, con gli angoli più corrugati.

Anche se la bocca potrebbe essere identica nei due casi, è la parte superiore del viso che ci dirà di più sulla genuinità del sorriso.

Secondo alcuni studi, sorridere ci farà sembrare più giovani, più magri e in definitiva più attraenti. Addirittura, pare che sorridere di più possa allungare la vita; si tratta di studi poco documentati, che certamente hanno bisogno di una casistica maggiore per poter affermare con sicurezza che non si tratti di semplici coincidenze. Cautelativamente, possiamo dire che *sembra* che alcune ricerche confermino che le persone che sorridono spesso possano sperare in una vita più lunga.

Quando una persona sorride, e la sua bocca è socchiusa, possiamo stare sicuri che questa persona è davvero felice, entusiasta. Tuttavia, un sorriso a bocca troppo rilassata, con occhi totalmente diversi, potrebbe anche essere un segnale di ansia o addirittura paura. Ci si potrebbe sentire a disagio, e il sorriso esprimerebbe un tentativo di adattarsi ad una situazione sgradita. È importante capire che una persona sorridente potrebbe non essere per nulla felice, ma potrebbe volerci comunicare che tutto sommato la situazione non è grave. Il sorriso può essere il più potente degli strumenti, pertanto sarebbe bene imparare ad usarlo al meglio. Ci si può esercitare allo specchio per renderlo il più credibile possibile. Diciamo questo: nei rapporti personali un sorriso artificiale non è proprio una bellissima cosa, tuttavia sorridere spesso in ambiti lavorativi e professionali può essere molto vantaggioso, perché tutti si sentiranno più rilassati, tranquilli e coinvolti.

Movimenti del Capo

La testa è una delle parti più importanti del vostro corpo; dopotutto, contiene il cervello. Allo stesso tempo, la testa di una persona può dire moltissimo su quali siano le sensazioni di questa persona. Fate attenzione a come si muove la testa di una persona che vi sta parlando.

La testa rivolta verso il basso è un modo inconscio per proteggere collo e mento dal rischio di infortuni. Può essere la manifestazione di un istinto ancestrale volto a proteggere la giugulare da qualsiasi minaccia esterna. A volte lo facciamo inconsciamente quando siamo tristi, arrabbiati o spaventati, per cercare di proteggerci. Fate caso al fatto che le persone possono dire qualcosa con gli occhi anche se hanno la testa abbassata. La testa bassa e gli occhi rivolti verso l'alto potrebbero semplicemente indicare che la persona è stanca e desidera riposare. La testa bassa con lo sguardo che si sposta da sinistra a destra può essere un segno di paura; invece la testa abbassata con lo sguardo anch'esso basso può essere un segnale di tristezza o depressione.

Fate anche caso al modo in cui le persone girano la testa: può sembrare che siano molto attente a ciò che in quel momento dovrebbe essere la cosa più importante, ma in realtà ciò che li attrae è nella direzione verso la quale è girato il loro corpo.

D'altronde, anche se le persone spesso girano la testa verso ciò che le interessa, c'è anche la possibilità che la si ruoti diversamente, di lato, per avvicinare le orecchie a qualcosa che stiamo ascoltando e di cui non vogliamo perdere nulla.

Una persona che inclina la testa da una parte all'altra probabilmente ti sta comunicando di essere interessata a ciò che stai dicendo, ma potrebbe anche essere un modo per metterti a tuo agio e, chissà, flirtare un po'. Annuire o, al contrario, scuotere il capo sono altri modi molto potenti per comunicare; chi china la testa, con aria di approvazione, molto probabilmente si trova in pieno accordo con quanto state dicendo. D'altra parte, sappiamo bene che la disapprovazione passa da un movimento della testa da sinistra a destra.

Notate che, anche se una persona sta approvandovi a chiara voce, la sua testa potrebbe comunque annuire leggermente: potrebbe trattarsi di un ulteriore segno di incoraggiamento, come se quello che abbiamo detto, in realtà, dovesse ancora essere oggetto di approvazione. Ma se, pur approvandovi a voce, notate che quella persona muove leggermente la testa da sinistra a destra, probabilmente vi sta nascondendo la sua reale opinione.

Cercate sempre di considerare movimenti ed espressioni nel loro insieme, e in particolare analizzate le microespressioni congiuntamente ai movimenti del capo. Questo vi darà una prospettiva più ampia e realistica di cosa quella persona stia cercando di comunicare con il proprio corpo.

Capitolo 4. Segnali delle Gambe e Segnali della Postura

Il modo in cui ci sediamo o stiamo in piedi quando interagiamo con le altre persone comunica molto di noi, spesso senza che loro o noi stessi ne siamo consapevoli. Se trovate che questa sia una affermazione un po' vaga, considerate questo: vi siete mai sentiti un po' sospettosi nei confronti di qualcuno, nonostante il suo bell'aspetto, il suo profumo o la sua conversazione piacevole? Nonostante fosse una persona attraente, nel profondo avete percepito che si sarebbe potuto trattare di una persona ambigua, che magari voleva solo approfittare di voi? Se è successo, probabilmente non ve ne siete resi conto, ma siete riusciti a percepire, a livello inconscio, il suo linguaggio del corpo, e nello specifico il linguaggio sella sua postura. Tramite l'interpretazione della sua postura siete anche inconsciamente riusciti a capire quali fossero le sue reali intenzioni. Bene, se riuscirete a padroneggiare l'arte di usare il linguaggio del corpo a vostro vantaggio, potrete facilmente fare sì che le persone si fidino di voi e si lascino persuadere. Potrete addirittura usare il linguaggio del corpo per avere successo nelle vostre relazioni o nella vostra carriera o vita professionale.

Vediamo alcune delle posizioni che più comunemente contribuiscono al linguaggio del corpo delle persone.

Posizioni da Seduto

Moltissime persone, probabilmente anche voi, non ne sono consapevoli, ma il modo in cui ci sediamo dice molto agli altri riguardo come ci sentiamo in quel momento, o anche sui nostri pensieri attuali, oltre che sulla nostra personalità. Il modo in cui sediamo, in realtà, può proiettare un'aura di timidezza o insicurezza attorno a noi, o al contrario proiettarne una di sicurezza, addirittura di aggressività. Vediamo alcune di queste posizioni da seduti.

La Seduta a Gambe Incrociate

Nella maggior parte dei casi, sedere a gambe incrociate comunica una sensazione di tranquillità e apertura. Le gambe incrociate con le ginocchia aperte a lato comunicano alle persone che siete pronti a mettervi in gioco per prendere in considerazione nuove idee, il che inconsciamente può dare di voi un'impressione di individuo aperto alle novità. Essere aperti significa anche una persona divertente, con la quale si sta volentieri, il che farà automaticamente sì che più persone si sentano naturalmente attratte da voi.

La Seduta Eretta

Anche senza rifletterci troppo, risulta fin troppo facile considerare affidabile, sicura di sé e degna di fiducia una persona che siede in questo modo. E se siete tra coloro che siedono in questo modo. La maggior parte delle persone penseranno a voi in questi termini, che ne siate a conoscenza o meno. Si tratta di una cosa ottima, soprattutto in situazioni lavorative o commerciali; questo perché se le persone istintivamente vi considerano affidabili e fidati, avranno una maggiore fiducia, quando si tratta di fare affari con voi. Senza menzionare quanto possa avvantaggiarvi questo da un punto di vista sentimentale o amoroso.

La Seduta Reclinata

Di tutte le posizioni da seduto, questa è forse quella che più di altre può creare un'atmosfera, alla Big Bang Theory, analitica direi. Appoggiarsi all'indietro è un gesto che comunica che si è in grado di osservare e analizzare una situazione, senza necessariamente agire in modo frettoloso o impulsivo. Questo darà di voi l'impressione di una persona che riesce ad essere maggiormente obbiettiva, avendo la capacità di farsi coinvolgere meno, così da pensare prima di agire. Da un punto di vista relazionale, darete agli altri l'impressione di essere consapevoli di come essi si sentano, il che può aiutare a connettersi in modo più profondo e guadagnare con maggiore facilità la loro fiducia e lealtà.

La Seduta a Caviglie Incrociate

Nella maggior parte delle situazioni, sedere con le caviglie incrociate darà di voi l'impressione di una persona non solo elegante e raffinata, ma anche umile e di mentalità aperta. Se poi le gambe saranno leggermente aperte, questa posizione comunicherà il vostro sentirvi a vostro agio non solo nei vostri panni, ma anche nei confronti dell'ambiente circostante.

La Seduta Stretta ai Braccioli

Se sedete rigidi, praticamente aggrappati ai braccioli della sedia, mostrerete consapevolezza e sensibilità nei confronti dell'ambiente che vi circonda. Del resto, rimanendo aggrappati ai braccioli darete agli altri l'impressione che vi sentiate emotivamente e fisicamente insicuri; perché altrimenti assumere questa postura?

Però, se farete dei braccioli un utilizzo normale, appoggiandovi le braccia, invece di cercare di stritolarli, potrete dare un'impressione totalmente diversa, addirittura opposta; così facendo comunicherete di essere una persona stabile, emotivamente, mentalmente e fisicamente, tanto che grazie alla vostra solidità emotiva e intellettuale, le persone si sentiranno predisposte ad affidarsi a voi. Probabilmente sarete voi a diventare i loro braccioli, in senso figurato.

La Seduta a Braccia Incrociate

Le braccia incrociate sono spesso recepite come indicatori di fiducia, inattaccabilità e forza. D'altra parte, questa posizione potrebbe essere interpretata come un indice di chiusura nei confronti di nuove idee, o di atteggiamento difensivo, dove le braccia incrociate davanti al corpo vengono viste come una sorta di protezione o barriera tra noi e il resto del mondo. Entrambe le interpretazioni possono rivelarsi veritiere: probabilmente chi siede a braccia incrociate non è né debole, né aperto.

La Seduta Laterale

Per una signora questa posizione è fondamentale. La splendida posizione della seduta laterale, con le ginocchia da un lato, comunica inevitabilmente una personalità naturalmente dolce, premurosa e delicata. Inoltre, facilmente porta ad assumere un'aria civettuola, per cui scegliete attentamente quando e con chi assumere questa posizione. Quando poi le ginocchia e il petto fossero direzionati verso una persona in particolare, si potrebbe inconsciamente dare l'impressione di essere aperti a qualcosa di nuovo, come ad esempio una possibile relazione.

La Seduta con le Mani in Grembo

Sedere con le mani ferme, appoggiate sulle cosce, darà generalmente un'immagine di persona timida e premurosa. D'altra parte, essere in grado di tenere le mani ferme da seduti vi farà apparire come una persona calma e concentrata.

La Seduta Centrale

Sedersi al centro di un divano, di una panca, o di un tavolo, comunica inevitabilmente agli altri che siete una persona totalmente sicura di sé. Perché? Perché le persone non particolarmente sicure di sé, o anche semplicemente timide, si preoccupano molto di dove sedersi; si pongono il problema di quale sia una posizione appropriata, e sedersi al centro è di solito molto poco confortevole per loro. Sedendosi al centro di conseguenza comunichiamo agli altri che non abbiamo paura di stare al centro dell'attenzione, e che riteniamo di poterci sedere dove vogliamo. Comunicare agli altri la propria sicurezza di sé permette di attrarre l'amicizia di altre persone altrettanto sicure, e questa davvero è una abilità preziosa in un ambito lavorativo.

La Seduta con la Gamba sul Bracciolo

Si tratta di una posizione assunta in prevalenza dagli uomini, in quanto sostanzialmente si tratta di una variante della seduta a gambe divaricate. Chi siede in questo modo, assume in un certo modo la proprietà della sedia e assume verso gli altri un atteggiamento informale e aggressivo allo stesso tempo.

Anche se non è insolito vedere questa posizione quando due amici scherzano e ridono insieme, è considerata decisamente inopportuna in situazioni più serie. Facciamo un esempio. Voi siete il capo, e un vostro subordinato viene da voi a scusarsi per un grosso errore lavorativo commesso, e la cosa vi sta più che bene. Il vostro subordinato, che ovviamente è molto infelice per quanto successo, si siede di fronte alla vostra scrivania con la testa bassa e le mani sulle ginocchia, il tipico linguaggio del corpo che vuole comunicare sottomissione. Se, poniamo, dopo aver ascoltato per un po' le giustificazioni e le motivazioni del vostro subordinato, appoggiaste una gamba sul bracciolo della sedia, gli avreste sottilmente comunicato che non vi frega assolutamente nulla di come si senta e, anzi, ritenete che vi stia solamente facendo perdere tempo. È un modo di dire: "sono stufo di ascoltare la solita vecchia storia". Sostanzialmente, uscireste da questa situazione come colui che ha appena respinto aggressivamente l'approccio del vostro subordinato. Magari ciò che volevate esprimere con la vostra postura era radicalmente diverso, magari intendevate comunicare che lo sbaglio non era poi così grave e che non si sarebbe dovuto sentire così male per l'errore commesso. È chiaro ora quanto possa il linguaggio del corpo essere potente nel comunicare qualcosa, anche se magari non era vostra intenzione comunicarlo? È chiaro quanto il linguaggio del corpo possa essere più potente rispetto alla comunicazione verbale? Magari la vostra intenzione sarebbe stata di incoraggiare il vostro sottoposto, purtroppo però il vostro linguaggio del corpo, la vostra gamba appoggiata al bracciolo della sedia, ha comunicato un messaggio aggressivo: non sono interessato a come ti senti, mi stai facendo solo perdere tempo.

Cercate di evitare a tutti i costi questo tipo di linguaggio del corpo, riservandolo alle interazioni informali con persone con le quali avete ottimi rapporti e profonda confidenza. Se proverete ad utilizzarlo in ambiti commerciali o lavorativi, ci saranno altissime probabilità che riuscirete solo ad irritare le vostre controparti e ridurrete in modo sostanziale le vostre possibilità di avere successo nella discussione o trattativa e di convincerle a schierarsi dalla vostra parte.

Se durante un meeting o riunione di lavoro qualcuno assumesse questo tipo di posizione, significherebbe che questa persona non ha considerazione nei confronti di chi gli sta di fronte e, probabilmente, potrebbe cercare di imbrogliarlo, a meno che non gli si risponda di conseguenza, e non vedo come si potrebbe farlo se non con rabbia e aggressività. Certo, c'è la possibilità di fare un tentativo scherzoso, di fargli capire che si è notata la sua postura e che non la si ritiene appropriata. Ad esempio, si potrebbe, scherzando, dirgli che ha i pantaloni strappati, e chiedergli di esaminare un oggetto davanti a lui, obbligandolo di fatto a cambiare posizione, e, in caso si ostinasse a riprenderla, continuare a impedirglielo in modo scherzoso o addirittura divertente.

La Seduta a Cavallo

In passato, gli uomini usavano lo scudo per proteggersi dalle armi dei nemici. Oggi usiamo qualsiasi oggetto disponibile per comunicare la nostra intenzione di difenderci dagli attacchi fisici e verbali degli altri; questi tentativi possono includere il nascondersi dietro un oggetto come porte, recinzioni, cancelli, oppure il sedersi a cavallo di una sedia.

Una persona che sieda a cavallo della sedia, simbolicamente si protegge usando lo schienale. Tra l'altro, assumendo questa posizione ci mostreremo dominanti e aggressivi, il che risulta utile per respingere gli "aggressori" e, dal momento che sedersi a cavallo di una sedia implica il tenere le gambe aperte, occuperemo uno spazio maggiore, aggiungendo ulteriore imponenza alla posizione.

Quando vi imbattete in una persona che siede a cavallo, probabilmente si tratterà di un individuo con una personalità molto dominante, a cui piace molto l'idea di prendere il controllo delle altre persone, appena queste abbassano la guardia. Nella maggior parte dei casi lo faranno in modo discreto, quasi non noterete che nel bel mezzo della discussione si sono seduti in questa posizione. Quindi, come possiamo gestire un personaggio del genere, riprendendo potere e magari aumentando le possibilità di convincerlo ad abbracciare la vostra idea? Come per altre posizioni di dominio, si può cambiare la propria, per costringerli a cambiare anche la loro. Ad esempio, alzandosi e spostandosi alle loro spalle; questo li costringerà a girarsi a loro volta per poter continuare ad interagire con voi. Questa mossa ha altissime probabilità di successo, anche perché girandogli intorno, lo si pone in una condizione in cui non sarà in grado di coprirsi la schiena, mettendolo di fatto in posizione di vulnerabilità, e questo non piace per nulla alle persone con una forte personalità.

E se fosse seduto a cavallo di una sedia girevole, che può facilmente permettergli di ruotare e mantenere la posizione? Per fargliela abbandonare occorrerà aggiungere un ulteriore stratagemma: invadere il suo spazio personale. Dopo esservi spostati per continuare a conversare con il vostro cavaliere, il che già vi avvantaggia perché lo potrete guardare dall'alto in basso, invadere il suo spazio personale gli renderà molto scomodo continuare a cavalcare la sedia, il che alla fine lo costringerà a cambiare e ad adottare una posizione più comoda.

Posture in Piedi

Quando stiamo in piedi, le gambe e i piedi naturalmente fanno la gran parte del lavoro; per tale motivo, gambe e piedi possono essere una ottima fonte di informazioni, su di noi e sugli altri. Come possiamo spiegarlo?

I dottori Paul Ekman e William Freisen hanno condotto ricerche sulle abitudini di chi ha la tendenza ad ingannare, e tali ricerche hanno mostrato che le persone che stanno mentendo hanno la tendenza e segnalarlo soprattutto tramite i movimenti della parte inferiore del corpo, indipendentemente dal sesso. Pare che questo sia dovuto alla consapevolezza dei movimenti o, in questo caso, alla inconsapevolezza. Generalmente le persone sono più consapevoli dei movimenti della parte superiore del corpo di quanto non lo siano dei movimenti di quella inferiore. Ciò è probabilmente dovuto al fatto che gambe e piedi sono generalmente al di fuori della visuale delle altre persone con la quali interagiamo, pertanto gran parte delle persone prestano molta meno attenzione ai loro movimenti e, in sostanza, sono molto meno abili a controllarli consapevolmente, rispetto a quanto invece accade con i movimenti della parte superiore.

Essere informati sulle principali posizioni di piedi e gambe, e dei messaggi inconsapevoli che trasmettono, può aiutarci a comunicare efficacemente con le persone e a interpretarle con precisione piuttosto elevata.

La Posizione a Piedi Paralleli

Questa postura viene generalmente assunta da un subordinato, e consiste nello stare in piedi con entrambe le gambe dritte e i piedi posizionati strettamente uno contro l'altro. Si tratta di una posizione piuttosto formale, che può comunicare un atteggiamento di aspettativa, come quello di un bambino che parla con l'insegnate, o di un soldato che si rivolge al suo ufficiale in comando, o ancora come quello di un atleta in piedi davanti alla giuria, in attesa del verdetto alla fine di una gara.

Questa particolare posizione in piedi è relativamente precaria rispetto ad altre, dal momento che tenere i piedi vicino costituisce una base più piccola e di conseguenza meno stabile rispetto a posizioni con i piedi più larghi. In questa posizione, soprattutto se colti di sorpresa, potremmo facilmente perdere l'equilibrio, o potremmo noi farlo perdere ad altri.

Come detto prima, si tratta di una postura che esprime un atteggiamento meno che neutrale sul particolare argomento o situazione, tipicamente adottata da persone insicure, timide o esitanti.

La Posizione a Gambe Allargate

Questa posizione eretta, normalmente adottata dagli uomini, comunica inconsciamente o subdolamente una attitudine di stabilità, risolutezza e decisione. Adottando questa posizione si riesce a comunicare sottilmente alle altre persone che intendiamo mantenerci saldi e non abbiamo paura di mostrare la nostra intenzione di dominare. Rispetto alla posizione precedente, anche qui teniamo le gambe dritte, però i piedi sono distanziati, tipicamente con larghezza maggiore di quella delle spalle, e il peso corporeo viene ugualmente distribuito su entrambi.

Una delle ragioni per le quali questa posizione è tipicamente maschile, è da ricercarsi nell'altezza media: solitamente gli uomini sono più alti delle donne e, di conseguenza, hanno un centro di gravità più alto, il che richiede una base più stabile per mantenere l'equilibrio. In realtà, al di là delle considerazioni sull'altezza, questa posizione è tipicamente utilizzata dagli uomini perché mette in evidenza la zona genitale, e pertanto esprime dominanza attraverso un aspetto più virile, cosa che una donna non sente il bisogno di fare. Una ulteriore ragione, più banale, è che di norma gli uomini non indossano la gonna, che di certo rende questa posizione più impegnativa e scomoda.

Ancora più che convincere gli altri a vederti in un certo modo, adottare la posizione a gambe allargate aiuta a sentirsi meglio con sé stessi nei momenti di tristezza o depressione; aggiungete a questa postura un atteggiamento eretto, con le spalle ben tirate indietro e la testa alta, e ben presto i vostri movimenti e la vostra posizione influenzeranno positivamente le vostre emozioni, e vi sentirete più positivi e sicuri di voi stessi.

Capitolo 5. Segnali di Insicurezza e Instabilità

Quando una persona dà segnali di fragilità, probabilmente si tratta di una persona perennemente insicura. Gli individui inaffidabili, in particolare, non riescono mai a provare un senso di sicurezza, è un fatto assodato, e ne traggono un grosso danno.

D'altra parte, non è facile cogliere segnali di incertezza da parte di una persona inaffidabile. Cosa è in fondo la fragilità, se non ciò che implica? Non arriverà mai il momento in cui ci si sentirà davvero sicuri di sé stessi e a proprio agio nei propri panni. Im problema più grave delle persone incerte è che spesso non sono quello che sembrano essere; spesso gli individui inaffidabili vengono fraintesi delle persone che li circondano.

Come mai succede questo? Naturalmente nessuno ha grande voglia di ammettere di vivere nel terrore di tutto, sarebbe da pazzi farlo... per questo motivo, la maggior parte degli individui incerti cerca di nascondere il proprio nervosismo, finendo invece per diffonderlo per colpa di abitudini e pratiche del tutto controproducenti. Il loro comportamento finisce per ottenere l'effetto opposto, facendo loro perdere ciò si cui hanno maggiormente fame: affetto e riconoscimenti.

20 Segnali di Instabilità da Tenere d'Occhio

Se vi state domandando se, per caso, siete in presenza di una persona inaffidabile, o se vi state chiedendo se non lo siate voi stessi, questi sono alcuni segnali di incertezza che è quasi impossibile nascondere.

1. Le persone instabili sono stressate da tantissime cose. Ho detto tantissime cose? Intendo tutte. Non esiste una singola cosa che non stressi una persona instabile. Sono stressati da ciò che accadrà in seguito, perché non sono certi di arrivare ad una situazione di sicurezza. Hanno sempre la sensazione che potrebbe accedere qualcosa che si riveli una trappola.

2. Non danno mai la sensazione di essersi sistemati. Un individuo incerto non si sente mai sistemato o al sicuro, in nessuna fase della sua vita, e non è mai a proprio agio con sé stesso. Ciò che è successo nel passato tiene viva la loro instabilità. Vivono in una condizione di perenne transizione e non si sistemano mai, convinti come sono che probabilmente tutto cambierà.

3. Pongono la stessa domanda o domande simili, più e più volte, come se la risposta non li soddisfacesse mai. Chiedono e richiedono, come ragazzini. Il modo in cui rispondi loro non ha importanza, non ascolteranno la risposta, a meno che non sia una risposta sgradevole, che poi è precisamente quello che vogliono sentirsi dire. Non danno mai veramente credito a nessuno, perché sicuramente hanno già previsto qualcosa di peggio.

4. Ti spingono via per poi tirarti nuovamente a sé. Le persone insicure non possono fare a meno di tirare a sé qualcuno ma, appena ti avvicini, ti spingono via. La loro stessa paura di essere allontanati li spinge ad allontanare gli altri. A quel punto si ritrovano da soli, e ti implorano di ritornare.

5. Continuano a chiedersi (e a chiederti) se sei arrabbiato con loro, o se abbiano fatto qualcosa di sbagliato nei tuoi confronti. La loro debolezza li spinge sempre ad assicurarsi di non averti in qualche modo offeso. Sono stressati dalla paura di perdervi se non fanno le cose che volete e come le volete, anche nel caso in cui non abbiano alcun motivo per temerlo.

6. Si scusano in modo accorato, indipendentemente dal fatto che sia il caso o meno. Non sono mai certi di non avervi fatto un torto, essendo insicuri hanno sempre la sensazione di aver fatto qualcosa di sbagliato e non hanno problemi a scusarsi, anche quando voi non riuscite a

immaginare cosa possano mai avervi fatto. Per avere la certezza che nessuno sia arrabbiato con loro, preferiscono esprimere dispiacere per non aver fatto tutto quello che avrebbero potuto fare.

7. Tendono a interrompere i rapporti. Gli individui incerti non si sentono mai abbastanza meritevoli da poter frequentare qualcuno, sono costantemente a disagio e temono di venire visti per quello che sono e, di conseguenza, lasciati indietro. Questo li porta a una reazione eccessiva, ossia ad allontanare preventivamente le persone, appena hanno il minimo timore che le cose potrebbero andare male; in ultima analisi, ottengono proprio ciò che vogliono: evitare qualsiasi relazione.

8. Si sentono come se tutti li disprezzassero. Il più sicuro indizio di instabilità è la tendenza a credere di essere disprezzati da tutti. In genere le persone insicure, nonostante si sentano disprezzate, non sono in grado di spiegarne il perché, o di accertare cosa esattamente di loro venga disprezzato; si sentono semplicemente detestati da chiunque.

9. Ritengono che la gente parli perennemente male di loro. Affermano che, nonostante la loro buona fede e il loro impegno a comportarsi bene, tutti parlino alle loro spalle. Ovviamente non gradiscono questa situazione; e nessuno piace che si parli male di noi, e pertanto si ostinano a sostenere che alle persone non importa nulla di loro, e che li stanno punendo per qualcosa. Naturalmente, nella stragrande maggior parte dei casi, in questo non c'è nulla di reale.

10. Dopo qualsiasi incontro o occasione sociale si chiedono se possono aver irritato qualcuno o peggiorato il loro rapporto con qualcuno. Le persone inaffidabili vivono praticamente ogni istante in preda all'ansia. Sono sempre convinte di aver detto qualcosa di sbagliato e rimuginano su ogni istante di qualsiasi interazione sociale abbiano avuto.

11. Dal momento che nelle riunioni, o raduni, non si sentono a proprio agio, di solito si incollano ad una singola persona, e in questo frangente riescono anche a sembrare

estroversi, perché avendo accanto una persona conosciuta, sono in grado di nascondere l'insicurezza e tirare fuori il fascino; chi non li conosce li scambierà per persone sicure e sincere. Fate caso al fatto, però, che anche in riunioni numerose avranno accanto sempre e solo un parente o un amico di lunga data.

12. Hanno reazioni esagerate quando vengono messi in difficoltà. Le persone instabili si sentono continuamente danneggiati, feriti nei sentimenti, e pertanto inclini a reagire. Si tratta di una vera e propria esplosione nei confronti di chi, secondo loro, li sta attaccando. Il problema è che, all'interno della loro mente, c'è una continua lotta, c'è una continua ansia, un continuo campanello d'allarme; di conseguenza, il minimo stimolo esterno può diventare la goccia che fa traboccare il vaso, facendoli letteralmente uscire di testa.

13. Cercano perennemente di abbagliarti e affascinarti, ma dentro di loro si sentono dei truffatori, e pertanto rimangono perennemente in balia dell'ansia. In effetti, molte persone insicure non sembrano affatto esserlo finché non le si conosce meglio. Sono molto abili a nascondere la loro natura oscura e in effetti lo fanno in continuazione; è per questo motivo che, sotto sotto, si sentono in colpa: stanno ingannando chi li circonda.

14. Sentirsi lontano da chiunque è la cosa che li spaventa di più. Per tutte le persone insicure non avere nessuno accanto è la cosa più terribile che si possa immaginare. Hanno bisogno di essere circondati da altre persone, perché questo li fa sentire come se tutto andasse bene. La sola remota possibilità di perdere qualcuno, soprattutto la persona amata, è di gran lunga intollerabile.

15. Muoiono dal desiderio di approvazione, ma quando la ottengono non riescono a vederla. Le persone insicure si struggono per i riconoscimenti e l'ammirazione, purtroppo quando finalmente vengono apprezzati, non sono in grado di capirlo, e finiscono per rifiutare l'apprezzamento. Hanno davanti al naso quello che cercavano, e non lo sanno cogliere.

16. Hanno l'abitudine di descrivere sé stessi per come gli altri li vedono. Le persone incerte lasciano agli altri il compito di interpretarli, di rivelarli per quello che sono in realtà; questo perché non essendo sicuri di sé stessi, non si conoscono più di tanto. Sperano sempre di piacere alle persone e di essere stimati, e la possibilità di non essere considerati sferra un colpo mortale alla loro autostima.

17. Stare accanto a loro è come trovarsi vicino a un generatore di corrente: si può percepire fisicamente la loro tensione. È difficile stargli vicini, non si siedono mai, non smettono mai di parlare, ovunque vadano portano con sé nervosismo e ansia.

18. Sono pignoli in modo ossessivo; sanno di essere inaffidabili, pertanto a loro volta non si fidano di sé stessi. Provano e riprovano, fanno la stessa cosa innumerevoli volte, e nonostante tutto non saranno mai sicuri di averla fatta bene.

19. Sono fortemente invidiosi delle vostre relazioni sociali. Sono molto tenaci in questo: una volta che avranno fatto di voi il loro centro di gravità, diventeranno molto fastidiosi tutte le volte che vi relazionerete ad altri.

20. Hanno bisogno di voi accanto a loro per sentirsi a loro agio nel mondo, per provare sicurezza, per sentire che tutto va bene. Se non continuate a incoraggiarli, si sentono persi. Dipendono da voi al 100%. Vanno ben oltre ad un normale rapporto di amicizia, dal momento che portano perennemente in spalla un carico si ansia, si inalbereranno per un nonnulla. Fanno molta fatica a convivere con il disagio e sono veramente abili a vedere difficoltà insormontabili nel minimo contrattempo che può normalmente capitare nella giornata tipo di chiunque.

Capitolo 6. Territorio e Spazi Personali

Per riuscire ad analizzare correttamente gli altri, è opportuno iniziare a comprendere i movimenti del nostro corpo. Nei contesti sociali, il modo in cui ci posizioniamo può fare la differenza tra trovare nuovi amici o respingerli. Dal momento che non siamo in grado di osservare i movimenti del nostro corpo così come li vedono gli altri, è importante affinare la nostra sintonia e la nostra percezione di come siamo condizionati dai sentimenti. Tantissime volte potremmo non renderci conto dei segnali silenziosi che siamo inviando. Certo, siamo in grado di manifestare le nostre emozioni, ma spesso le emozioni dimostrate sono poco sincere.

La scienza ha dimostrato che siamo in grado di emettere energia; questa energia può essere percepita e, addirittura, contagiare chi ci circonda. Quando la vostra energia interiore è fiacca o indebolita dalla noia, il vostro atteggiamento lo rispecchierà, per quanto facciate di tutto per simulare entusiasmo. La tecnologia è venuta in nostro soccorso, permettendoci di manifestare la nostra mancanza di interesse tramite un semplicissimo gesto: uno sguardo al cellulare. Quando un vostro amico vuole raccontarvi a tutti i costi una storia che non vi interessa, è altamente probabile che prenderete in mano il cellulare e inizierete a consultarlo. Nonostante a parole cerchiate di dimostrare che state seguendo il discorso, il vostro comportamento racconta una storia diversa. Questo tipo di atteggiamento è considerato mancanza di rispetto e potrebbe facilmente raffreddare un'amicizia.

Un altro segnale diffuso sono le braccia incrociate. In ambito sociale, questo segnale viene letto come: "non vorrei essere qui", mentre magari voi avevate semplicemente freddo. Purtroppo, però, l'interpretazione generalmente data dagli altri è la prima delle due, e ti porrai come una persona non facilmente avvicinabile. Vi capita spesso di farlo? È un modo come un altro per sentirsi protetti, una sorta di ricerca inconscia di auto-gratificazione in un momento di disagio. Si può facilmente attribuire questo tipo di comportamento a una forma di ansia sociale e insicurezza interiore; potreste essere la persona più attraente della stanza, ma non ne siete consapevoli. Il nostro io interiore e primordiale sta attivando una risposta inconscia di lotta o fuga. Potreste essere inconsciamente a disagio per il vostro abbigliamento, preoccupati delle opinioni altrui o addirittura timorosi di parlare con loro. Diventare consapevoli dei vostri bisogni e dei vostri sentimenti farà miracoli per il vostro linguaggio del corpo.

Prediamo in esame il caso di una conversazione a uno a uno: vi capita di spostare il vostro sguardo in giro, o anche solo di passarvi la mano sul viso mentre qualcuno vi sta parlando? Anche questi sono segnali di disinteresse, e potrebbero venire recepiti come molto irrispettosi dalla persona che vi sta parlando. Il vostro migliore amico potrebbe irritarsi con voi, e magari non ve ne accorgerete mai.

Il corteggiamento è un'arte raffinata e delicata, perché i vari segnali di interesse e attrazione, per quanto sinceri, sono spesso intrecciati gli uni agli altri. Vediamo un esempio pratico. In occasione di un evento pubblico, un giovane uomo sta conversando con una giovane donna, sposata. Lei gli sta raccontando che, nel reparto dove lavora, si è aperta una posizione lavorativa molto interessante; l'uomo è appena stato licenziato, per cui la cosa lo entusiasma! Inizia a spostarsi più vicino a lei, reclinando leggermente la testa; i suoi occhi non si spostano e sorride leggermente. Il marito della donna osserva la scena e se ne accorge e da quel momento li osserva più attentamente: quello che vede è un giovane uomo che, sorridendo, si china verso sua moglie; non può assolutamente immaginare che il corteggiamento sia l'ultima delle intenzioni del suo "rivale".

Questo esempio fa capire come il linguaggio del corpo possa influire pesantemente sul modo in cui le persone ci vedono. Quando si è impegnato in quella conversazione, il giovane uomo era estremamente interessato alla posizione lavorativa, non certo alla donna sposata; tuttavia, il suo corpo segnalava interesse, attrazione. È importante essere consapevoli di cosa esprima la posizione del nostro corpo, specie quando vogliamo esprimere rispetto, anche solo a livello subliminale. Un ottimo modo per divenire più consapevoli di cosa i movimenti del nostro corpo esprimano è tenere a mente i tre punti fondamentali: Chi, Cosa, Dove. Vediamoli in dettaglio.

Chi

Quando parliamo con un'altra persona, è fondamentale tenere ben presente chi questa persona sia. È un amico intimo del sesso opposto? È il vostro dirigente, o comunque una persona più anziana di voi? In ciascuno di questi casi, in modo in cui atteggiate il corpo significa tutto. Prendete, per esempio, il caso in cui vi stiate rapportando con il vostro manager; quando lui, o lei, si avvicina, avete la tendenza istintiva a incrociare le braccia? Potrebbe essere il vostro modo per proteggervi dalla loro autorità, o magari proprio la persona non vi piace. In ogni caso, non volete perdere il vostro lavoro, per cui riuscite addirittura a sembrare fortemente interessanti a quello che vi sta dicendo. In questa circostanza, la recitazione e la consapevolezza giocano un ruolo fondamentale

Quando vedere arrivare il vostro manager, potreste sentire le farfalle nello stomaco. Vi si potrebbero inumidire le palme delle mani. Invece di farvi sopraffare da questa emozione, limitatevi a prenderne atto, e tirate avanti. Non cercate di combattere la sensazione, riuscirete solo ad aumentare l'ansia. Accettate la situazione, appoggiate le mani sui fianchi con i palmi aperti. Fate del vostro meglio per respirare profondamente e tranquillizzarvi. Raddrizzate la schiena, con le spalle all'indietro; assumete un atteggiamento di apertura, che favorisca l'inizio della conversazione.

Cosa

Quando siete impegnati in una conversazione, cercate di percepire cosa il vostro corpo stia facendo. Avete le mani strette a pugno? Avete il viso tirato, come se foste scontenti? Quando riuscirete a rendervi conto di come il vostro reagisce durante una conversazione, imparerete anche a controllare quei movimenti. Una domanda fondamentale che dovete porvi è: "Cosa sta dicendo il mio corpo agli altri in questo momento?" Così facendo, potrete modificare all'occorrenza la percezione che gli altri hanno di voi.

Dove

Un altro aspetto fondamentale, quando si parla con gli altri, è rendersi bene conto di dove ci troviamo. Ci sono ambienti e situazioni che possono giustificare comportamenti specifici. Ad esempio, durante un appuntamento al buio, sarebbe piuttosto scortese grattarsi la fronte e le sopracciglia, come a mostrare disapprovazione per l'aspetto dell'altra persona. Certo, potrebbe non essere come ve l'aspettavate, ma non vorreste davvero mostrare ciò che state pensando. Altro esempio: non ci si presenta ad un funerale con un grande sorriso, a braccia aperte... anche se magari non conoscevate a fondo il defunto il vostro comportamento sembrerà superficiale e irrispettoso nei confronti dei familiari in lutto. Adeguare il linguaggio del vostro corpo al posto o situazione in cui vi trovate è fondamentale per la vostra reputazione.

La consapevolezza del proprio corpo è la chiave per navigare con sicurezza nel mondo. Definito come "il senso del nostro corpo", è la precisa comprensione di come esso sia composto, da come siano disposte le sue varie parti, di cosa comunichino, e di come le possiamo usare per comunicare. Alcune attività come yoga e pilates possono essere di grande aiuto per stabilire un ponte tra il corpo e la mente. Quando ci si impegna in questo tipo di esercizi si è mentalmente consapevoli del posizionamento di ogni parte del nostro corpo. Chiamiamo questa abilità propriocezione. Si ha pieno controllo del proprio equilibrio, e questo rafforza i muscoli e il controllo della mente su di essi. Praticare regolarmente questo tipo di attività può aiutare a comprendere come si muove il nostro corpo, e questo sarà utilissimo per valutare ciò che il nostro corpo sta comunicando in determinati contesti sociali e, se necessario, agire di conseguenza.

Volendo provare un esercizio di propriocezione a casa, iniziate a cercare di stare in equilibrio su un solo piede. Come si comportano le braccia? Sentite formicolio nella gamba opposta? Prendete coscienza di come le varie parti del vostro corpo lavorano insieme per cercare di mantenere l'equilibrio. Ripetete questo esercizio ogni giorno, e a breve inizierete a sviluppare la percezione di ogni minimo movimento del vostro corpo.

Per comprendere pienamente il linguaggio del corpo degli altri, bisogna entrare in contatto con i propri movimenti. Il linguaggio del corpo è qualcosa di più di una semplice interpretazione dei movimenti: è l'attribuzione di un significato più profondo alla postura del corpo di una persona, per arrivare a capire le sue emozioni.

Nessuno ama la parola "disciplina". Un semplice accenno ad essa provoca sbuffi e sospiri. Quando pensiamo al concetto di disciplina, pensiamo alla mortificazione della gioia di vivere. Quando pensiamo alla disciplina, pensiamo all'annullamento di noi stessi in favore di un lavoro che non vogliamo fare. Cerchiamo invece di non pensare alla disciplina, e all'autodisciplina in particolare, come a una punizione; vediamola invece con un modo per raggiungere i nostri obbiettivi, per rendere più facile la conquista di un traguardo, e, perché no, per rendere più piacevole la vita di tutti i giorni.

La verità è questa: adottare abitudini di autodisciplina riduce lo stress, focalizza verso obbiettivi e sogni, permette di trovare tempo per le proprie passioni e in definitiva ci rende persone felici e di successo. Come adulti abbiamo sempre pensato che l'autodisciplina ormai ci riguardi poco, ma in realtà molte persone di successo hanno solide basi costruite sull'autodisciplina.

Semplici abitudini come alzarsi all'ora prestabilita, fare esercizio fisico, praticare l'igiene dentale e mantenere i rapporti, sia sul lavoro che nella vita personale, richiedono una certa dose di autodisciplina; l'autodisciplina peraltro può migliorare tutti gli aspetti della nostra vita, tra cui la salute, le amicizie, le relazioni; può curare l'ansia e la depressione, e naturalmente è un grande aiuto nella scuola, nel lavoro e altro ancora.

Potrebbe sorprendervi, ma spesso le nostre più grandi difficoltà sono legate alla mancanza di autodisciplina. Se passate svegli la notte prima di una importante presentazione, o di un esame, maledicendoti per non esserti preparato a sufficienza, probabilmente avete un problema di gestione del tempo. Avrete già indovinato: la gestione del tempo è qualcosa che richiede autodisciplina. Se non riuscite ed uscire da una situazione finanziaria difficile, e vi trascinate da un assegno al successivo, con un conto bancario perennemente in rosso, probabilmente avete un problema di autodisciplina. La vita senza autodisciplina, o comunque con poca autodisciplina, e una vita difficile.

D'altro canto, una vita fondata su solide abitudini di autodisciplina è una vita prospera. Vivere con autodisciplina significa poter organizzare la giornata in modo da soddisfare tutte le nostre esigenze; tempo per il lavoro, tempo per gli amici, per la famiglia, per noi stessi. Vivere con autodisciplina significa vivere con meno stress, perché si è coscienti del fatto che abbiamo fatto ciò che dovevamo, invece di lasciare che le cose si aggiustassero da sole, in qualche modo, chissà quando. Ebbene, come si può iniziare a costruire la propria autodisciplina? La risposta sono i modelli mentali.

La Matrice di Eisenhower

Lo avrete sentito dire altre volte: la gestione del tempo è essenziale. Ma perché? Avere buone abitudini di gestione del tempo significa, tra le altre cose, aumentare l'autostima, avere maggiori soddisfazioni a scuola e nel lavoro, avere una maggiore credibilità e relazioni migliori. Essere in grado di svolgere nei tempi previsti i compiti che i siamo prefissi, posta inevitabilmente a sentirsi soddisfatti e fiduciosi.

Sarà bello arrivare a fine giornata, e saremo molto più motivati ad iniziare quella successiva, perché già sappiamo che siamo in grado di concludere ciò che siamo prefissi: del resto lo abbiamo già fatto il giorno prima! Anche se magari all'inizio non ve ne renderete conto, migliori capacità di gestione del tempo vi porteranno un maggiore successo professionale, dal momento che la capacità di dare la giusta priorità ai vari aspetti di un progetto, e dedicare loro del tempo di qualità, è assolutamente fondamentale, soprattutto sul posto di lavoro.

Anche i colleghi si accorgeranno della differenza e vi apprezzeranno e rispetteranno maggiormente, quando vedranno che la qualità del vostro lavoro è salita di livello. Gestire bene il tempo significa anche un partner più felice e amici più felici. Riuscire a bilanciare nel modo migliore carriera, sogni e incombenze varie vi permetterà di concentrarvi maggiormente sui vostri cari e passare con loro tempo di qualità.

Pur avendo chiari tutti i vantaggi di una corretta gestione del tempo, molte persone faticano ancora a mettere in pratica le abitudini necessarie per ottenerla e mantenerla. Sembra uno scoglio insormontabile, la vita è troppo frenetica, sembra impossibile trovare il tempo per riflettere, pianificare e dare le giuste priorità alle incombenze. Inevitabilmente, senza una corretta gestione del tempo si diventerà ansiosi, stressati, persino depressi.

Le persone che non pianificano il loro tempo hanno difficoltà a dormire, o non dormono bene quanto dovrebbero; appena chiudono gli occhi vengono sopraffatti da una giostra infinita di incombenze da affrontare. Hanno difficoltà a bilanciare lavoro e vita domestica, e inevitabilmente le loro relazioni ne soffrono.

Gestire il proprio tempo richiede disciplina, e non è qualcosa che avviene da un giorno all'altro; tuttavia chiunque voglia impegnarsi per acquisire questa abilità potrà mettere in pratica ottime abitudini e godersi una vita più piena e felice. Tutto inizia con l'imparare a stabilire delle priorità.

Ci sono pochi esempi di vite produttive paragonabili e quella del presidente Dwight D. Eisenhower. Durante i suoi due mandati come trentaquattresimo presidente degli Stati Uniti ha lanciato programmi che, in seguito, avrebbero portato alla creazione dell'attuale sistema autostradale USA, del lancio di internet e del programma di esplorazione dello spazio esterno della NASA.

Non è tutto. Prima di venire eletto presidente degli Stati Uniti, Eisenhower è stato comandante generale delle Forze Alleate durante la Seconda guerra mondiale, generale a cinque stelle dell'esercito, primo alto ufficiale della NATO nel 1951 e presidente della Columbia University. Si dice che abbia anche trovato tempo per sé, giocando a golf da solo e dipingendo a olio. Si può dire che la sua vita fosse piena, ma di certo sapeva come gestirla.

Uno degli strumenti di gestione del tempo più potenti da lui usati è la cosiddetta Matrice di Eisenhower, nota anche come Eisenhower Box. Questo modello mentale può letteralmente sconvolgere il vostro concetto di lista delle cose da fare; l'introduzione di quest'arma nel vostro arsenale vi farà ripensare totalmente il modo in cui date priorità alle vostre occupazioni.

La Matrice Eisenhower suddivide le attività tra quattro differenti contenitori o categorie. Queste categorie sono caratterizzate in base ai parametri urgente o non urgente, e importante o non importante. Situiamo idealmente in alto a sinistra il primo contenitore: "Urgenze".

Si tratta delle incombenze più urgenti e importanti della vostra lista e devono essere svolte il prima possibile. Questo tipo di compiti potrebbero comprendere, ad esempio, rinnovare la prescrizione di un farmaco importante, o completare il lavoro su un progetto della massima urgenza. Qualsiasi compito che non si possa rimandare ulteriormente dovrebbe essere catalogato in questa categoria. Il presidente Eisenhower sosteneva che impostare un timer e svolgere questi compiti il prima possibile fosse la stratega migliore.

Spostiamoci alla seconda categoria, idealmente posizionata in alto a destra; qui troviamo compiti importanti ma meno urgenti; chiamiamo questa categoria "Decisioni". Si tratta di cose importanti ma che possono aspettare di più, come cambiare l'olio dell'auto, o piegare la biancheria che è rimasta sul letto, in attesa.

I compiti da svolgere abbastanza presto ma non hanno una scadenza precisa, o hanno una scadenza ma non immediata dovrebbero finire in questo contenitore. Le voci della categoria "Decisioni" sono attività da programmarsi in un futuro prossimo. È bene assicurarsi di destinare loro del tempo e di inserirle nella pianificazione per assicurarsi che non vengano rimandate più del necessario.

Denominiamo la terza categoria, situata in basso a sinistra, "Delegare". Si tratta di incombenze da svolgersi al più presto, ma meno importanti ed eventualmente affidabili a qualcun altro.

Lo scopo ultimo di questa categoria è aiutarci a stabilire se una certa attività ha davvero bisogno assoluto della nostra attenzione, o se semplicemente ha bisogno dell'attenzione di qualcuno. Ad esempio, se siamo impegnati in compiti di prima o seconda categoria, e il partner ci chiama per chiederci di comperare del cibo per cani tornando a casa, è possibile fornire indicazioni precise su quantità e tipologia di cibo da acquistare, di fatto delegando il compito a qualcun altro. Una cosa importante: è fondamentale tenere traccia di chi siano i vari delegati, in modo da poter successivamente verificare il loro operato.

L'ultima categoria, idealmente situata in basso a destra, è destinata a compiti né importanti né urgenti; chiamiamo questa categoria "Eliminare". Le attività appartenenti a questa categoria ostacolano la vostra produttività e vi rallentano nello svolgimento dei compiti di prima, seconda e terza categoria. Può trattarsi di abitudini improduttive, come passare tempo sui social media, o attività non esattamente utili e che non hanno urgenza alcuna, come comperare l'ennesimo paio di scarpe solo per il gusto dello shopping.

Quest'ultima categoria è quella che richiede maggior autodisciplina, perché impedirsi di svolgere compiti inutili ma piacevoli è un po' come negare sé stessi. Ovviamente tutto questo non significa che le cose che vi piace fare quando non lavorate, come leggere o guardare la TV, debbano per forza rientrare in questa categoria.

L'obbiettivo primo della gestione del tempo è di bilanciare le vostre risorse tra lavoro e vita personale in modo da trovare tempo per voi e riuscire a fare anche le cose che vi piace fare. La quarta categoria deve contenere solo le attività inutili che vi fanno solo perdere tempo, né urgenti né importanti. Ricordate che il tempo è la vostra risorsa più importante.

Capitolo 7. Percettori e Percezione

Stiamo già studiando aspetto, comportamento e caratteristiche delle persone che ci circondano, e usando queste nozioni per cercare di comprenderli meglio. Cerchiamo ora di spostare l'attenzione sull'aspetto sociale delle presone che cerchiamo di giudicare. Non ci sono due situazioni uguali, per cui prendiamo in considerazione alcune variabili che possono influenzare la nostra capacità di giudizio.

Caratteristiche del Percettore

Tendiamo a ritenere che i risultati dell'analisi su comportamenti, aspetto e natura di un individuo, condotta da diverse persone, saranno sostanzialmente identici. Ad esempio, se discutete con vostra madre di vostra sorella Kitty, ci si aspetterebbe che aveste più o meno la stessa descrizione e la stessa immagine di lei. In realtà, però, spesso questo non è vero: il rapporto madre-figlia è diverso dal rapporto fratello-sorella. Kitty potrebbe essere più esigente e testarda nei confronti della madre, rispetto al fratello o sorella maggiori.

In generale, la natura della relazione, le circostanze, lo stato d'animo di un individuo e il luogo dell'incontro sono tra i pochi elementi fondamentali su cui ci possiamo basare per una prima analisi. Il risultato sarà sicuramente diverso se prendiamo in esame diversi momenti del comportamento della medesima persona.

D'altra parte, parlando con il medesimo individuo, diverse persone potrebbero avere impressioni anche molto distanti. Solitamente una persona in procinto di farsi un'opinione su ciascuno utilizza il suo proprio approccio, i suoi propri schemi le sue proprie aspettative. L'interpretazione di chi abbiamo di fronte sarà diversa a seconda delle diverse percezioni. Mi piace pensare che sia la nostra personale esperienza a disegnare il quadro della nostra percezione.

Uno degli elementi chiave che influisce sulla nostra opinione su un dato individuo è l'accessibilità cognitiva dei suoi tratti. In altre parole, possiamo dire che l'immagine o idea più rapida che colpisce l'osservatore sarà quella che maggiormente determinerà l'opinione su chi ha davanti; questa opinione varierà da osservatore a osservatore. Di fatto, dal momento che non siamo tutti uguali, persone diverse noteranno nella persona osservata diversi aspetti della personalità. Alcuni potrebbero rimanere colpiti dall'aspetto e dallo stile nell'abbigliamento, altri potrebbero rimanere affascinati dall'altezza, o dall'intelligenza. Se siete appassionati di moda, probabilmente osserverete innanzitutto il gusto nel vestire, gli indumenti firmati, eccetera.

Per sintetizzare: è vero che persone con diversa accessibilità lasceranno impressioni radicalmente diverse nel momento in cui ci si crea una prima opinione. Di nuovo; se seguiste le mode, il vostro primo criterio potrebbe essere basato sull'attualità o meno di un certo outfit. L'opinione che ci facciamo degli altri, in fondo, riflette anche noi stessi. D'altra parte, se osservatori diversi esaminano lo stesso gruppo di persone, probabilmente noteranno più o meno le stesse differenze macroscopiche tra una persona e l'altra, andando così a minimizzare le differenze di percezione tra un osservatore e l'altro.

Non tutti abbiamo il medesimo bisogno di cognizione, inteso come la propensione a vivere in modo completo e vigile le nostre esperienze. In effetti, potremmo anche categorizzare le persone in base all'istinto di elaborare le informazioni trasmesse da chi li circonda. Le persone con un forte bisogno cognitivo, si dedicano all'interpretazione degli altri con grande intensità, e questo a volte potrebbe portarli a risultati ingannevoli o addirittura casuali, dal momento che dette persone tendono a enfatizzare a dismisura i fattori circostanziali, finendo per attribuire un significato del tutto personale al comportamento degli altri. Si tratta di persone molto più tolleranti e meno impulsive rispetto a colore che hanno minore e addirittura nessun bisogno cognitivo.

Nonostante il bisogno di cognizione si traduca per tutti in un'inclinazione a considerare attentamente ed esaurientemente qualsiasi piccola sfumatura, ogni singola persona applica questa particolare tendenza in modo del tutto personale. Le differenze individuali, oltre a influenzare la nostra capacità di interpretazione, si traducono anche nel tipo di personaggio che abbiamo la tendenza a cucire addosso agli altri e a noi stessi.

I cosiddetti teorici dell'incremento, ad esempio, ritengono che tratti e personalità siano variabili con il tempo; le persone con questo tipo di mentalità hanno la tendenza a prestare più attenzione agli aspetti circostanziali della scena, rispetto agli attori che la calcano. La statistica d'altronde mostra che i teorici dell'identità, che ritengono al contrario immutabili queste caratteristiche, si rivelano spesso incapaci di arrivare a capire davvero le motivazioni di un certo comportamento.

Questo tipo di differenza nello stile di interpretazione si traduce anche in una diversa condotta. Si ritiene che i teorici dell'identità affrontino maggiori difficoltà quando devono intraprendere una nuova impresa, dal momento che il loro stesso modo di pensare li ostacola in qualsiasi tipo di adattamento. Un teorico dell'incremento, al contrario, dà il meglio di sé nelle nuove sfide perché percepisce sé stesso in modo più flessibile e meno categorico. Si può a questo punto concludere che capire i diversi modi in cui le persone interpretano gli altri possono aiutarci a comprendere la nostra percezione di noi stessi e degli altri, oltre che migliorare il nostro atteggiamento nei vari contesti sociali.

Capitolo 8. Mirroring

Uno dei problemi critici nell'imitazione del linguaggio del corpo di un altro, o mirroring, sta nel fatto che implicitamente stiamo dimostrando il nostro interesse e la nostra intenzione deliberata di stabilire un rapporto. In effetti il mirroring crea una connessione tra le parti coinvolte in una conversazione. Come per qualsiasi altro aspetto della comunicazione, è necessario imparare il modo migliore per rispecchiare il linguaggio del corpo, se vogliamo trarre da ciò il massimo beneficio.

La prima cosa da farsi per costruire una connessione è affrontare le persone. Fronteggiare una persona significa prestarle la nostra completa attenzione. Avvicinatevi e atteggiate il vostro corpo così da posizionarvi direttamente di fronte alla persona di vostro interesse, come a farne il centro del vostro universo. Stabilite un contatto visivo, tenendo presente che inizialmente potrebbe sembrare un atteggiamento invadente. Il contatto visivo è essenziale per comunicare il vostro livello di interesse per la persona che avete di fronte: state dichiarando un'attenzione esclusiva. Il contatto visivo aiuta a stabilire una connessione forte, ed è un'ottima premessa per sentimenti di amicizia. Provate un triplice cenno della testa; questo movimento ha due funzioni. Un triplice cenno della testa comunica alla persona che abbiamo di fronte un forte interesse, la nostra totale attenzione; probabilmente la persona, a questo punto, parlerà tre o quattro volte più a lungo. Il cenno della testa inoltre comunica che siamo in sintonia con ciò che l'altro sta dicendo, creando un ambiente fertile per una conversazione sostenuta. Cerchiamo di suscitare domande che ci permettano di rispondere con un cenno della testa. Si può iniziare parlando del tempo. Cerchiamo di alternare sincerità a simulazione; stare di fronte alla persona, il contatto con gli occhi e l'uso del triplice cenno aiutano a mantenere il ritmo della conversazione. Probabilmente avete già creato un legame forte, ma per ottenere il massimo risultato usate la vostra immaginazione per simulare che il vostro bersaglio sia la persona più interessante che abbiate mai incontrato. Immaginate e agite di conseguenza, poi ad un certo punto smettete di fingere. A questo punto è probabile che l'effetto mirroring si inneschi automaticamente, ma le tecniche seguenti possono migliorarlo e raggiungere prima gli obbiettivi prefissati.

Sfruttate i concetti di ritmo e volume; spesso le persone pensano al mirroring del linguaggio del corpo come una semplice imitazione delle azioni fisiche altrui; tuttavia il mirroring include tutti gli altri aspetti della comunicazione non verbale, come ritmo e volume. Ad esempio, rispecchiare ritmo e volume della conversazione dell'altra persona aiuta ad avviare una connessione e un rapporto. Se avete di fronte un parlatore veloce e rumoroso, siatelo anche voi: alzate il volume e agitatevi. Se il vostro interlocutore parla lentamente e a voce bassa, assumete un atteggiamento rilassato e agite di conseguenza. Rispetto all'imitazione dei movimenti del corpo, adeguare ritmo e volume della conversazione è più facile. Provate a ricordare come vi siete sentiti quando l'amico con cui stavate parlando ha adeguato tono e ritmo della conversazione al vostro: probabilmente avete percepito da parte sua sincero interesse e desiderio di continuare la conversazione.

Proseguiamo: cercate di identificare il segno di puntualizzazione del vostro interlocutore. Se avete prestato attenzione a chi avete di fronte, avrete cercato di rispecchiarvi nel suo linguaggio del corpo e, di conseguenza, dovreste aver scoperto il segno di puntualizzazione preferito, utilizzato per sottolineare un aspetto che gli sta particolarmente a cuore. Potrebbe essere legato alle sopracciglia: un rapido innalzamento delle sopracciglia spesso indica puntualizzazione. Potrebbe anche trattarsi di un gesto della mano, come fanno spesso molti politici. Se, per esempio, vi accorgete che l'interlocutore tutte le volte che insiste su un punto cruciale fa un certo gesto con le dita, allora utilizzate questo fatto: tutte le volte che vedete quel gesto annuite, come a incoraggiarlo.

Quando ha finito la frase, replicate il suo gesto, come a significare totale accordo con quanto sia stato da lui espresso. Notate che, senza bisogno di aver detto una parola, vi siete connessi e avete comunicato con il vostro bersaglio.

Risulta altresì importante accertarsi della solidità del collegamento con chi avete di fronte. Ad esempio, provate un'uscita palesemente non correlata alla conversazione, e vedete se l'interlocutore vi segue. Ponete di stare facendo un discorso, e che un membro del gruppo vi si avvicini; state illustrando le differenze culturali tra la attuale generazione e quella dei vostri nonni, che hanno fatto la guerra; il discorso è solenne ma, improvvisamente, un fastidioso prurito vi spinge a grattarvi il naso: ebbene, anche l'ascoltatore si gratta il naso, mente continua a parlare con voi. Potrebbe essere un segno decisivo, come un colpo di fortuna, allora insistiamo e ci grattiamo la testa, ed ecco che anche lui ripete il gesto. È così buffo che quasi scoppiate a ridere; non è cosa furba continuare su questa linea perché si rischia di rompere la connessione e, peggio ancora, di far sentire il vostro bersaglio come se lo prendeste in giro, vanificando tutto il lavoro svolto fino a quel momento. Tenete inoltre presente che non è buona idea replicare tutto il linguaggio del corpo, ma solo i segnali negativi; evitate di riflettere la comunicazione non verbale negativa, come voltarsi, chiudere gli occhi, incrociare le braccia o distogliere lo sguardo. Come per qualsiasi altro aspetto della comunicazione, la pratica di queste strategie è indispensabile per avere successo.

Come illustrato, il mirroring aiuta a stabilire una sorta di ritmo con il nostro interlocutore; lo scopo principale del rispecchiamento del linguaggio del corpo del vostro target è proprio quello di farvi notare da lui e farlo adeguare al ritmo della vostra comunicazione, che sia verbale o meno. Provate a ricordare i tempi della scuola, quando, durante un'attività sportiva o una visita guidata con altre classi, incontravate nuovi studenti; uno dei modi per approcciare qualcuno che non conoscevate era fissarlo, probabilmente lui o lei avrà risposto al vostro sguardo. Adeguare il respiro e sbattere le palpebre in sintonia sono passaggi successivi che, in breve tempo, fanno sì che si instauri una conversazione silenziosa, che necessita di parole. Sono tutte azioni che, tramite il mirroring, creano modelli di comunicazione non verbale con chi abbiamo attorno.

Quando sorridiamo a un bambino, probabilmente anche lui sorriderà a voi. Sorridere a un bambino e riceverne un sorriso in cambio è il più semplice esempio di mirroring. Nella maggior parte dei casi, i bambini ripeteranno le azioni che rivolgete loro. Se battete le mani, le batteranno anche loro. È vero anche nei neonati, nonostante non abbiano il livello di coscienza necessario per capire cosa stiano facendo; questo dimostra quanto a fondo vada il rispecchiamento del linguaggio del corpo. I bambini che difficilmente ripetono le azioni dei grandi potrebbero avere qualche problema, è un sintomo utile che può spingere ad indagini più approfondite.

Rispetto agli uomini, solitamente le donne hanno maggiore facilità a rispecchiare il comportamento altrui. Una donna ha grande facilità a rispecchiare il comportamento di un'altra donna, il che permette di creare connessione istantanea o addirittura complicità, anche con un'estranea. Se siete una donna, o se avete diverse amicizie femminili, potreste aver notato come le donne abbiano facilità di connessione tra loro, e questo è dovuto in gran parte all'abilità nel mirroring. Ed esempio, se due donne stanno parlando e una delle due si sistema i capelli, probabilmente poco dopo lo farà anche l'altra; sono tutti comportamenti che facilitano il rapporto e creano, come detto in precedenza, una sorta di ritmo.

Prima di intraprendere una politica di mirroring, è bene considerare chi abbiamo davanti; non tutti gli interlocutori sono adatti, non sempre è una buona idea. Rispecchiare il comportamento di un vostro superiore potrebbe avere effetti sgraditi, e lo stesso vale con un collega del sesso opposto, potrebbe essere male interpretato; nonostante l'eventuale risposta positiva, il vostro approccio potrebbe essere preso come un corteggiamento. In alcuni contesti, soprattutto lavorativi, il mirroring rischia di apparire poco professionale o addirittura una violazione dell'etica del lavoro. Un insegnante che rispecchia la mimica di uno studente, o un medico che fa lo stesso con un paziente, vengono facilmente male interpretati; sembra un atteggiamento di scherno, anche se magari l'intenzione era tutt'altra. In sostanza, se tra due persone c'è una qualsiasi sorta di rapporto di subordinazione, è bene tenerlo presente e regolarsi di conseguenza, moderando l'approccio.

Preso per quello che è, il mirroring del linguaggio del corpo è un meccanismo molto efficace per costruire fiducia e comprensione, in modo molto rapido. Da quanto abbiamo visto, replicare il linguaggio del corpo crea una connessione tra le persone, soprattutto quando sono persone che non hanno alle spalle una grande storia di conversazioni. Abbiamo accennato al fatto che questa strategia risulta particolarmente efficace nelle interazioni casuali come quello che si verificano in situazioni come eventi sportivi, feste o eventi comunque mondani, dove potreste avviare una conversazione casuale, impostarne il ritmo e magari da qui arrivare a costruire un rapporto più profondo. Possiamo anche considerare il mirroring come una sorta di test, una valutazione preliminare da effettuarsi prima di esplicitare le proprie intenzioni. Se le cose vanno male, se il mirroring viene scoperto e, in definitiva, si ritorce contro chi lo pratica, si può sempre buttarla sullo scherzo, minimizzare e battere in ritirata; al contrario, se il responso è positivo, è probabile che si possa portare avanti il discorso e, chissà, intrecciare un rapporto stabile.

Per concludere, come per qualsiasi forma di comunicazione, è bene considerare i sentimenti degli altri. Anche se il mirroring del linguaggio del corpo è una forma di comunicazione non verbale e perlopiù passiva, bisogna tenere presente che l'essere umano è una creatura emotiva; non si deve e non si può ignorare i sentimenti altrui. Se il linguaggio del corpo del nostro bersaglio indica rabbia, meglio desistere, moderarsi, mostrare considerazione e rispetto. Al contrario, se l'interlocutore segnala felicità, è bene comunicare noi stessi positività, così da incoraggiarlo a continuare e sfruttare il feeling che si è creato per instaurare un rapporto positivo.

Capitolo 9. Segnali di Attrazione

Per meglio comprendere i segnali di attrazione e fascino della nostra epoca, sarebbe interessante, potendo, guardare al contesto storico dal quale provengono. Nonostante abitassero nelle caverne, i nostri progenitori probabilmente avevano un linguaggio del corpo simile al nostro. In questo capitolo vedremo i messaggi che cerchiamo di inviare con il nostro corpo ai nostri potenziali compagni, e quali di questi sono considerati seducenti. Vi siete mai chiesti come potreste sembrare più attraenti? Ricordate che il fascino non è solo una questione di aspetto.

Gli individui attraenti hanno certamente un loro fascino di base. Spesso siamo attratti fisicamente da qualcuno, tuttavia, più spesso, siamo attratti dalla loro sicurezza, dal loro entusiasmo, dalla loro personalità. Il fascino va ben oltre la bellezza. L'attrazione non è solo il materiale desiderio di trovare un complice sentimentale, e generalmente ci si trova ad essere attratti da uno specifico tipo di persona o situazione. Ad esempio:

- Siamo attratti da uno specifico tipo di gruppo di persone
- Siamo attratti da persone che la pensano in un certo modo
- Siamo attratti da certi locali, magari per l'atmosfera, il menu, il contesto

Per capire cosa entusiasma le persone, è essenziale analizzare più a fondo il concetto di attrazione; se volete che le persone sentano bisogno di voi, se desiderate apparire seducenti, se volete attrarre altre persone, è tempo di imparare di più sulla legge di attrazione.

La Legge di Attrazione

Occorre ridefinire il concetto di fascino. Il fascino è legato alla vostra accessibilità e alla vostra capacità di attrarre a voi le persone e i loro pensieri. Parliamo di fascino quando proviamo curiosità, interesse o addirittura sentiamo l'impulso di avvicinarsi ad una persona o ad un oggetto. Sentiamo la necessità di interagire maggiormente. Provare fascino ci fa sentire vivi e connessi agli altri. Ebbene, come possiamo attrarre maggiormente le altre persone? Vediamo alcuni spunti.

Smettiamola di Essere Noiosi

La nostra mente assomiglia ad un bambino affamato: è perennemente avida e desiderosa di sfamarsi con qualcosa di interessante. Essere "figo" non è assolutamente sufficiente. John Medina, scrittore di massimo livello sul New York Times, formatore e scienziato subatomico, afferma che la mente ha una limitata capacità di concentrazione. I nostri pensieri vengono attratti soprattutto da ciò che è affascinante, intrigante, e da ciò che ci connette con persone e cose nuove. Quindi, se siete piacevoli, coinvolgenti e comunicativi avrete successo nelle relazioni.

Ho incontrato tantissime persone in occasione di meeting, riunioni, addirittura convegni di amministratori di sistemi, e non ho mai trovato persone noiose. A volte ci si comporta in modo noioso per la paura di essere visti come strani, bizzarri, particolari. Ci esprimiamo tramite contenuti stantii, frasi come: "Di che ti occupi?", "Da dove vieni?". Non condividiamo davvero noi stessi, ci nascondiamo o, peggio, ci adattiamo. Beh, alla gente non piace chi si adatta al contesto; lo giudicano sgradevole e noioso.

La psicologia ci insegna che ci sono stratagemmi tramite i quali possiamo combattere il noioso, migliorare la nostra capacità di affascinare e renderci progressivamente più incisivi. Come facciamo?

Hai Trenta Secondi, Agisci!

Cercate sempre di non permettere a nessuno di inquadrarvi in modo certo e univoco. Le persone generalmente tenderanno a giudicarvi nel momento in cui entrate nella stanza. Se vogliamo esaminare la cosa in modo scientifico, l'eventuale fascino si manifesta nei primi trenta secondi. Anche se non vogliamo darlo a vedere, il nostro cervelletto sceglie immediatamente se essere attratti o meno da qualcuno. Diverse ricerche hanno dimostrato che è proprio nei primi trenta secondi che decidiamo se siamo attratti o meno da una persona. Helen Fisher, antropologa della Rutger University, ha osservato molte coppie innamorate e ha rilevato che il corpo umano decide quasi istantaneamente se provare attrazione o meno. Noi possiamo anche non rendercene conto, ma la nostra mente prende decisioni imprevedibili, precise e definitive, nei primissimi momenti del primo incontro con qualcuno. Nell'universo degli incontri casuali, i fatti hanno dimostrato che, sì, successivamente abbiamo qualche possibilità di migliorare la prima impressione che diamo, ma non molte. Interessante da questo punto di vista lo studio di Nalini Ambady, ricercatrice della Tufts University. La dottoressa Ambady intendeva provare l'esattezza delle prime impressioni. Ciò che ha fatto è stato registrare video di aspiranti educatori, mostrandone poi spezzoni di trenta secondi ai suoi colleghi. Ha chiesto ai membri del gruppo di valutare la qualità degli educatori, e successivamente ha confrontato le opinioni con il curriculum effettivo degli educatori; ebbene, le valutazioni del gruppo, basate su un video di trenta secondi, rispecchiavano con esattezza il livello di esperienza e la caratura degli educatori esaminati. Successivamente ha fatto lo stesso esperimento con spezzoni da quindici secondi, e infine addirittura da sei secondi: ebbene, i membri del gruppo hanno una volta ancora azzeccato il giudizio. Insomma, abbiamo sei secondi per fare buona impressione; sapremo usarli al meglio?

La Caratteristica Più Attraente

Cosa ci attrae maggiormente? Gli occhi? La simpatia? Le gambe? Le ricerche dimostrano che la caratteristica più attraente di un individuo è la sua accessibilità; ciò nonostante, questo concetto è molto trascurato, e non ci si lavora mai abbastanza. Durante un appuntamento, è un fatto di accessibilità fisica; ci si chiede: "questa persona vorrà fare coppia con me?" Tra amici e coppie di lunga data, è un fatto di accessibilità interiore: "questa persona si confiderà con me?" Sul lavoro, è un fatto di accessibilità utilitaristica: "questa persona farà un buon lavoro per me?" Il modo migliore per dimostrare accessibilità, che si tratti di un incontro di lavoro, di una festa, di una conferenza o di un appuntamento, è quello di mostrarsi aperti. Far capire agli altri che siete intenzionati ad interagire, a parlare e magari ad iniziare un rapporto. Una volta durante un evento una signora mi ha detto: "Secondo lei si può dire che io non sia disponibile a interagire? Insomma, non sarei qui no?" Fate questa prova: al prossimo meeting o evento a cui partecipate, spiegate alle singole persone come mai siete lì e cosa cercate. Provate a dire: "Ero ansioso di incontrarvi perché ritengo che questa occasione possa portarmi a fare conoscenze davvero interessanti". Oppure: "Mi piace molto questo convegno, sono qui per fare affari e sto distribuendo i miei biglietti da visita. Posso lasciartene   uno?"

Spesso crediamo di essere automaticamente accessibili, ma in realtà non siamo così brillanti come vorremmo. Se proviamo a esternare la nostra accessibilità, rimarremo meravigliati e piacevolmente sorpresi da quanto, di conseguenza, le persone diventeranno interessate e aperte.

Attrazione e Linguaggio del Corpo

Se sentite la necessità di rendervi sempre più attraenti, non occorre modificare il proprio aspetto; occorre invece modificare il proprio linguaggio del corpo. Un linguaggio del corpo che comunica apertura è infinitamente più attrattivo di qualsiasi vestito, pettinatura o lineamento; tenete comunque sempre presente che linguaggio del corpo maschile e femminile sono diversi. Dimostrarvi aperti e disponibili tramite il linguaggio del corpo vi renderà automaticamente anche maggiormente attraenti.

Consideriamo il torso del nostro corpo; ricerche sul linguaggio del corpo hanno dimostrato che il torace è la parte che più efficacemente comunica la nostra apertura al mondo e, di conseguenza, il nostro essere accessibili. Incrociare le braccia, tenere un bicchiere di vino davanti allo stomaco, consultare un cellulare stretto al petto, abbracciare una borsetta, sono tutti modi in cui ci chiudiamo e comunichiamo inaccessibilità con il nostro corpo. È dimostrato che se il linguaggio del corpo comunica chiusura, allora anche la mostra mente è chiusa, ostile, inaccessibile. Non siamo in vena di interazioni. Parliamo delle mani: a tutti piace vedere le mani delle persone. È statisticamente provato che se una persona ci nasconde le mai, avremo più difficoltà a confidarci, ad aprirci. Nel momento in cui si mettono le mani in tasca, le si infila sotto al tavolo o le si nasconde dietro a un cappotto, ecco che perdiamo fascino e, immediatamente, le persone ci recepiscono come chiuso, indisponibile.

Ho osservato ad un convegno di lavoro una situazione tipica e molto rappresentativa di quanto sto affermando, ossia del fatto che linguaggio del corpo e disponibilità vadano a braccetto. Ebbene, un uomo e una donna stavano chiacchierando; inizialmente, lei teneva la borsetta stretta a sé, e lui teneva un bicchiere di vino di fronte al petto. Ad un certo punto, deve aver fatto una battuta, perché entrambi sono scoppiati a ridere; era evidente che si stavano sinceramente divertendo e hanno iniziato a rilassarsi e ad aprirsi. Lei ha buttato la borsetta dietro lo schienale della sedia e ha assunto un atteggiamento più aperto; un attimo dopo lui ha appoggiato il bicchiere sul tavolo e ha preso un biglietto da visita dalla tasca della giacca, e la conversazione è andata avanti per tutta la sera.

Anche il collo ha grande importanza; scoprire il collo può aggiungere una decisa nota sensuale al vostro approccio. Pensate solo a Marilyn che ridacchia, buttando indietro la testa; ho reso l'idea? Dal punto di vista del linguaggio del corpo, un collo scoperto o addirittura accarezzato non solo si può considerare erotico, ma scarica anche allettanti feromoni. Ora, siamo sinceri con noi stessi: quanto spesso durante un evento tenete le braccia incrociate, o controllate il cellulare con atteggiamento ansioso? Questo tipo di comportamenti ci rende distaccati, inaccessibili... in una parola: brutti. Alla prossima occasione, fate uno sforzo, e sfidate voi stessi a lasciare il telefono nella giacca, a tirare fuori le mani di tasca e a lasciare la braccia abbassate.

Come Capire se Qualcuno È Attratto da Noi

Il linguaggio del corpo influisce in modo decisivo sul vostro fascino, e diventa decisivo se parliamo di ammirazione, appuntamenti, o addirittura sentimenti. Vi potrebbe capitare di porvi questo tipo di domande, e non siete i primi a porsele.

- Gli/le piaccio?
- È attratto/a da me?
- Come mai non chiama?

Il linguaggio del corpo è in grado di dare una risposta ai vostri dubbi.

Per comprendere i più decisivi segnali non verbali di attrazione, è bene rendersi conto del fatto che la situazione nei millenni non è cambiata più di tanto. I nostri predecessori dell'età della pietra utilizzavano un linguaggio del corpo molto simile al nostro e, indefinitiva, trasmettevano messaggi equivalenti. Ecco cosa dice il nostro corpo e chi ci circonda nei momenti in cui siamo visti come attraenti.

- Sono aperto
- Non sono pericoloso
- Sono incuriosito
- Sono accondiscendente
- Sono nel fiore degli anni

Bisogna che il vostro linguaggio non verbale mandi due segnali accattivanti: accessibilità   e   prontezza. L'accessibilità perché sia uomini che donne trovano più affascinanti individui il cui corpo trasmette accessibilità. Questo significa sorridere, gambe e braccia non incrociate, sguardo dritto,   non   diretto   alle   scarpe   o   al   cellulare. L'essere nel fiore degli anni perché, da un punto di vista dell'età, le persone sono calibrate su un linguaggio del corpo che indica fecondità e giovinezza; queste caratteristiche fortunatamente possono essere accentuate o addirittura simulate tramite il linguaggio del corpo. Per un uomo si potrebbe trattare, ad esempio, di assumere una posizione eretta, con i piedi ben piantati, più larghi delle spalle, e le mani bene in vista. Per una donna potrebbe essere efficace tenere i capelli sciolti, la testa leggermente inclinata per emettere feromoni, le mani e gli avambracci posizionati in modo studiato, per rivelare la delicata pelle dei polsi; sono richiami irresistibili per un uomo. Tutti questi segnali possono indicare che la persona che abbiamo davanti è attratta da noi. Altri comuni segni di attrazione possono comprendere i seguenti:

- Appoggiarsi a noi
- Inclinare la testa parlandoci, segnalando interesse
- Sorridere
- Fissarci
- Avvicinarsi e stabilire un contatto fisico con braccia, mani, schiena, gambe

Tenete presente in ogni caso che non siamo tutti uguali, e ci potrebbero essere differenze significative da persona a persona, sicuramente da maschi a femmine. Per esempio, alcuni segnali che potrebbero indicare che una signora è interessata a noi sono:

- Ha scoperto il collo, liberando feromoni
- Ha inclinato la mascella verso il basso e guarda verso l'alto in modo intrigante
- Si tocca i capelli, come a sottolineare il suo stare bene
- Unisce le labbra per sporgerle

I segnali corrispondenti per un uomo potrebbero essere:

- Comunicare protezione, cingendo spalle o sedile con il braccio
- Inclinarsi verso l'interlocutore
- Usare qualsiasi occasione per mettersi in contatto
- Strofinare mascella o collo, per rilasciare feromoni

Come Essere Nonverbalmente Attraenti

Quando la nostra psiche sceglie, quando ci piacerebbe qualcuno come compagno, il nostro corpo si sforza di cambiare per piacere di rimando a questa persona. Le nostre guance si arrossano, dandoci un'aria eccitata, le nostre labbra si gonfiano progressivamente, e i nostri feromoni vengono diffusi per attrarre l'altra persona. Ci sono alcune cose che possiamo fare dal punto di vista del linguaggio del corpo che sicuramente risultano efficaci per affascinare e attirare.

Possiamo inclinarci verso la persona. Inclinarsi è un modo non verbale per segnalare che ci si sente calamitati. Questo metodo funziona particolarmente bene nel caso in cui vi troviate in una riunione affollata e siate interessati e uno dei partecipanti. Se vogliamo dimostrare interesse e curiosità, inclinarsi verso di loro è un ottimo sistema; con molta probabilità attireremo a noi la loro attenzione

Possiamo inclinare la testa. L'inclinazione della testa mostra, a un tempo, intrigo e impegno. Quando parlate con qualcuno, mostrategli che siete disponibili e incuriositi inclinando le testa e guardandolo fisso. Assicuratevi di non fissare altre parti del suo corpo, o addirittura guardare in giro per la stanza; questo denota distrazione e poca disponibilità.

Imparate a Leggere i Segnali Impercettibili

È una buona idea conoscere alcuni segnali minori che inequivocabilmente denotano attrazione; sarebbe poco saggio trascurarli.

Rossore e Vampate di Caldo

Quando siamo attratti da qualcuno, il sangue affluisce al nostro viso, facendoci arrossire e accaldare, come a replicare l'intensificarsi delle nostre emozioni e l'importanza del momento. È una reazione ancestrale per attrarre a noi individui di sesso opposto. Uomini e donne arrossiscono allo stesso modo. Notate anche labbra e occhi: gli occhi diventano più bianchi e le labbra più rosse, quasi a segnalare la propria fertilità.

Il Potere della Borsa

"Il linguaggio della borsetta" è un interessantissimo tipo di comunicazione non verbale. Il modo in cui si gestisce la propria borsa può davvero dire molto su come ci sentiamo e quali siano in quel momento i nostri sentimenti; possiamo affermare che la borsa è a tutti gli effetti un marcatore comportamentale.

Ad esempio, e una signora si sente a disagio, o comunque non attratta dal proprio interlocutore, tenderà ad afferrare la borsa e a metterla davanti a sé, quasi a coprire il proprio corpo. Quando invece si verifica attrazione, la signora non avrà bisogno di interporre nulla che possa in qualche modo interrompere il flusso comunicativo tra lei e la persona che la attrae. Se la borsa è appoggiata con noncuranza, così da non creare barriere, di certo c'è rilassatezza e, magari, anche attrazione. Meglio ancora: se la borsa viene appoggiata sul pavimento, sulla seduta di fianco o sulla spalliera della sedia, è come se si desiderasse toglierla di mezzo per comunicare più agevolmente.

Attenzione: se vi trovate in una zona particolarmente aperta, o addirittura a rischio, la borsa facilmente viene stretta a sé per motivi di sicurezza; diversamente, al chiuso o comunque in luoghi tranquilli, si tratta di un buon indicatore.

Mi è successo di sedere al bar da solo, aspettando un gruppo di amici; al banco un uomo e una donna stavano parlando, riuscivo a captare brandelli di conversazione. La signora teneva la borsetta davanti a sé, quasi a nascondere il proprio corpo. Ad un certo punto l'uomo ha menzionato di essere un medico e, improvvisamente, la signora ha preso la borsa e l'ha buttata all'indietro, su una spalla. Stupefacente no?

Il Battito Cardiaco

"Mi fai battere forte il cuore" non è solo un modo di dire. Numerosi studi hanno mostrato che la vicinanza ad una persona attraente provoca accelerazione del battito cardiaco. Vediamo una interessante applicazione. Durante un esperimento, dei ricercatori hanno accelerato artificialmente il battito di alcuno persone e le hanno poste di fronte a sconosciuti: il battito accelerato ha indotto uno stato di attrazione artificiale. In effetti, un battito cardiaco in accelerazione rende progressivamente più attraenti le persone che abbiamo intorno. Ovviamente non sto suggerendo di aggirarvi per la città ed entrare nei bar per misurare il battito cardiaco delle persone. Se però riuscite a percepire questo fenomeno, e magari a percepire che la persona che vi sta a cuore ha il palmo della mano caldo, ammesso che la stiate tenendo, perché non azzardare un bacio?

Piaci ai Loro Piedi!

Per incredibile che sia, i piedi sono una sorta di indicatore immediato dello stato d'animo di una persona. La chiave sta semplicemente nell'osservare in quale direzione puntino. Se i piedi puntano decisamente verso un singolo individuo, possiamo essere praticamente sicuri che c'è fascino, o addirittura attrazione. Se al contrario i piedi di qualcuno sono puntati lontano o, peggio ancora, verso l'uscita, beh, è probabile che non si sia alcun interesse.

Vorrei sottolineare, per chiudere, che l'aspetto fisico, pur importante, non costituisce l'unico fattore da tenere in considerazione quando parliamo di fascino. Si diventa veramente attraenti quando si riesce a trasportare le persone all'interno della nostra personalità e a contatto con le nostre caratteristiche. Il fascino non verbale è fondamentale, ricordatelo, e cercate di utilizzare al meglio i segnali fin qui descritti per risultare sempre più attraenti nei confronti di chi vi circonda.

Capitolo 10. Narcisisti, Antisociali, Psicopatici e Come Individuarli

Quando parliamo di manipolazione degli altri, sono tre le condizioni psicologiche più rilevanti: il narcisismo, la sociopatia e la psicosi. Prima di vedere in dettaglio come gli esponenti di queste categorie tentino di influenzare gli altri, vediamo qualche informazione generale su queste tipologie di individui.

Narcisisti

Il narcisista è colui che soffre di un disturbo narcisistico della personalità o DNP. Come per molte altre condizioni psicologiche, il narcisismo si presenta a vari livelli, non è esattamente uguale per tutti coloro che ne sono affetti.

Vediamo alcune caratteristiche principali del DNP:

- Un'immagine grandiosa di sé stessi, che porta alla sopravvalutazione di sé stessi, del proprio talento e dei propri risultati
- Una mancanza di empatia nei confronti delle altre persone
- Un forte bisogno dell'ammirazione degli altri
- Fantasie irrealistiche di potere, realizzazione, successo o amore idealizzato
- La convinzione di possedere uno status unico o speciale, comprensibile solo a pochi eletti
- L'aspettativa di un trattamento di deferenza o comunque speciale
- Un atteggiamento generalmente arrogante

- Invidia per gli altri o, al contrario, la convinzione delirante di essere invidiati dagli altri
- Il preciso intento di sfruttare o manipolare le altre persone

Naturalmente questa ultima caratteristica è la più rilevante per la nostra analisi, ma anche tutte le altre vanno a rafforzare l'idea di psicologia di base che sta dietro a qualsiasi tentativo di manipolazione. Il forte inquadramento egocentrico, le manie di grandezza e la mancanza di empatia conducono a un tipo di personalità del tutto adatta al perseguimento di un comportamento egoistico a scapito degli altri.

All'interno di una più ampia categoria di narcisisti, si può trovare uno spettro di sottotipi anche piuttosto differenti; alcuni narcisisti sono esibizionisti, altri invece chiusi in sé stessi. Alcuni sono perennemente offensivi e vendicativi, altri invece sono più riflessivi e capaci di provare rimorso. Quanto più un narcisista si allinea alle caratteristiche sopraelencate, tanto più lo si può inquadrare come narcisista maligno, capace di provocare danni.

Antisociali

Il disturbo antisociale della personalità, o DAP, è il nome clinicamente attribuito alla sociopatia. Come il narcisismo, anche la sociopatia tende ad essere una condizione di lunga durata, spesso cronica, con effetti molto estesi. Per rientrare nella definizione clinica, un malato di DAP deve avere, entro i quindici anni, un disturbo del comportamento che comprenda almeno quattro delle seguenti caratteristiche:

- Incapacità di mantenere un rendimento costante nel lavoro o a scuola
- Indifferenza rispetto alle norme sociali, con possibile degenerazione in un comportamento illegale
- Disinteresse e noncuranza verso le norme di sicurezza, per gli altri ma anche per sé
- Irresponsabilità, con effetti visibili in ambito lavorativo o rispetto ad obblighi di natura finanziaria
- Difficoltà a mantenere relazioni monogame per oltre un anno

- Impulsività, mancanza di ambizione, incapacità di prefiggersi obbiettivi
- Irritabilità e aggressività
- Mancanza di rimorso e tendenza a giustificare le proprie azioni dannose nei confronti degli altri.

Notiamo che narcisisti e antisociali hanno diversi punti comuni, sia nelle loro caratteristiche positive che in quelle negative. Possono essere persone intelligenti, carismatiche, di successo; allo stesso tempo possono essere opprimenti, irresponsabili e affetti da delirio di onnipotenza. Entrambi tendono ad essere manipolatori e difficilmente di assumono la responsabilità del proprio comportamento; qualsiasi loro azione, anche la peggiore, è sempre giustificabile e scusabile. Ne loro intimo, entrambe le categorie di persone mancano sostanzialmente di empatia verso gli altri, ma sono in grado di fingere reazioni di solidarietà nel momento in cui questo possa tornare a loro vantaggio.

Nonostante le similarità, ci sono importanti differenze tra narcisisti e antisociali. Nel diagramma di Venn dei disturbi comportamentali, tutti i sociopatici sono narcisisti, ma non tutti i narcisisti possono essere inquadrati come sociopatici; ciò che li distingue sono le motivazioni. I sociopatici tendono ad essere manipolatori più astuti perché non sentono il bisogno di continua gratificazione; un narcisista è guidato dall'ego, ma per un sociopatico l'ego non è poi così importante. Potremmo dire che al sociopatico manca una vera e propria personalità; il vero sociopatico può interpretare una moltitudine di ruoli, a seconda della convenienza nelle diverse situazioni. Tutto questo rende i sociopatici più difficile da individuare, dal momento che la loro strategia muta continuamente, adattandosi al contesto. Se è funzionale ai suoi obbiettivi, possono essere remissivi e cercare l'approvazione altrui. Possono porsi in modo umile, dimostrare rimorso e dispiacere, ma è tutta strategia, fa parte del piano. Il sociopatico agisce con un alto livello di pianificazione e di calcolo: anche l'aggressività potrebbe essere premeditata.

Di contro, i narcisisti sono più sensibili e reattivi; possono mentire e usare l'intimidazione, ma è più probabile che lo facciano senza una vera e propria strategia, semplicemente abbandonandosi agli umori del proprio ego, capriccioso e iperattivo. Un narcisista lavorerà esclusivamente per il proprio successo, o per raggiungere un certo grado di perfezione. Non avrà alcun problema a manipolare e sfruttare gli altri per perseguire i propri obbiettivi, ma si tratta di manipolazione secondaria e indiretta, dal momento che i suoi interessi sono totalmente diretti al proprio successo e alla realizzazione della propria egocentrica idea di universo.

In sintesi, entrambi i profili sono motivati dal proprio tornaconto, ma solo i narcisisti si preoccupano davvero di cosa la gente pensi di loro. L'ammirazione degli altri è gratificante e necessaria, e questo crea una sorta di codipendenza nella loro personalità rendendoli, di fatto, manipolabili a loro volta.

Psicopatici

Passiamo ad una terza fondamentale categoria di individui manipolatori: gli psicopatici. La principale caratteristica delle psicosi sta nella difficoltà nel distinguere tra realtà e fantasia. Lo psicopatico può essere delirante o addirittura soffrire di allucinazioni. Vediamo alcune caratteristiche fondamentali della psicosi:

- Esagerata autostima
- Emozioni volatili o comunque poco profonde
- Mancanza di empatia
- Mancanza di disponibilità ad assumere la responsabilità delle proprie azioni
- Incapacità di porsi obbiettivi realistici a lungo termine
- Comportamento impulsivo
- Irresponsabilità
- Mancanza di controllo comportamentale
- Fascino e disinvoltura, almeno a livello superficiale
- Astuzia e forte attitudine alla manipolazione

Gli psicopatici tendono a fuorviare e a manipolare gli altri avvalendosi di un fasullo fascino superficiale che può sembrare autentico, se non vi si presta attenzione. Lo psicopatico può ingannare per ottenere un beneficio personale, ma non è detto che non lo faccia per il puro e semplice piacere di mentire e abusare degli altri. Semplicemente non ha la capacità di opporsi a queste pulsioni negative. Generalmente gli psicopatici hanno sviluppato la loro personalità nel corso di un'intera vita, incorporando le loro abitudini in una routine che sia a loro funzionale, dando corpo e credibilità al loro modo di porsi; per questo motivo, non vedono quasi mai loro stessi come individui problematici. In effetti le persone caratterizzate da alti livelli di psicopatia non si preoccupano minimamente del modo in cui sono percepiti, si mostrano impavidi e spavaldi; tutt'al più hanno la coscienza di avere la tendenza a dominare gli altri. Sostanzialmente non si preoccupano minimamente delle conseguenze delle loro azioni sugli altri; essendo totalmente mancanti di empatia, dettagli come questi sono percepiti come trascurabili o irrilevanti; le loro esigenze e le loro motivazioni sono infinitamente più impostanti. Questo atteggiamento porta ad una interpretazione delirante delle proprie azioni e ragioni, che, nella loro mente, tendono inequivocabilmente a qualche scopo superiore. La natura visionaria della psicosi porta anche al fatto che, generalmente, lo psicopatico crede alle proprie bugie; mentire per loro è naturale, ma questo non significa che ne siano consapevoli: spesso non è così. Il loro distacco dalla realtà li porta a credere a ciò che stanno dicendo, anche se la loro menzogna originariamente è motivata da tornaconto personale. Per tutti questi motivi, vi è una altissima correlazione tra comportamenti manipolatori e diagnosi di psicosi.

Per concludere, vorrei far notare che, nonostante queste tre categorie di individui siano tipicamente tendenti alla manipolazione, per essere manipolatori non è assolutamente necessario farne parte. Ci sono persone che soffrono di altre patologie mentali, o addirittura perfettamente sane di mente, che, se l'occasione lo richiede, sono perfettamente in grado di assumere comportamenti manipolatori.

Capitolo 11. Vampiri Psichici e Come Gestirli

Tutti noi abbiamo esigenze: ciò che contraddistingue il nostro modo di vivere è il modo in cui arriviamo o cerchiamo di arrivare a soddisfarle. È universalmente riconosciuto che i mezzi tramite i quali soddisfiamo le nostre necessità possano avere connotazione positiva o negativa; tutti noi, durante la nostra vita, prendiamo e riceviamo, ma agire alla luce o nell'ombra non sono la stessa cosa.

Quando pensiamo ad un vampiro, classicamente immaginiamo un demone che si nutre di sangue. Lo immaginiamo nell'atto di accostarsi al collo di una giovane e bellissima ragazza e accingersi e berne il sangue. Mentre la vittima scivola nell'incoscienza o verso la morte, un fiotto di sangue cola dalla bocca del mostro; la profondità dei sorsi e l'euforia derivante dal sentire dentro di sé la forza vibrante e l'energia vitale di un altro essere vivente, portano la bestia ad uno stato di estasi. La ragazza si accascia come un muccio di stracci, mentre il vampiro risplende dell'energia sottratta alla propria vittima. Questo è un vampiro, giusto?

In realtà, questa rappresentazione artistica può dire molto su di noi, perché, a seconda della situazione e in misura variabile, siamo tutti vampiri e siamo tutti vittime.

Con l'eccezione degli psicopatici puri, non esistono individui che siano totalmente vampiri e, in realtà, anche lo psicopatico ha interpretato la vittima, in qualche fase della sua vita. Tutti noi sperimentiamo un ampio ventaglio di situazioni ed emozioni, è inevitabile che sia così, nella misura in cui è inevitabile vivere, non è qualcosa che possiamo evitare. Quello che ci caratterizza di volta in volta come vampiri o come vittime, è il modo in cui otteniamo dagli altri ciò di cui abbiamo bisogno, ed è questo che fa di noi, o meno, un praticante di psicologia oscura. Naturalmente è un fatto di gradi... più siamo estremi nel prelevare ciò che vogliamo, più malevole si possono definire le nostre metodologie, fino ad arrivare ad una vera e propria tecnica oscura.

Tutti noi veniamo sfruttati o, se preferite, vampirizzati. Stare in mezzo alla gente significa rendersene vulnerabili. Ci sono una quantità di diversi modi per lasciare che la nostra essenza venga consumata. Potrebbe trattarsi semplicemente della fatica fisica derivante da una impegnativa sessione sportiva, o magari del fatto che qualcuno stia rubando, intenzionalmente o meno la nostra energia vitale. È bene in questi casi fermarsi e cercare di capire cosa stia esattamente succedendo.

Quando l'oscurità scende su di noi, proviamo una sensazione di gioia, se siamo noi a condurre il gioco; un po' meno se ne siamo la vittima. È altamente soddisfacente assorbire le energie altrui, anche se è un tipo di bisogno che difficilmente riesce ad essere totalmente appagato in chi lo prova. Da sempre, nella nostra storia, l'atto di prendere è stato vissuto con grande orgoglio. Da tempo immemore l'umanità si è comportata così. Prendere agli altri, rubare il bestiame ad altre tribù, occupare il territorio altrui, prendere i soldi di tutti gli altri, da tempo immemore sono state chiare dimostrazioni di forza. Fin da quando la razza umana abita il pianeta terra tutti hanno preso, o cercato di prendere, tutto da tutti.

C'è sempre bisogno di nutrirsi; tutti abbiamo fame e la fame ci spinge a comportarci in modi che solo quando la fame cresce riusciamo a spiegarci davvero. Orgoglio e autostima sono a rischio a causa della nostra fame incessante? Questo è il dilemma di chi pratica la psicologia oscura, il nostro vampiro psichico. È dramma e gioia, è l'io che si perde nella fame interiore, la eterna dinamica tra cacciatore e preda, il carnefice e la vittima.

Quando ci ergiamo a vincitori su qualcun altro, dovremmo esaminare le condizioni al contorno della nostra vittoria. Abbiamo vinto lealmente? Come siamo riusciti a prevalere?

Difficilmente prendere qualcosa agli altri non costa nulla. Altrettanto difficilmente ce ne accorgiamo mentre lo stiamo prendendo, in preda alla fame. È solo alla fine della contesa che ce ne rendiamo conto.

Alcuni direbbero che la giustizia ed equità sono utopie, che per vincere bisogna fare di tutto e di più. Che quando consideriamo vita e morte, non ci sono opzioni intermedie. Che calmare la nostra fame e restare a galla mentre gli altri affondano, sia l'unica vittoria possibile.

C'è una fredda durezza in questo, in questa concezione assolutistica di vita e morte. Quando il vampiro prosciuga la vittima fino a toglierle la vita prova solo un brivido gelato. Si crea una mancanza di emozioni, di coscienza, di senso di responsabilità per le conseguenze delle nostre azioni e, se viviamo abbastanza a lungo, arriviamo alla conclusione che questo sia il gioco della natura, dell'universo. Vampirizzare le persone significa cedere alle emozioni di base, alla necessità di sopravvivere, perdendo però la visione di un quadro più ampio, del quale siamo parte.

C'è qualcos'altro però che nasce quando ci nutriamo di un'altra persona: un senso di euforia. È una vera e propria trasfusione, che ci rende in grado di fare cose precluse a coloro che non ne abbiano beneficiato, e da queste azioni nasce pura gioia. Alimentare la propria vita prendendo quella di altri significa padronanza totale, e dalla padronanza non può che nascere gioia.

Insomma, prendere dagli altri genera gioia. È un sentimento di orgoglio e onore che scaturisce nel momento in cui rubiamo le energie vitali altrui. La nostra coscienza, se ne abbiamo una, si preoccuperà delle conseguenze solo più tardi.

Dall'altro lato dell'alimentazione del vampiro c'è la vittima, e anche qui si possono dire molte cose sulle sensazioni di chi viene prosciugato; anche in questo caso si potrebbe parlare di euforia. Lasciare ad altri il controllo del nostro destino, abbandonare le redini, cedere noi stessi, alla fine può essere visto come una sorta di vacanza. Una vacanza dalla fatica di essere noi stessi. È facile, a volte così facile che non ce ne rendiamo nemmeno conto.

Quando non stiamo bene, cerchiamo di eliminare ciò che non ci fa stare bene. Meno stiamo bene, più grande è il desiderio di allontanare la causa del nostro malessere. Dopo una giornata stressante, quando non ci sentiamo più in grado di affrontare e gestire le difficoltà nella nostra vita, capita di voler fuggire da tutto questo; potrebbe essere una fuga innocente, come uscire per fare acquisti, o qualcosa di molto più drastico, come assumere droghe.

Nutrire gli altri ci piace, ci rende felici. È stato più volte dimostrato che, nell'economia della situazione in cui una persona ne aiuta un'altra, spesso la persona che aiuta ottiene maggiori benefici rispetto alla persona aiutata. Vi sembra strano? Considerate quanto segue.

Esaminiamo a fondo l'euforia condivisa da vampiro e vittima. La vittima è consapevole di stare nutrendo il vampiro, e quindi di aiutarlo. Il vampiro riceve il nutrimento che gli serve per sopravvivere e sa che, uccidendo la sua vittima, perderebbe la sua fonte di nutrimento. Di conseguenza, la vittima vive; il vampiro vive. Il vampiro ha i benefici che gli derivano dalla trasfusione di energia, e la vittima gode del beneficio di aiutare; però non è dipendente dal vampiro, ed ecco che l'equilibrio si rompe: il vampiro ha bisogno della vittima.

Alla fine dei giochi, la pratica della psicologia oscura, l'atto di assorbire l'energia degli altri, ha un costo: si rischia che sia la vittima a vincere. Anche se apparentemente la vittima cade preda della psicologia oscura del vampiro, che si nutre della sua energia, è evidente che il prezzo più alto viene pagato proprio dal vampiro. Quest'ultimo per sua natura è incapace di dare e, alla fine, cadrà nella sua stessa trappola, arrivando a perdere totalmente il controllo sulla vittima senza avere la minima idea di come questo possa essere successo.

Teniamo presente che a tutti piace, ogni tanto, fuggire da sé stessi. Anche l'individuo più amato ha bisogno, a volte, di un po' di tempo lontano da sé stesso. A volte siamo proprio noi a cercare un vampiro per fuggire da noi stessi. Lo desideriamo intensamente. Ci piace offrire il collo, nutrire altri individui. Non è una debolezza in quanto, come abbiamo visto, dare può essere vera forza; quando prendi, c'è una sola conclusione possibile, ossia ricevere. Quando lavoriamo unicamente come recettori, siamo incompleti e, in definitiva, più deboli di chi è in grado di ricevere, ma anche di dare.

Come aiutiamo il vampiro psichico senza uscirne esausti? Si tratta di una domanda antica, che ne siamo coscienti o no l'attrazione per l'oscuro e per il drammatico sono dentro ciascuno di noi. Il modo in cui affronteremo la situazione dipende da noi, perché alla fine, spesso, il vampiro è solo un vampiro. Nel mondo della fantasia e della letteratura un vampiro non può essere liberato, essere redento, tornare alla propria umanità; è condannato allo stato di non morte per l'eternità, bloccato per sempre.

Noi però non siamo vampiri nel senso letterale del termine. Certo, potremmo avere difficoltà ad elaborare la nostra coscienza. Anche se c'è chi sostiene che siamo incollati ai nostri schemi comportamentali, come autentici morti viventi, beh, non lo siamo. La vita può cambiare. Questo deve essere il nostro scopo: cambiare le situazioni in modo da far progredire la positività e lasciare che la negatività cada nell'oblio.

C'è un semplice test da effettuare, una riflessione. A tutti piace aiutare, è nella nostra natura farlo. E se ci pensiamo bene, non c'è una vera ragione per cui il vampiro psichico non debba essere aiutato. Dobbiamo soccorrere le tenebre.

Il trucco è tracciare una linea. Dobbiamo sapere fin dove ci vogliamo spingere. Quando il vampiro ci porta via dalla zona di confort, verso una situazione scomoda, prendiamoci un momento per valutare la situazione. Alcuni decideranno che, quando si presenta questa eventualità sia il caso di fermare tutto. Effettivamente ha senso, chi più di noi stessi è in grado di giudicare cosa sia meglio, di cosa realmente abbiamo bisogno? Quando non si tratti di una semplice fuga da noi stessi, ma si abbia la reale intenzione di aiutare qualcuno che si è perso nell'oscurità della sua psiche, ci vuole grande prudenza. Occorre avere la capacità di vedere realmente le cose per quelle che sono; aiutare una persona può assomigliare molto ad una partita a scacchi. Giocare alla cieca è come chiedere di diventare vittima.

Giocare come vampiro richiede intelligenza, ora che conosciamo quale sia il prezzo da pagare quando sottraiamo energia agli altri; giocare come vittima richiede astuzia e prudenza, se vogliamo preservare la nostra individualità. Se non giochiamo secondo le regole, finiremo in un campo tra i più famigerati: quello della manipolazione.

Capitolo 12. Il Linguaggio del Corpo in Altri Paesi

In paesi diversi, il medesimo linguaggio del corpo può avere significati molto differenti. Ci si può comportare in modo inappropriato senza nemmeno rendersene conto. Generalmente la gente del posto non dà molta importanza a questo fatto, perché si rende conto che, essendo stranieri, non possiate conoscere dettagliatamente le loro usanze, ma non sarebbe meglio, per sicurezza, saperne di più? Vediamo un elenco di consigli pratici di galateo per non essere considerati maleducati o sconsiderati, ovunque ci troviamo.

- In alcune parti dell'Asia, è cosa pessima toccare qualcuno con un piede, perché è la parte più bassa del nostro corpo. È maleducato indicare con un piede oggetti o cose, come anche appoggiare i piedi su sedie o tavoli. Meglio limitarsi ad usarli per camminare. È anche scortese indicare con l'indice, come facciamo noi. Soprattutto se vi trovate a Singapore, se dovete puntare un dito, usate il pollice. Può sembrare sciocco, ma è considerato più educato.

- Sempre in Asia, è considerato maleducato toccare la testa delle persone, o spettinarle. La testa è la parte spiritualmente più alta del corpo. Nemmeno ci si deve sedere su cuscini o guanciali destinati a sostenere la testa; è considerato maleducazione.

- In alcune parti dell'Asia, come Singapore, è considerato molto brutto indicare qualcuno tramite i bastoncini con i quali stiamo mangiando. È un po' come lanciare il malocchio.

- Fate attenzione al gesto con il pollice alzato; nonostante nella maggior parte dei paesi del mondo sia interpretato come approvazione, questo gesto in Thailandia, Iran e Iraq è un gesto osceno e dovrebbe essere sempre evitato. Si tratta di una sorta di invito a prendere il pollice e infilarlo da qualche parte.

- In Nepal è considerato scortese passare sopra le gambe di qualcun altro, ad esempio in luoghi stretti con molte persone sedute. Evitate di farlo e, se qualcuno vuole passare, togliete le gambe di mezzo. Inoltre, non ci si deve sedere sul cuscino destinato ad un monaco, anche se assente. Nei templi tibetani, come *Stupa* e *Chorten*, si deve camminare sempre in senso orario. Non fatelo e verrete guardati in modo strano.

- Nei bagni giapponesi, i cosiddetti *onsen*, ci si deve lavare prima di entrare in acqua, e non dopo. Diversamente, l'acqua sarà contaminata. Inoltre, bisognerebbe usare qualcosa per coprire le parti intime.

- Le persone in Spagna (e in Italia!) sono molto estroverse. Ci si bacia sulle guance, ci si abbraccia, e in generale la conversazione si basa molto sul contatto fisico. Non c'è niente di male, ma tenete presente che non è così ovunque.

- In Russia si crede che porti sfortuna stringere la mano a qualcuno sulla soglia della porta. Ad esempio: se vi viene consegnata una pizza a domicilio, dovete uscire a prenderla o invitare il fattorino a entrare. Se cercherete di prenderla sulla soglia, il fattorino si rifiuterà.

- In India, si può fare un complimento senza neanche aprire la bocca. Può sembrare buffo ma se qualcuno di avvicina a voi con la lingua tra i denti, gesticolando come a volervi invitare nel suo spazio personale, sta facendo un grande complimento alla vostra bellezza o alla vostra intelligenza.

- In Inghilterra, mostrare il dito indice e il dito medio, con il palmo rivolto verso di sé, è come, in altri paesi, mostrare il dito medio. Evitate assolutamente di usare questo gesto per ordinare due caffè. Il modo giusto per farlo è rivolgere il palmo verso l'interlocutore, con lo stesso gesto che può indicare vittoria o pace.

- In Marocco un saluto può durare anche dieci minuti. Dopo essersi stretti la mano, i marocchini si toccano il cuore come per sottintendere che sono sinceri, che davvero sono contenti di vedervi. Successivamente è cortesia rivolgere tutta una serie di domande del tipo: "Come stai?", "Tutto bene?", "Come stanno i tuoi genitori?"

- In Bulgaria è bene tenere presente che i locali, per dire di sì, muovono la testa da un lato all'altro, mentre per dire no, la muovono dall'altro in basso. Strani costumi, quelli bulgari.

- In molte zone dell'Africa è considerato scortese guardare un anziano direttamente negli occhi. Non farlo è considerato cortese, così come non sedersi a tavola prima di loro. Gli anziani si siedono per primi e parlano per primi

- Se vi viene presentata una donna musulmana, non toccatela mai. Non fate nemmeno il gesto di offrirle una mano. Se siete una donna, non toccate mai un monaco buddista.

- In diversi paesi asiatici è considerato segno di rispetto prendere e offrire oggetti con entrambe le mani.

Capitolo 13. Il Linguaggio del Corpo sul Lavoro

Siete nervosi quando vi preparate per un colloquio? Come fare per lasciare una buona impressione e, si spera, ottenere un posto di lavoro? È possibile ottenere ottimi risultati incorporando alcune tecniche nel proprio arsenale. Tenete presente che la prima impressione è essenziale. Quando parliamo di prima impressione, intendiamo quella immediata, per la quale generalmente bastano sette secondi. Il vostro linguaggio, la vostra presenza e, in definitiva, il vostro linguaggio del corpo, avranno un impatto immediato; è essenziale a questo punto che tale impatto sia positivo.

Secondo Sheryl Sandberg, attuale direttore operativo di Facebook, durante un colloquio è buona cosa sporgersi, in avanti, per dimostrare interesse verso ciò che ci viene detto. È importante inviare il messaggio giusto. Vorrete mostrare affidabilità e ambizione non solo con la conversazione, ma anche con il vostro linguaggio non verbale. Il linguaggio del corpo deve essere una conferma di chi, a parole, state dichiarando di essere. Abbiamo già visto come una parte notevole della conversazione si svolga attraverso il tono di voce e il linguaggio del corpo, spesso più ancora che attraverso le parole vere e proprie. Per questo motivo è assolutamente fondamentale approfondire l'effetto e l'influenza che il nostro comportamento e i nostri movimenti possono avere sulle altre persone.

La comunicazione è il cuore di qualsiasi attività. Per essere efficaci, tutti devono comunicare efficacemente, dall'amministratore delegato al custode.

Anche se siete persone qualificate, che conoscono molto bene il proprio lavoro, ma non avete capacità relazionali, potrebbe risultare difficile inserirvi nel gruppo dei vostri colleghi.

Se il vostro lavoro richiede di interfacciarvi quotidianamente con colleghi e clienti, è bene padroneggiare le capacità sociali richieste. Potreste aver bisogno di sconfiggere una certa fobia sociale, o semplicemente voler migliorare le vostre capacità interpersonali. I suggerimenti che seguono possono aiutare a migliorare l'assertività e la sicurezza si sé stessi in ufficio, come anche aumentare l'efficacia della vostra candidatura, in caso dobbiate affrontare un colloquio di lavoro.

Durante un colloquio o sul posto di lavoro, cercate di fare attenzione agli accorgimenti descritti di seguito.

Contatto Visivo

Che vi stiate incontrando con un singolo o in gruppo, il contatto visivo è imperativo. Non guardate in giro o in basso, sembrerete inaffidabili; non guardate neanche in alto, come se vi sentiste persi. Stabilendo un contatto visivo, si dà l'impressione di essere sicuri di sé, anche se poi magari non è proprio così. Mantenere lo sguardo significa, forza, fiducia. Attenti a non esagerare, non fissate le persone, vi dimostrereste impacciati; ciò che dovete comunicare è che siete attenti e concentrati. Se vi riesce difficile sostenere lo sguardo dell'interlocutore, cercate di concentrarvi sullo spazio tra i suoi occhi.

Salutare con Una Stretta di Mano

Abbiamo già parlato dell'importanza della stretta di mano. Ricordate che la stretta di mano è un indicatore della vostra personalità. Idealmente la stretta di mano deve esprimere fermezza, fiducia, sicurezza; deve essere ferma, né debole né esageratamente violenta. Evitate una stretta timida, che comunica incertezza, ma evitate anche di provocare dolore; non volete neanche sembrare aggressivi o arroganti. Stringete con fermezza, guardando l'interlocutore negli occhi. Se avete le mani sudate, asciugatele con discrezione prima di stringere la mano.

Ricordate che chi tiene la mano più in alto, con il palmo rivolto verso il basso, si trova in posizione di vantaggio.

Respiro

Prima di entrare dove siete attesi, fate un respiro profondo: espandete il petto, ed espirate lentamente. Il dottor Andrew Weil, autore di *Breathing: The Master Key To Self-Healing*, suggerisce di praticare esercizi di respirazione "poiché la respirazione è qualcosa che possiamo controllare e regolare. È uno strumento utile per raggiungere uno stato d'animo rilassato e determinato". Durante la respirazione, liberatevi dallo stress e concentratevi sul compito che vi attende. Liberate i vostri pensieri e siate positivi.

Evitare l'Irrequietezza

Muoversi troppo è sintomo di nervosismo e incertezza. In molti hanno questo problema: movimenti e reazioni inconsci, incontrollati. Mettete i piedi per terra e appoggiate le mani sulle ginocchia. Non incrociate nulla; non incrociate le braccia sul petto, non incrociate le gambe. Vi chiudereste al dialogo.

Non Divagare

Rispondete attentamente, e solo a ciò che vi viene chiesto. Non divagate, non trattate argomenti non attinenti al discorso. Non fate discorsi a vanvera, cercate di mantenere una conversazione intelligente e propositiva. Siate interessanti.

Linguaggio del Corpo e Affari

Si dice che le azioni parlino più forte delle parole, e in una riunione di lavoro il corpo parla chiaro. Ci sono modi per fare sì che l'attenzione del gruppo sia rivolta su di voi, e che comunichiate al meglio il vostro messaggio. Secondo vari studi, più del 90% del messaggio che comunicate viene trasmesso dai movimenti del corpo, dal tono della voce, delle espressioni del viso e dai gesti. L'idea è di lasciare una impressione duratura, anche dopo la fine dell'incontro.

Camminata Vincente

Cercate di fare una buona impressione al vostro ingresso. Assumete una postura corretta. Camminate in posizione eretta, con sicurezza. Al vostro ingresso, gli astanti dovrebbero avere l'impressione di vedere un leader, un alfa. Assicuratevi di stare dritti in piedi, con le spalle all'indietro. La postura è essenziale, deve esprimere il vostro livello di fiducia. Ricordate: alti e orgogliosi. Così è come vi dovreste sentire, questo è ciò che la vostra postura dovrebbe comunicare.

Parlate Chiaramente

È fondamentale essere chiari quando si parla con i colleghi. Se vi sembra di essere poco chiari quando parlate, esercitatevi a parlare più lentamente. Evitate di borbottare tra voi, per non dare l'impressione di aver perso interesse nella discussione.

Non Distrarsi

Durante un colloquio non è consentito inviare messaggi di testo, inviare mail, consultare il cellulare, il tablet o il computer. Prestate attenzione, siate reattivi, mantenete il contatto visivo con l'interlocutore. Le vostre distrazioni sono irrispettose e distraggono anche gli altri. Ricordate che le vostre azioni lasciano un'impressione, e giocherellare indica che ci si sta annoiando.

Presentazioni

Come si può lasciare una buona impressione in occasione di una presentazione? Quali sono i movimenti del corpo da utilizzare per comunicare al meglio il mio messaggio? Volendo dare una impressione di sicurezza, si dovrebbe comunicare di sentirsi comodi e a proprio agio. Le persone vincenti riescono sempre a dare l'impressione di stare bene nei propri panni; questo è precisamente quello che volete trasmettere di voi. Rilassatevi, usate le gestualità delle mani con moderazione, ricordando che piccoli gesti hanno un grande impatto. Se volete apparire come un leader, nel momento in cui esponete la vostra presentazione, usate la stanza come se fosse vostra. Ampliate il vostro spazio camminando. Camminare per la stanza mentre parlate aumenta la vostra presenza, dimostra che siete in controllo della situazione, e che siete la persona a cui fare riferimento. Assumete il controllo dei vostri spazi e sentitevi comodi, a vostro agio. Fate attenzione però: come sempre, non esagerate. Correre qua e là vi farà ottenere l'effetto opposto. Siate risoluti e sfruttate al meglio la situazione.

Ascoltate Attivamente

C'è una grossissima differenza tra ascoltare e ascoltare attivamente. Vi sarà successo molte volte di esporre un concetto ai vostri colleghi e di notare che ad un certo punto si sono distratti. Questo è decisamente scortese, ma spesso questo accade senza intenzionalità e senza che ce ne si renda conto. La prossima volta che qualcuno vi parla, cercate di prestare attenzione; dovete dare l'impressione di stare davvero ascoltando, di essere realmente interessati.

Il Viso Dice Molto

Le espressioni del vostro viso dicono ciò che la bocca non dice. Sia che sorridiate al momento opportuno, sia che alziate la fronte se avete un dubbio, la vostra espressione conferma il messaggio inviato dalle vostre parole. Chi vi osserva vede le vostre espressioni e ne interiorizza il significato.

Essere una persona vincente è un qualcosa che riguarda tutto il corpo. Il linguaggio del corpo di un leader richiede attenzione, provoca rispetto. Le situazioni e le circostanze possono cambiare, ma il messaggio rimane sostanzialmente uguale. Chi ha fiducia in sé stesso, porta questa fiducia in ogni situazione, in ogni ambiente sociale, che si tratti di un meeting di lavoro o di un incontro personale. Il modo in cui le persone vi vedono è strettamente legato ad una serie di comportamenti, tipicamente univoci.

Naturalmente durante un incontro lavorativo la vostra espressione sarà mediamente più seria; ciò nonostante, il vostro viso racconterà sempre la persona che siete in realtà. Un sorriso al momento giusto riesce a comunicare il benvenuto anche senza una parola. L'alzarsi del sopracciglio di una donna che vi guarda negli occhi, significa interesse.

Le persone di successo comprendono appieno le implicazioni del linguaggio del corpo e, di conseguenza, sono esperte nel galateo del business. Sanno perfettamente che l'importanza del linguaggio del corpo è tale da poter avere grande impatto sugli affari. Sanno che il modo in cui ci si è posti durante una trattativa ha grandi implicazioni nel momento decisivo, quando magari si tratta di firmare un contratto, o di assumere un dipendente. Comprendere e saper utilizzare al meglio il linguaggio del corpo è un'abilità fondamentale che vi tornerà sicuramente utile nei momenti di difficoltà.

La Posizione Seduta

Dovrebbe essere chiaro a questo punto che una camminata dritta e decisa è una condizione di forza, ma che dire di quando siamo seduti? Ci sono molte posizioni possibili, quali sono quelle più vantaggiose ed efficaci? Una postura forte è essenziale anche quando siamo seduti. Durante una riunione di lavoro è bene assumere un atteggiamento consapevole, una posa eretta e attenta. Nella pratica, tenete la schiena dritta e le gambe dritte, con i piedi appoggiati al pavimento. Non agitatevi, non fate movimenti incontrollati, non giocherellate. Sono segni di nervosismo, ansia o, peggio ancora, disinteresse. Incrociare le caviglie è accettabile. Non incrociate le ginocchia.

Il Linguaggio delle Mani

Le mani sono comunicatrici per natura e spesso parlano anche quando non lo vorremmo, quindi tenetele in grembo se non siete sicuri di controllarle a dovere. Evitate di fare scatti o movimenti inconsulti. Non gesticolate, non indicate, evitate movimenti che distraggano gli altri. Ricordate che le mani non sono un poggiatesta o supporti per i fianchi. Evitante anche di incrociare le braccia o di mettere le mani in tasca, sono posizioni che indicano chiusura, ostilità. Tenete le mani aperte o, se non riuscite, ripiegatele sulle ginocchia.

Quando siete in piedi, evitate di tenere le mani davanti alla zona pelvica e non mettete oggetti di pronte a voi. Entrambe queste posizioni risultano fuorvianti. La prima ci fa apparire deboli, dal momento che non è possibile mantenere la schiena dritta e le spalle, per forza di cose, sono curve. La seconda dà l'impressione che abbiamo qualcosa da nascondere o, addirittura, che siamo noi a nasconderci dietro a una barriera che, idealmente, abbiamo eretto tra noi e gli altri.

Siate Pazienti

La pazienza è una grande virtù, essenziale negli ambienti lavorativi frequentati da molte persone. È importante, ad esempio, avere la pazienza di lasciare che le persone finiscano di parlare, prima di saltare alle conclusioni. Eviterete malintesi e scontri.

Cooperazione

Cercate di essere flessibili e cooperare con gli altri. Non crediate di essere gli unici a saper fare le cose nel modo giusto. Prendete in considerazione l'idea che anche l'approccio dei vostri colleghi potrebbe essere altrettanto efficace. L'aiuto di chi vi circonda può essere decisivo e permettervi di raggiungere prima i vostri obbiettivi. Siate disponibili a condividere le vostre idee e ad esaminare con obbiettività quelle degli altri.

Abbiate Fiducia

Essere sicuri di sé significa interagire meglio con le altre persone e, in definitiva, essere più socievoli. Sul posto di lavoro le persone si sentiranno più a loro agio avvicinandosi a voi e rapportandosi con voi. Al contrario, se vi mostrate timidi e incerti, si faranno problemi ad avvicinarsi, per la paura di mettervi a disagio.

Accettate le Critiche

Nessuno è perfetto, tutti possiamo sbagliare. Dovete rendervi conto che le critiche costruttive giocano un ruolo importantissimo sul posto di lavoro; accettatele senza rancore, vi aiuteranno a migliorare.

Se qualcuno non accetta il vostro punto di vista o critica il vostro lavoro, non mettetevi immediatamente sulla difensiva. Ascoltate in modo composto, non reagite male. Se chi vi critica ha maggiore esperienza rispetto a voi, accettatelo. Non sto dicendo che accettare le critiche sia facile, ma è importante essere recettivi quando ascoltiamo ciò che ci viene detto, riservandoci la possibilità di accettarlo. Potrebbe tornare a nostro vantaggio.

Il Giusto Tono

Evitate di parlare a voce troppo alta, rischiereste di disturbare chi lavora negli altri uffici. Allo stesso tempo, evitate di parlare a voce così bassa da costringere gli ascoltatori a sforzarsi di capire cosa stiate dicendo. Se avete dei dubbi su quale sia il giusto tono da tenere, osservate i vostri colleghi, e in particolare volume e intonazione del loro discorso; adeguatevi di conseguenza.

Il Rispetto delle Distanze

Durante una riunione è importante rispettare certi vincoli territoriali; in questo tipo di situazione è appropriato evitare di invadere lo spazio personale. Consideriamo personale un ideale cerchio di un metro di raggio intorno alle persone. Se violiamo lo spazio personale di una persona, tipicamente la vedremo allontanarsi o ritrarsi; è un chiaro sintomo che il suo comfort è stato turbato.

Per concludere: in qualsiasi situazione, ma in particolare nei contesti lavorativi, la vostra postura dovrebbe trasmettere un messaggio di fiducia, sicurezza e rispetto. Camminate dritti, con la testa eretta, lentamente, in modo regolare. Anche da seduti mantenetevi eretti. Mantenete un atteggiamento attento e rispettoso. Controllate le vostre braccia, non lasciate che si muovano a caso. Il vostro contegno deve comunicare agio e relax. Utilizzate queste nozioni a vostro vantaggio, al meglio.

Capitolo 14. Il Linguaggio del Corpo e la Sfera Sociale

Al giorno d'oggi le persone passano molto più tempo nel mondo digitale che nel mondo reale. Avrete assistito mille volte a questo tipo di situazione: due persone al ristorante, sedute una di fronte all'altra, con il telefono in mano, sguardo fisso, nessun dialogo tra loro. Quando sono interpellati rispondono a monosillabi, perché sono totalmente assorbiti dall'interazione con il cellulare.

È una scena tipica per i più giovani, ma le generazioni più anziane non sono del tutto immuni a questo atteggiamento asociale.

L'era digitale ha cambiato il nostro modo di comunicare, e non necessariamente per il meglio. Certo, inviare un documento via e-mail ad un collega è molto più veloce che recapitarglielo di persona in ufficio. È molto più pratico e veloce scrivere al vostro capo che si trova in viaggio, piuttosto che lasciare un messaggio all'hotel dove alloggia, o chiamarlo e rischiare di disturbarlo durante un incontro importante. Queste cose accadevano prima dell'avvento dei cellulari, spesso le emergenze dovevano aspettare e capitava che i dipendenti, in assenza del capo, non sapessero che pesci pigliare.

L'avvento del cellulare, con i suoi mille vantaggi, ha portato ad una perdita della capacità di relazionarci con i nostri simili; per questo motivo sarebbe opportuno cercare di riapprendere questo tipo di abilità tutto sommato essenziale. Diversamente, l'educazione e le buone maniere che abbiamo appreso in gioventù rischiano di precipitare nel baratro della tecnologia, senza la possibilità di riemergere.

Vediamo una serie di comportamenti che possono essere molto utili per riappropriarsi delle relazioni e avere maggiore successo nella sfera sociale.

Dissentite Educatamente

La base della buona comunicazione è la corretta comprensione. Se qualcuno fa una affermazione che non vi trova d'accordo, è buona norma essere diplomatici nell'esprimere il vostro dissenso. Iniziare dicendo: "con tutto il rispetto..." è un modo accettabile per esprimere il fatto che la vostra opinione è diversa, ma ritenete valida anche quella del vostro interlocutore. A questo punto si può esprimere la propria idea; avendo prima comunicato all'altra persona che, comunque, rispettate le sue idee, non farete la figura del provocatore e non apparirete saccenti. Una frase alternativa potrebbe essere: "capisco il tuo punto di vista ma..."; ponendovi in modo non conflittuale ed esprimendovi con moderazione riuscirete a far valere le vostre ragioni senza offendere gli altri.

Non Presupponete

Le supposizioni sono una cosa pericolosa; evitate di dare le cose per scontate; prima di parlare, siate sicuri di quello che state per affermare. A tutti noi è capitato di sentire parlare persone che ci basavano su assunzioni e preconcetti, e molte volte li abbiamo visti cadere in errore. Face congetture può offendere e ferire chi ci ascolta. Spesso la supposizione degrada nel pettegolezzo, e il pettegolezzo non ha mai migliorato lo status sociale di nessuno. Credetemi, non è qualcosa di cui avete bisogno

Sorridete

Un sorriso fa letteralmente miracoli. È facile farsi nuovi amici o addirittura infrangere barriere preesistenti semplicemente offrendo un sorriso. Sorridendo mostriamo agli altri che ci curiamo di loro, che siamo ben disposti, trasmettendo loro felicità immediata.

Mostrate Interesse

In molti trascurano questa semplice regola. Quando si parla con qualcuno, bisogna mostrare genuino interesse. Evitate di essere egocentrici, e di parlare troppo di voi stessi. Le persone intorno a voi perderanno subito interesse, e verrete facilmente catalogati come pedanti e noiosi. Interessarsi maggiormente agli altri e ascoltare con attenzione ciò che dicono è un ottimo modo per costruire un buon rapporto con i colleghi.

Mantenete il Contatto Visivo

Quando parli con qualcuno, cerca di guardarlo. Non intendo dire fissarlo, naturalmente lo sguardo può essere distolto di tanto in tanto, ma mantenere il contatto visivo comunica all'altra persona che siamo veramente interessati a ciò che sta dicendo. Se non guardate chi vi sta parlando, darete un'impressione di disinteresse, di distrazione. Magari siete realmente interessati a quello che vi viene detto, ma date l'impressione opposta, e non è mai una cosa intelligente da fare.

A questo proposito, tornando alle nostre cattive abitudini legate alla tecnologia, quando qualcuno vi parla non guardate il cellulare. Peggio ancora... non mandare messaggi. Dovete concentrarvi sul vostro interlocutore, non su Facebook o sui vostri followers. Non solo è scortesia, ma è una chiara comunicazione del vostro totale disinteresse per chi vi sta di fronte.

No alle Distrazioni

Ci sono parecchie fonti di distrazioni nella società attuale; social media, radio, televisione, cellulari, tablet, sono tutte realtà che possono distrarci sul posto di lavoro e, in generale, allontanarci dalle persone che ci circondano. Evitatele se intendete impegnarvi a fondo nel lavoro e coltivare rapporti durevoli con gli altri.

Siate Positivi

Mantenere una conversazione rilassata, dai toni positivi e ottimistici, farà rilassare le persone con cui parlate, e parlare con una persona rilassata è infinitamente più piacevole. Un atteggiamento positivo riesce a riportare sui binari una conversazione tesa, o nella quale si è insinuato l'imbarazzo, lo avrete visto succedere mille volte.

Indizi Non Verbali

Una buona conversazione è tale non solamente in relazione a ciò che viene detto, bensì anche al modo in cui viene detto. Gli indizi non verbali dicono molto durante una conversazione; si possono trasmettere molte informazioni senza pronunciare una singola parola.

Attenti perché potete dire le cose più interessanti del mondo, ma se le trasmettete nel modo sbagliato difficilmente riuscirete a generare entusiasmo negli ascoltatori. Non dovete apparire reticenti o chiusi. Assumete una posizione sicura. Che siate in piedi o seduti, tenete la schiena ben dritta. Tenete le mani sui fianchi, senza incrociarle.

Siate Consapevoli

Quando ci troviamo in gruppo, o comunque parliamo con qualcuno, è buona cosa essere consapevoli dei messaggi non verbali mandati dal nostro corpo. Vogliamo trasmettere relax. Non vogliamo trasmettere aggressività, non vogliamo apparire disinteressati o dare l'impressione di voler scappare alla prima occasione.

Tenete le mani lontane dal viso, ponete attenzione a come sedete o state in piedi, siate consapevoli dei movimenti delle gambe e delle braccia. Inclinare la testa è segno di interesse, ma non esagerate o, al contrario, sembrerete annoiati.

Fatevi Coinvolgere

Il modo migliore per costruire relazioni sane è quello di partecipare ad attività extracurricolari. È particolarmente vero per coloro che vorrebbero migliorare nella sfera sociale ma sono timidi o non hanno molto contatti. Impegnarsi in un hobby, o in uno sport, frequentare corsi, partecipare a funzioni religiose, e simili; ci sono infiniti modi per incontrare persone e intrecciare rapporti sociali.

Fate Complimenti

Dovreste seriamente impegnarvi a lodare gli altri. Non sprecate un'opportunità per mostrare apprezzamento per il lavoro fatto da altre persone. Sentirsi apprezzati aiuta a creare un ambiente amichevole e disteso, dal momento che a tutti piace che il proprio lavoro e i propri sacrifici vengano riconosciuti e apprezzati.

Non forzate, non esagerate, perché lo capiranno tutti. Siate sinceri, non parlate troppo come se cercaste di convincere qualcuno. Un semplice "ottimo lavoro", o "hai risolto un bel problema" faranno capire a quella persona che siete sinceri e che davvero apprezzate il suo lavoro.

Anche i complimenti sono generalmente apprezzati ma, una volta di più, cercate di essere sinceri. Non dite ad una collega che adorate la sua sciarpa, se stona totalmente con il resto del suo abbigliamento. Non dite al vostro capo che vi piace la sua cravatta, se sembra che l'abbia rubata a un clown.

Lodi e complimenti sono una bella cosa finché sono sinceri. Fate attenzione perché l'adulazione non è mai ben vista.

Le Intenzioni Contano

Cercate sempre di avere le migliori intenzioni. Indipendentemente dalla situazione, assicuratevi di agire per il meglio. Tutti commettono errori ma se le intenzioni erano buone nessuno se la prenderà con voi.

Siate Utili

Anche se magari è una giornata no, o se non siete dell'umore giusto, cercate sempre di aiutare gli altri. Ovviamente se gli altri lo gradiscono; se il vostro aiuto viene rifiutato, rendetevi disponibili in caso l'altro cambiasse idea. L'importante è essersi offerti.

Socializzate

Se ci si impegna per riuscire a integrarsi in nuovi contesti sociali, diversi da quelli abituali, si può riuscire a superare l'ansia da socializzazione e ad accrescere l'autostima. Se vi abituerete a muovervi in situazioni non esattamente familiari, sarà più facile per voi interagire con le altre persone sul posto di lavoro. Iscrivetevi ad un corso di ballo, o dedicatevi a un hobby che vi interessa; sono ottimi modi per mettersi in gioco e interagire con nuove persone.

Il Giusto Canale

Ci sono vari modi per comunicare; assicuratevi di scegliere quello giusto. I social media e l'e-mail non sono di certo i canali giusti per discutere o litigare. Una e-mail non riesce a trasmettere emozioni ed è difficile condividere sentimenti e sensazioni attraverso un computer. È meglio parlare personalmente, anche il telefono potrebbe non essere adeguato alla situazione. La conversazione scritta è potenzialmente rischiosa: basta una virgola nel posto sbagliato per stravolgere il senso di una frase.

Assertivi ma Non Aggressivi

Assertività e aggressività sono due cose profondamente diverse. È più che giusto affermare sé stessi e far valere le proprie opinioni, ma quando si sta cercando di confutare ciò che un'altra persona ha detto o cercando di dimostrare che si sbaglia, non ci si dovrebbe mettere tanta enfasi da superare il limite; ci vuole poco a risultare offensivi e sconfinare nell'aggressività.

Se vi accorgete che iniziate ad usare toni offensivi, la cosa migliore è cambiare discorso. Eviterete una discussione accesa che facilmente può sfociare in un litigio.

Curate la Salute

A tutti piacciono le persone dinamiche, e il livello di energia di una persona dipende in gran parte dalla sua salute. Più ci si sente bene, più si ha fiducia in sé stessi. È bene seguire una dieta sana e non perdere ore di sonno. Non ci dilungheremo su questo, dal momento che ci sono parecchi libri sul mercato, molto più specifici ed esaurienti, per aiutarvi a curare la vostra salute, se ne avete bisogno.

Accettate le Sfide

Cercate di impegnarvi in qualcosa che vi riesce difficile; potrete migliorare nella sfera sociale. Se parlare in pubblico non è esattamente il vostro punto di forza, offritevi di fare una presentazione, o di moderare una riunione di gruppo; migliorerete le vostre conoscenze e accumulerete esperienza. Non c'è modo migliore per imparare ad affrontare una situazione che iniziare a farlo.

Mostrate Rispetto

Anche se siete arrivati ad occupare una posizione elevate, anche se siete già una persona di successo, non dimenticate mai di essere rispettosi verso gli altri. Tenete sempre nel debito conto i sentimenti degli altri, e mostrate che ve ne preoccupate. Se li ammirate, non nascondetelo, onorateli. Non vi dovete comportare come se, a priori, la vostra maggiore esperienza vi rendesse migliori, o rendesse gli altri inferiori. Siate umili e consapevoli, sono qualità socialmente apprezzate ed è buona cosa possederle.

Usare le buone maniere, ringraziare, sono cose che fanno la differenza quando interagite con gli altri. Sul posto di lavoro rispettate lo spazio degli altri. Non siate invadenti disturbandoli o toccandoli.

Mostrate Empatia

Cercate di sviluppare la capacità di mettervi nei panni delle altre persone e di vedere le cose dal loro punto di vista. Vi sarà più facile interagire, comprendere le motivazioni delle loro scelte e apprezzare le loro proposte.

L'Atteggiamento Conta

Non è piacevole passare una giornata in compagnia di qualcuno che vede sempre, perennemente il bicchiere mezzo vuoto. Prima o poi il loro atteggiamento negativo riesce ad abbattere anche noi.

Sicuramente non vorreste essere quel tipo di persona. Vorreste avere un atteggiamento positivo, soprattutto con i colleghi; tenete presente che un atteggiamento pessimista può danneggiarvi molto sul lavoro, fino a costarvi una promozione. Qualsiasi datore di lavoro, al momento di decidere sugli avanzamenti di carriera tenderà a privilegiare persone positive. Un atteggiamento ottimistico garantisce maggior successo, nel lavoro quanto nella vita.

Se avete intenzione, quando lascerete questa terra, si spera il più tardi possibile, di essere ricordati con affetto, e volete che nessuno provi sollievo per la vostra dipartita, e per il fatto che abbiate portato con voi il vostro miserabile atteggiamento e il vostro pessimismo, ricordate che nessuno ricorda volentieri le persone irritabili e poco collaborative. Triste ma vero.

Date il Meglio

Siate voi stessi, perché è il motivo per cui la gente vi apprezza. Non serve fingere: cercate di mostrate le vostre caratteristiche migliori, cercate di essere positivi, accomodanti, allegri. Le persone ameranno stare con voi e godere della vostra amicizia.

Vale lo stesso per il luogo dove lavorate: non occorre alterare la vostra personalità per adeguarvi alle normative aziendali: limitatevi ad osservare le regole e ad adattarvi alle varie situazioni. La sincerità vince sempre.

Capitolo 15. Errori da Evitare

A questo punto della lettura dovreste avere una buona conoscenza di come il corpo si esprime, di come interpretare le altre persone e di come usare il linguaggio del corpo per creare relazioni con gli altri. Prima di iniziare a mettere in pratica tutto questo, sarebbe utile esaminare i più comuni errori che vengono commessi; è vero che sbagliando si impara, ma a volte possiamo anche farne a meno.

Non vi preoccupate se vi ritrovate in questi esempi, se scoprite di aver commesso questo tipo di errori, perché li facciamo o li abbiamo fatti tutti. Cercate di prendere spunto in modo costruttivo, perché generalmente è più facile ricordare a sé stessi di *non* fare qualcosa, rispetto a cercare di aggiungere nuove abitudini al nostro comportamento abituale.

Siate Coerenti

Una delle cose più importanti da tenere presente, quando si intende usare il proprio linguaggio del corpo, è di cercare di mantenere il più possibile la coerenza tra cosa sentiamo dentro di noi e cosa vogliamo comunicare al di fuori. Mentire è possibile, ma solo fino ad un certo punto; se lo superiamo il nostro corpo ci tradirà. Che stiamo cercando di ingannare gli altri o meno, se ostentiamo una tranquillità eccessiva e la situazione non lo giustifica, chi ci circonda si sentirà ingannato a prescindere.

Mettete in Pratica gli Insegnamenti

Non ha molto senso imparare il significato del linguaggio del corpo se poi non applichiamo nella vita reale tutte le nozioni che abbiamo appreso. Se state ascoltando un discorso che trovate noioso, evitate di guardare continuamente l'ora, consultare il cellulare, scivolare sulla sedia fino quasi a cadere o iniziare ad agitarvi. Sfruttate invece questa occasione per mettere in pratica ciò che avete imparato.

Se qualcuno vi parla, assicuratevi di mantenere il contatto visivo e cercate, tramite il vostro linguaggio del corpo, di trasmettere interesse e attenzione. A meno che non vogliate davvero far capire che vi state annoiando; in questo caso, beh, sapete già come comportarvi. In realtà non è sempre facile trasmettere attenzione e deferenza, ad esempio se siete nervosi, se siete stanchi, se la persona vi è poco simpatica o semplicemente vi sta veramente annoiando. In questo caso l'opzione migliore è di mantenere il vostro atteggiamento di interesse, stando in piedi o sedendo di conseguenza, pronti a cogliere la prima occasione per svignarvela e chiudere il discorso.

Se vi sentite nervosi o a disagio, cercate di sfruttare l'ambiente che vi circonda; ad esempio, sedere vicino a qualcuno può aiutarvi a scaricare parte della tensione, perché rende meno esclusivo il contatto tra voi e l'oratore. Anche prendere appunti può essere utilissimo, perché vi fornirà una ottima scusa per interrompere il contatto visivo.

Non Esagerate

Ok, avete imparato moltissimo sul linguaggio del corpo e su come possa aiutare in moltissime situazioni, ma questo non significa che dobbiate usare queste nozioni come se fossero incantesimi e come se vi trovaste all'interno di un videogioco. Il linguaggio del corpo dovrebbe essere utilizzato con naturalezza, diversamente gli altri penseranno che cercate di nascondere qualcosa, o addirittura troveranno fuori luogo e in definitiva irritante il vostro buonumore e la vostra disponibilità. Che stiate cercando di concludere una vendita, o magari di intimidire qualcuno, non vi stupite troppo se il vostro gioco viene scoperto. Usate la gestualità con parsimonia, o rischierete di colpire qualcuno. E non cercate di assumere sempre la postura perfetta, sembrerete un soldato che sfila durante una parata.

Nessuno nega che usare il linguaggio del corpo sia un inganno, ma questo inganno deve principalmente essere rivolto verso di noi; tramite il linguaggio del corpo dobbiamo indurre in noi stessi particolari stati d'animo, non cercare di ingannare gli altri facendo loro credere che proviamo una certa sensazione, perché prima o poi verremo scoperti, e allora otterremo l'opposto di quello che ci eravamo prefissi.

Siate Assertivi

Magari non è corretto parlare di mancanza di assertività, ma è sicuramente più chiaro di un termine più generico come "non essere sicuri". Il punto è: bisogna evitare di essere troppo sottomessi quando veniamo interrogati o quando ci avviciniamo a qualcuno con il quale abbiamo bisogno di venire in contatto. Ad esempio, dovremmo cercare di mantenere il contatto visivo: se proprio dobbiamo romperlo, facciamolo guardando di lato, e mai verso il basso. Essere assertivi significa anche fare domande quando qualcosa non ci convince, e cercare di condurre il discorso, se ne sentiamo la necessità. A livello di gestualità, evitate assolutamente di muovere le mani in modo infantile, o comunque eccessivo. Se vi accorgete di non riuscire a controllare le mani, mettetele lentamente sul tavolo, o in grembo. Cercate di evitare di sembrare esauriti o fuori controllo per colpa del vostro linguaggio del corpo. In ogni modo, tra i segnali di mancanza di assertività, non c'è niente di peggio di una stretta di mano incerta.

Superiori e Inferiori

È vero, la vita a volte è ingiusta. Vi si rinfaccia di essere deboli e arrendevoli e, appena reagite, vi dicono che siete troppo autoritario. In effetti, leggere correttamente il linguaggio del corpo è importante almeno quanto saperlo usare correttamente. In molti sono convinti che dimostrare fiducia e spavalderia sia sempre l'opzione migliore, in qualsiasi contesto. Occorre tenere presente che la fiducia in sé stessi, quella vera, si manifesta in molti modi e che, in certe situazioni, mettersi in mostra a tutti i costi farà sembrare che stiate cercando di impressionare gli altri o, addirittura, che non siate affatto sicuri di voi; in altre parole, l'opposto del risultato desiderato.

Se avete a che fare con persone riservate e tranquille, oppure nervose e insicure, dovreste cercare di adeguarvi. Queste categorie di persone in genere non vogliono essere pressate, e gradiscono un linguaggio del corpo poco invasivo. Non avvicinatevi troppo, non mettete loro pressione se non rispondono subito alle vostre domande, e non siate troppo estroversi, verbalmente e non, perché rischiereste di metterli in difficoltà.

Adeguarsi al livello energetico degli altri può non essere semplice all'inizio, non è una chiave di lettura facile. Rispecchiare il linguaggio del corpo, come abbiamo visto in precedenza, confrontarsi, mantenere un basso profilo, sono strategie molto efficaci in questi casi.

È fondamentale conoscere il posto che ci spetta nelle gerarchie sociali. Essere eccessivamente assertivi nei confronti di un superiore, o semplicemente di chi è più anziano di voi, può farvi apparire irrispettosi e arroganti. Non crediate che sia così facile. Ad esempio, potreste essere gerarchicamente superiori alla segretaria del vostro ufficio ma, soprattutto se ha esperienza lavorativa maggiore della vostra, sarà bene che la trattiate con deferenza; il fatto di essere "inferiore" a voi non toglie che, su determinate questioni potrebbe avere un potere molto maggiore del vostro.

Insensibilità

È stato chiarito nel precedente paragrafo come non prestare attenzione ai sentimenti altrui e alle regole del luogo in cui ci si trova sia un grave errore, anche quando parliamo di linguaggio del corpo. Nella maggior parte dei casi, mostrare insensibilità con il proprio linguaggio del corpo significa che siamo insensibili anche con il pensiero; quasi sicuramente lo saremo anche quando comunichiamo. Detto questo, abbiamo anche chiarito che una persona può incrociare le braccia perché ha freddo, e che alcuni lo fanno proprio perché si sentono a proprio agio; dovreste prestare attenzione a ciò che comunicate con il vostro corpo, soprattutto nelle situazioni dove è importante trasmettere un certo tipo di messaggio. A volte bisogna imparare in fretta; se non vi siete mai dovuti prendere cura di una persona ferita, non sarà facile imparare in un secondo quale linguaggio del corpo possa risultare confortante in quel tipo di situazione.

Chi non ha mai avuto a che fare con i bambini avrà grosse difficoltà a capire quale sia il corretto linguaggio del corpo da usare, dal momento che non corrisponde a quello abituale; in effetti i bambini non seguono le norme sociali degli adulti. In sintesi, assicuratevi di essere attenti e consapevoli, sensibili in una parola, alla situazione in cui vi trovate, a ciò che ci si aspetta da voi, e accertatevi che il vostro linguaggio del corpo sia adeguato e soddisfi alle aspettative di chi vi sta intorno.

Capitolo 16. Il Linguaggio del Corpo e le Quattro Distanze

Tipicamente il linguaggio del corpo mostra le qualità e l'entità dei sentimenti che proviamo per le persone. È piuttosto semplice capire se qualcuno, amico o interesse romantico, sia importante per noi, semplicemente osservando il modo in cui ci poniamo fisicamente. Prendiamo in considerazione un altro aspetto interessante, ossia la distanza fisica tra noi e le persone con cui interagiamo; ogni tipo di relazione, ogni ambiente sociale hanno una distanza consigliata. La volta prossima che interagite con qualcuno, cercate di prestare attenzione alla distanza che state mantenendo, e ricordate che il linguaggio del corpo spesso invia segnali più forti rispetto alle vostre parole; le persone sono più propense a leggere i segnali non verbali che non a farsi convincere dalle vostre parole. Per evitare di essere fraintesi, è bene tenere presente il significato delle distanze che normalmente le persone tengono quando interagiscono. Avvalendosi di queste nozioni sarà più semplice far valere le proprie idee e inviare il messaggio giusto.

La Distanza Intima

Definiamo intima una distanza inferiore al mezzo metro. Generalmente osservano questa distanza persone intime, con un forte affetto l'una per l'altra. Questa distanza permette il contatto fisico, quindi generalmente la si usa quando si vuole sfruttare al meglio la vicinanza. È la tipica distanza tenuta dalle coppie in un luogo pubblico.

Se vi rapportate ad una persona che non è esattamente intimamente legata a voi, assicuratevi di mantenere la distanza corretta, perché invadere lo spazio personale di qualcuno è un atto disturbante, che mette a disagio. Riserveremo la distanza intima ai rapporti stretti, come amanti, parenti, o anche animali domestici. In questi casi mantenere una distanza ridotta aiuta a rafforzare i legami esistenti.

La Distanza Personale

Una distanza compresa tra il mezzo metro e il metro è quella più comunemente utilizzata tra amici e colleghi. Le persone assorte in una conversazione generalmente mantengono questo tipo di distanza, perché è quella ottimale per cogliere tutte le sfumature della voce e del linguaggio non verbale; da questo punto di vista, in effetti, è essenziale cogliere dettagli come i movimenti delle labbra e degli occhi, senza i quali la conversazione perde parte del suo significato. Ricordate che mantenere la distanza corretta, adeguata al contesto sociale, è qualcosa di fondamentale.

Anche quando stringiamo la mano a qualcuno teniamo la distanza personale, la più adeguata a questo e altri gesti che normalmente facciamo in un contesto informale. È la distanza ideale anche per la conversazione in gruppo, proprio per il fatto che permette di sottolineare il discorso con movimenti delle braccia; non rischieremo che il fatto di avere persone vicine possa limitare la nostra gestualità. Lo spazio disponibile ci assicura comfort e libertà di espressione. Ogni qual volta dobbiate discutere con colleghi e amici, cercate di tenere la distanza personale. Ricordate che mantenere la distanza adeguata al contesto aiuta le persone a sentirsi rilassate e a proprio agio.

La Distanza Sociale

Parliamo di una distanza compresa tra il metro e i tre metri, quella più utilizzata per le occasioni sociali; non capita spesso di dover tenere distanze maggiori, come per gli eventi formali, nei quali peraltro occorre anche rispettare ulteriori regole relative, ad esempio, al nostro posizionamento rispetto agli altri, dal momento che, oltre al linguaggio del corpo, anche la scelta della posizione all'interno della stanza ha effetto significativo sulla nostra percezione da parte degli altri. In generale è bene assumere un atteggiamento rispettoso, non dominante, in modo che le altre persone si sentano rispettate e ascoltate. In una occasione sociale tutti dovrebbero avere pari opportunità di interagire e partecipare.

La distanza sociale è pensata per facilitare il contatto visivo tra le persone presenti. È bene porre attenzione a parlare con tono sufficientemente alto da permettere a tutti di ascoltare; contatto visivo e intonazione della voce sono elementi essenziali per una comunicazione efficace. Non rispettare queste regole significa togliere agli eventi sociali gran parte dell'efficacia e della produttività.

Ovviamente esistono incontri sociali molto più formali, nelle quali la distanza dovrebbe essere regolata di conseguenza. Non credo serva ribadire quanto sia importante adeguarsi al contesto e alla tipologia di evento.

La Distanza Pubblica

Le distanze ancora maggiori, in genere comprese tra i tre e i dieci metri, sono solitamente riservate nelle riunioni pubbliche, in cui un oratore si rivolge ad una moltitudine di persone; qui la cosa più importante è che le informazioni trasmesse possano essere ricevute da tutti i presenti, senza eccezioni. Utilizzare un podio può fungere da protezione per l'oratore, il che ha senso dal momento che una folla è qualcosa di potenzialmente pericoloso; meglio mantenere sempre una distanza di sicurezza. Considerando la distanza, non proprio intima, chi parla ad un pubblico deve per forza di cosa enfatizzare la gestualità, se vuole sperare di comunicare con efficacia e trasmettere il proprio messaggio con la necessaria intensità. Anche in questo caso, per ottenere una comunicazione perfetta, occorre abbinare alle parole il corretto linguaggio del corpo.

Tenete presente che quando ci si trova ad una certa distanza dal pubblico, è difficile che le espressioni facciali vengano recepite; per questo motivo diventa ancora più importante che l'oratore utilizzi gesti efficaci, così da aggiungere colore al proprio discorso. Chi ha esperienza a parlare in pubblico, e conosce bene l'uso del linguaggio del corpo, sarà di solito in grado di aggiustare rapidamente il tiro, adeguando la gestualità alla risposta dell'audience. Gli oratori esperti enfatizzeranno i loro movimenti per compensare l'impossibilità di trasmettere al pubblico la propria mimica facciale. Situazioni molto simili si possono riscontrare in un'aula universitaria, nella quale la distanza media tra alunni e insegnante è considerevole.

Abbiamo illustrato le principali categorie di distanze utilizzate nelle relazioni tra persone, e vorrei insistere ancora una volta sull'importanza di scegliere quella giusta. Non scegliete la distanza intima per parlare in pubblico e, viceversa, non allontanatevi dell'interlocutore al quale state per confidare qualcosa di personale e, magari, romantico. Comprendere queste dinamiche vi farà crescere come persona e migliorerà il vostro rapporto con gli altri. Anche qui, interpretare correttamente il linguaggio del corpo vi aiuterà a entrare in sintonia con le altre persone e a comprendere i loro sentimenti; saranno sempre di più quelli che prenderanno del tempo per cercare di conoscervi meglio e instaurare un rapporto con voi.

Conclusione

Abbiamo avuto moto di illustrare come il linguaggio del corpo sia in grado di influenzare i sentimenti delle persone che ci circondano e, di conseguenza, anche influenzare la nostra capacità di comprendere i nostri simili; questo perché, se è vero che noi tutti elaboriamo a livello di subconscio il linguaggio del corpo degli altri, lo stesso facciamo con il nostro, creando una sorta di risonanza.

Provate a beneficiare di questi effetti positivi assumendo, anche per soli due minuti al giorno, posizioni di potenza, ossia quelle che comunichino sicurezza e decisione. Peraltro, se due minuti al giorno di questo semplice esercizio miglioreranno la vostra autostima, per adottare un linguaggio del corpo naturalmente potente ed efficace occorrerà molto più tempo. Esercitarvi ad adottare consapevolmente atteggiamenti e gestualità vincenti, vi aiuterà ad acquisire naturalezza e, in definitiva, a portare alle stelle i vostri livelli di ottimismo e fiducia in voi stessi.

Il linguaggio del corpo ha un grande effetto su come le persone vi percepiscono, e per questo motivo occorre prestare particolare attenzione alla congruenza tra comunicazione verbale e non verbale. Se non riuscite ad ottenerla, è possibile che le persone provino diffidenza nei vostri confronti, o che vi prendano in antipatia, e non è quello che volete.

Si è parlato e si parla molto di linguaggio del corpo, e la mia speranza è che questo libro via stato di aiuto a comprendere alcuni schemi e concetti di base che riguardano questo interessante e popolare argomento. Ricordate sempre di cercare di interpretare i vari schemi comportamentali come parti di un disegno più ampio, se volete davvero arrivare a comprendere il messaggio sottostante. Ricordate anche di essere discreti nella vostra osservazione, se il vostro capo, durante un colloquio, si accorge che al posto che guardarlo in faccia state fissando i suoi piedi, non la prenderà bene.

Abbiamo spiegato quanto il linguaggio del corpo sia incredibilmente importante nelle interazioni, dal momento che da esso derivano la maggior parte delle sensazioni che trasmettete agli altri. Se non prestate attenzione alla vostra gestualità, se non riuscite ad assumere un atteggiamento di apertura, se corpo e parole vanno in direzioni opposte, difficilmente le persone vi apprezzeranno o avranno fiducia in voi. Se dite ad una persona che siete contento di vederla, ma nel frattempo giocherellate o guardate per terra, è difficile che il vostro messaggio arrivi come speravate.

Ricordate, ancora, che il linguaggio del corpo crea la prima impressione che lasciate agli altri. Se date l'impressione di essere persone insicure, inaffidabili, è difficile che le persone cambino questa idea nel prossimo futuro. Il primo passo per diventare la persona forte e sicura che vorreste essere è adottarne il linguaggio del corpo. Con il tempo acquisirete naturalezza e questo atteggiamento diventerà il vostro atteggiamento normale.

È importante rimarcare che adottare un certo linguaggio corporeo avrà un reale impatto fisico e psicologico su di voi. Se sembrate una persona vincente, poco alla volta diventerete una persona vincente. Avete acquisito capacità critica, siete in grado di leggere le persone come un libro, e leggere questi libri non potrà che rendere più facile e piacevole la vostra vita.

Leggere correttamente gli altri farà di voi una persona migliore, perché saprete sviluppare empatia nei loro confronti. Sarete in grado di comprendere i sentimenti altrui e adeguarsi ad essi. Essere sensibili vi renderà un amante, genitore, amico migliori, e un familiare più attivo e premuroso.

Una maggiore consapevolezza vi potrà aiutare a proteggervi da chi vi vuole male. Leggere correttamente il vostro interlocutore vi permetterà di individuare rapidamente le persone che fareste meglio ad evitare. Se proprio vorrete entrare in relazione con individui potenzialmente nocivi, lo farete consapevolmente, sapendo e cosa andate incontro e potendo, se necessario, limitare i danni.

Grazie ad una aumentata percezione, ora siete in grado di scegliere un buon amico, o la persona che volete accanto per il resto della vostra vita; siete in grado di capire chi desidera realmente prendersi cura di voi e chi è realmente in grado di farlo; le delusioni saranno solo una remota possibilità.

Fate buon uso di quanto imparato, fate sì che la vostra vita sia prospera e felice.

I SEGRETI DELLA PSICOLOGIA OSCURA

AUMENTA L'AUTOSTIMA E
SCOPRI COME ANALIZZARE E
INFLUENZARE LE PERSONE
TRAMITE LINGUAGGIO DEL
CORPO, PERSUASIONE,
MANIPOLAZIONE, CONTROLLO
MENTALE, IPNOSI E PNL

Phil Anger

Introduzione

Prima ancora di addentrarci nella lettura, è bene rendersi conto che il contenuto di questo libro non è innocuo. È essenziale utilizzare le nozioni e i metodi che vi spiegheremo con cautela e nel massimo rispetto delle altre persone. Riusciremo, sì, a influenzare e persuadere gli altri, ma non perdiamo di vista il concetto di etica. La psicologia oscura ha forte connotazioni negative, ma se vogliamo possiamo utilizzarla per fare del bene.

Consideriamo la psicologia oscura come uno strumento; come qualsiasi altro strumento, può essere utilizzata per creare qualcosa di nuovo, o per distruggere qualcosa di preesistente. È vero, ci occuperemo di psicologia oscura e di come gli altri la abbiano sempre utilizzata contro di voi, ma questo non è un manuale per imparare a fare lo stesso. Questo libro intende essere un aiuto per permettervi di riconoscere determinate strategie e difendervi da esse, per poi trasformarle in qualcosa che può fare e farvi del bene. Capire la psicologia oscura significa avere una migliore capacità di difendersi da essa.

Pensate ai social media, alla pubblicità, alla politica; tutti cercano di manipolarvi, a volte con buone intenzioni, a volte molto meno. Come utilizzare la psicologia oscura è una scelta strettamente personale. Ci si augura fortemente che, qualsiasi cosa impariate da questo libro, decidiate di utilizzarla solo ed esclusivamente per fare del bene.

Detto questo, incominciamo.

La Psicologia Oscura

Il cervello è senza dubbio l'organo più complesso del corpo umano. Ha meccanismi talmente intricati e una tale multiformità funzionale che non è neanche lontanamente possibile comprenderlo totalmente. Siamo lontani anni luce dal capirne il funzionamento, se non in piccolissima parte. Ci possiamo basare su qualche intuizione, e cercare di utilizzarla per cercare di capire noi e le persone che ci circondano. Più cose sappiamo del cervello umano, meno è probabile che mettiamo a rischio la salute degli altri quando applichiamo le tecniche di manipolazione che vedremo più avanti.

D'altra parte, è vero anche che meno cose sappiamo sul nostro cervello e su come gestire le nostre emozioni, più siamo vulnerabili, e più è probabile che siano altri ad approfittare della complicazione di questo incredibile organo, a nostro svantaggio.

Il cervello umano ha un potere incredibile. Abbiamo senza alcun dubbio le capacità di influenzare le altre persone, di manipolarle facendo credere loro cose che in realtà non sono vere e, volendo, di convincerle a fare cose terribili, tutto con il potere di semplici tecniche basate sugli stessi, identici meccanismi di base. In effetti, tutto ciò che sappiamo del funzionamento del nostro cervello lo abbiamo imparato proprio dall'analisi di una serie di comportamenti di base, e questa analisi, con i suoi risultati, è alla fine il modo più efficace per rapportarci con gli altri e cercare di trarre il meglio dalle relazioni.

Sappiamo benissimo che se il cervello viene danneggiato, non vi è alcun modo di ripararlo; i danni sono sempre gravi, anche se possono variare a seconda della zona danneggiata; non esiste e non esisterà mai il trapianto di cervello, se non nei film di terza categoria. Questo però non significa che dobbiamo sentirci legati e impotenti: possiamo sempre, in qualsiasi momento della nostra vita, migliorare e potenziare le nostre capacità intellettive. Nascere con un certo modo di vedere le cose non implica doverselo portare dietro per sempre. Possiamo e dobbiamo ricalibrare il nostro cervello e portarlo ad un livello di efficienza sempre maggiore. Proviamoci.

Capitolo 1. Psicologia Oscura – Di Che si Tratta?

D a un punto di vista molto generico, è facile definire la psicologia: è semplicemente lo studio scientifico della nostra mente. Sono moltissimo gli aspetti trattati e gli ambiti coperti: comportamenti, relazioni, schemi di pensiero e molto altro ancora. Studiare la psicologia umana significa, in sostanza, cercare di capire il meccanismo di tutti i processi mentali che, nella loro globalità, costituiscono la personalità degli individui. Possiamo studiare la neurobiologia e cercare di capire cosa accada nel cervello quando controlla i movimenti del nostro corpo, come possiamo chiederci quale meccanismo mentale abbia fatto scoppiare in lacrime quel bambino di cinque anni, nel momento in cui la madre gli ha negato l'ennesima caramella. La psicologia studia queste e moltissime altre cose, ma in estrema sintesi studia chi siamo, in quanto esemplari della razza umana e in quando individui distinti. La psicologia cerca di capire come mai alcune persone cedono facilmente alle pressioni e altre no. La psicologia studia l'importanza dell'empatia.

Gli ambiti di applicazione della psicologia sono pressoché infiniti. C'è chi studia il linguaggio del corpo, nel tentativo di apparire in un certo modo e trarne beneficio; c'è chi si preoccupa del proprio miglioramento, e cerca di diventare una persona migliore, giorno dopo giorno. Altri ancora sono interessati ai casi patologici, che si discostano, spesso fortemente, dai comportamenti classici, e cercano i metodi migliori per interagire con queste persone e per cercare di aiutarle. La psicologia ha infinite sfumature e sfaccettature, pratiche o teoriche, ma in sostanza si riduce sempre al tentativo di prevedere il comportamento umano e capirne le ragioni

Definiamo la Psicologia Oscura

Potremmo definire la psicologia oscura come lo studio della personalità di individui con caratteristiche molto particolari. Si occupa ad esempio degli individui che vengono definiti, rispettivamente, machiavellici, narcisisti, sadici, psicopatici. Si tratta delle persone più pericolose che possiate incontrare, perché non hanno alcuna remora nell'usare le altre persone, e ad abusarne. Detto questo, si può imparare moltissimo da queste personalità deviate; riuscire a capirne la mentalità distorta e le tecniche comunemente usate significa poter utilizzare questa conoscenza a nostro vantaggio; abbiamo la possibilità di diventare abili a persuadere gli altri senza per questo fare loro del male.

In questo libro analizzeremo la personalità di questo tipo di individui, che possiamo definire "oscuri". Ne studieremo le caratteristiche, il comportamento, le abitudini, le tecniche.

L'assunzione base della psicologia scura è la seguente: quando le persone si comportano in modo invasivo, usando tecniche come manipolazione e inganno, hanno quasi sempre un motivo. Cercheremo di esaminare questi motivi, come funzionano queste tecniche e perché questi autentici mostri con sembianze umane non riescano a trattenersi dall'usarle. Vedremo le ragioni che spingono una persona a comportarsi male, danneggiando gli altri, e come nella loro mente riesca sempre a comunque a giustificare il proprio comportamento, riuscendo a ignorare l'empatia e la compassione che in genere ci impediscono di fare del male agli altri.

Nell'esporre alcune delle tecniche di abuso più frequentemente utilizzate da esponenti delle varie patologie, ci soffermeremo per valutare quali di questo possano in realtà essere adattate a contesti più ampi, così da poterle utilizzare noi stessi nella vita di tutti i giorni. Potremo ispirarci a queste pratiche discutibili e studiare come trasformarle in abilità da usarsi per persuadere e guidare le persone e aiutarle a raggiungere i loro obbiettivi e a migliorare la loro vita.

Ciascuna di queste tecniche di manipolazione ha effetti diversi profondamente diversi sulle persone che le subiscono. Alcune basano il proprio funzionamento sul far nascere determinate emozioni, e niente risulta motivante come le emozioni. Altre agiscono direttamente sull'inconscio, suggerendo di fatto di comportarsi in un certo modo. Altre ancora semplicemente si basano sull'inganno e la menzogna.

Padroneggiare la psicologia oscura non solo permette di comprendere a fondo le azioni di individui problematici come narcisisti e psicopatici, ma ci aiuta a contrastarli. Conoscendo le loro tattiche, non cadrete mai più in trappola. In altre bisogna imparare a pensare come questi personaggi oscuri; riuscire a pensare come loro significa, ad un tempo, poterli identificare e poterli neutralizzare.

La Storia della Psicologia Oscura

Tradizionalmente considerata una branca della psicologia applicata, la psicologia oscura ha inizio con lo studio della cosiddetta triade oscura, nell'ambito dello studio della manipolazione. Dal momento che le personalità disturbate non sono certo una invenzione dell'ultima ora, non deve sorprendere che da sempre nella storia umana si sia cercato di analizzarle e, ove possibile, neutralizzarle. In particolare, ci sono prove di antichi studi sulle pratiche di abuso e manipolazione in quasi tutte le culture del mondo. Gli esseri umani, da sempre, hanno vittimizzato i loro simili per trarne vantaggio. I libri di storia sono pieni zeppi di testimonianze di schiavitù, razzie e distruzione.

In definitiva, fina a epoche relativamente recenti, I tentativi di manipolare e controllare le altre persone erano all'ordine del giorno, ma non per questo si dedicava del tempo a registrarli e analizzarli. Era talmente pratica comune che non si sentiva la necessità di istituire una qualsivoglia disciplina che ne studiasse le caratteristiche. Dopotutto anche nei testi sacri la manipolazione è presente fin dall'inizio della storia umana. Eva non è stata forse manipolata delle menzogne del serpente?

Nella psicologia classica non sono mancati gli studi su come un comportamento manipolatorio possa costituire uno stimolo e

111

quali siano le reazioni in risposta a tale stimolo. Gli psicologi hanno condotto ad esempio studi su come la paura possa essere condizionata o indotta, e se introdurre certe circostanze o usare certe parole possano spingere le persone ad agire in un determinato modo.

Uno dei più antichi studi sulla possibilità di influenzare gli altri, da parte di Ivan Pavlov, risale al 1897. Studiando i cani e il loro comportamento, Pavlov si rese conto di come alcuni comportamenti, come la salivazione alla vista del cibo, fossero innati. Successivamente studiò la possibilità di indurre un comportamento innato tramite un diverso stimolo; ad esempio, si rese conto che associando l'ora del pasto con il suono di una campanella, dopo un certo periodo era possibile indurre la salivazione negli animali semplicemente suonando la campanella. Questo è quello che viene definito condizionamento classico.

Tramite il condizionamento classico, prese in esame risposte incondizionate, si impara e provocarle tramite stimoli condizionati. La visione del cibo è uno stimolo incondizionato. In risposta ad esso, il cane sbava. Si accoppia allo stimolo incondizionato uno stimolo condizionato, come il suono di una campanella abbinata, per un certo periodo di tempo, alla visione del cibo. Passato il tempo necessario per abituarsi, la reazione incondizionata della salivazione si presenterà anche solo in conseguenza allo stimolo condizionato del suono della campanella.

Il concetto di condizionamento classico è stato fortemente sostenuto dallo psicologo John Watson. Watson ha evidenziato come il condizionamento classico sia presente in ogni aspetto della psicologia e dello sviluppo umano in generale. Nel 1920 si è spinto al punto da eseguire un discutibile esperimento nel quale ha condizionato un neonato di nove mesi a temere qualsiasi oggetto bianco e confuso.

Per entrare nei dettagli, ad un bambino, che chiameremo piccolo Albert, sono stati mostrati, in un ambiente neutro, alcuni animali e oggetti bianchi. Tra questi un ratto, un coniglio, una scimmietta. Il piccolo Albert non aveva alcuna paura di questi animali o oggetti. Non aveva paura di nulla di ciò che vedeva. Da un certo momento in poi, si è iniziato a mostrargli il ratto bianco, producendo allo stesso momento un fortissimo colpo, tramite un martello che colpiva violentemente una sbarra d'acciaio, fuori dal suo campo visivo. Il ratto in sé non disturbava il bambino, il rumore ovviamente sì, di conseguenza il bambino piangeva per lo spavento. Per sette settimane, una volta a settimana si è esposto il ratto al bambino, producendo contemporaneamente lo stesso forte rumore e il bambino, naturalmente, è scoppiato in pianto ogni singola volta. Passate le settimane, si è visto che tutto quello che occorreva per terrorizzare il bambino era mostrargli il ratto. Alla sola vista del ratto, anche senza alcun rumore, il bambino scoppiava in pianto e cercava di scappare.

Non è tutto. Il piccolo Albert aveva sviluppato una fobia per tutto ciò che era bianco e indefinito. Che fosse un cane bianco, un batuffolo di cotone o la barba di Babbo Natale, la vista di qualcosa di bianco e sfocato era sufficiente a mandarlo nel panico. Naturalmente questa reazione indotta si è poi affievolita nel tempo, anche se si è visto che per riattivarla era sufficiente una singola esposizione del ratto bianco accompagnata del suono del martello.

Questo concetto di base assume grandissimo rilievo all'interno di molte forme di influenza e manipolazione. Lo si vedrà emergere una quantità di volte quando parleremo di programmazione neuro-linguistica, e specificamente parlando del cosiddetto *ancoraggio*, una tecnica il cui scopo è quello di provocare un certo comportamento o una specifica risposta emotiva. Ogni qual volta si parli di manipolazione emotiva, non possiamo trascurare il concetto del condizionamento classico.

Successivamente alla scoperta, definizione e contestualizzazione del condizionamento classico, si è iniziato a parlare di condizionamento operante. In particolare, nel 1936, Burrhus Frederic Skinner ha elaborato questo concetto, attingendo ampiamente alla *legge dell'effetto* definita nel 1898 da Edward Thorndike. La legge dell'effetto postula che si tenda a ripetere qualsiasi azione che abbia avuto un effetto positivo, e si tenda a evitare quelle che abbiano avuto effetto negativo. Ad esempio, se un bambino viene premiato con un dolcetto quando mette in ordine la sua cameretta, in futuro sarà più incline a mettere a posto i giocattoli. Al contrario, se viene sgridato e mandato in castigo perché si è comportato in modo maleducato, non è così probabile che in futuro ci riprovi.

Skinner ha ribadito e approfondito questo concetto all'interno delle sue teorie, aggiungendo nuove argomentazioni a favore. Skinner ha affermato che se un comportamento viene incoraggiato, ad esempio tramite un premio, tale comportamento verrà ripetuto e rafforzato. Le persone tendono a ripetere I comportamenti che sono stati premiati, per via del buon esito. D'altra parte, se a seguito della medesima azione il premio non viene nuovamente riconosciuto, il comportamento gradualmente verrà abbandonato.

Nel 1948 Skinner ha ribadito questi concetti tramite appositi esperimenti. Ha creato un dispositivo denominato *scatola di Skinner*, ossia un parallelepipedo con due luci di segnalazione, un altoparlante e una leva. Il macchinario veniva posto in gabbie di animali. Se la leva veniva premuta mentre la luce aveva un certo colore, gli animali ricevevano una scossa elettrica. Se la premevano mentre la luce accesa era dell'altro colore, venivano ricompensati con del cibo.

Tramite questo esperimento, si è evidenziato come siano tre le tipologie di risposte che seguono un serto comportamento: conseguenze neutre, quando l'ambiente circostante non incoraggia né punisce la ripetizione di un comportamento, premi, che spingono l'individuo a ripetere l'azione, e infine punizioni, che ne scoraggiano la ripetizione. Si sono successivamente ripetuti questi esperimenti premiando i comportamenti a intermittenza, e studiando le reazioni dei soggetti. Già avrete capito come le teorie comportamentali abbiano una grandissima rilevanza all'interno della psicologia oscura.

Negli anni '60 Albert Bandura, un altro grande esponente della teoria comportamentale, ha riconosciuto i concetti di condizionamento classico e condizionamento operante, facendoli suoi. Bandura ha aggiunto diverse idee e considerazioni personali. In particolare, ha studiato i processi mentali che intercorrono tra l'esposizione dello stimolo e le risposte conseguenti, e che il comportamento è un qualcosa che viene appreso tramite un apprendimento di tipo osservazionale.

Bandura in particolare nel 1961 ha presentato un particolare esperimento, denominato esperimento della bambola Bobo, tramite il quale ha dimostrato che i bambini, in particolare, prestino grande attenzione ai comportamenti dei loro modelli, ossia le persone che li circondano, conseguentemente imitandoli. Pensate al classico esempio di un bambino che ripete in pubblico cose imbarazzanti, e non ha la minima idea del fatto che lo siano; in effetti le ripete solamente perché le ha sentite dire a casa, dai suoi genitori. È il perfetto esempio di imitazione comportamentale.

Capitolo 2. Chi si Avvale della Psicologia Oscura?

Senza che ce ne rendiamo conto, le persone attorno a noi utilizzano ogni giorno la psicologia oscura e le relative tattiche psicologiche per manipolare, influenzare, persuadere, intimidire e, in definitiva, trarne vantaggio e ottenere ciò che vogliono. Dovreste aver già capito che parlare di psicologia oscura significa inevitabilmente parlare della capacità di manipolare e di esercitare controllo mentale. In questo differisce dalla psicologia classica, che è più che altro lo studio del comportamento umano e di come le nostre azioni, interazioni e pensieri ne siano fortemente influenzati. Si genera facilmente confusione tra le due dottrine; la cosa basilare da tenere a mente è che chi si prefigge di manipolare le altre persone, si sta senza dubbio avvalendo di concetti di psicologia oscura.

Ci sono categorie di personaggi che sanno benissimo come applicare tecniche di manipolazione. Ricordate che la manipolazione è un'arte, e la prima cosa per metterla in pratica è conoscere quali siano le tecniche più efficaci per soddisfare le proprie esigenze a spese di qualcun altro. Il fatto che spessissimo i manipolatori siano egocentrici, e pertanto concentrati su sé stessi, non toglie che siano capacissimi di manipolare e intimidire gli altri. Non si preoccupano dei danni che potrebbero causare, e mettono le proprie esigenze personali davanti a quelle degli altri, sempre e comunque.

- Le persone molto brave a parlare in pubblico sanno avvalersi della psicologia oscura per persuadere gli ascoltatori e manipolarne lo stato emotivo. Se stanno vendendo qualcosa, qualsiasi cosa sia, sono in grado di mettere in atto tattiche per aumentare le vendite. Sono abili nelle scelte di tempo; conoscono perfettamente il giusto momento per approfittare della confusione emotiva degli altri.

- I sociopatici, spesso veri e propri casi clinici, possono apparire intelligenti e affascinanti, ma spesso rivelano la propria natura a causa dell'impulsività. È tipica di questi individui, incapaci di provare rimorso ed empatia, la costruzione di rapporti superficiali, tramite i quali riescono ad approfittare degli ingenui, che sono particolarmente vulnerabili alle tattiche della psicologia oscura. I sociopatici non si preoccupano di ferire i sentimenti altrui, e non sono minimamente preoccupati di cosa potrebbe succedere se il loro gioco venisse scoperto.

- I politici, o chi comunque in un modo o nell'altro ha abbia che fare con quell'ambiente, sono abituati a usare tattiche oscure per convincere la gente comune di stare lavorando per il loro benessere e nel loro interesse, quando in realtà cercano solo voti e approvazione per arrivare al potere.

- Alcuni avvocati si concentrano esclusivamente sul vincere cause, indipendentemente dal fatto di conoscere la realtà dei fatti, e anche dopo averla conosciuta. Usano tattiche oscure di manipolazione per ottenere risultati, convincendo giudici e giurie senza troppo scrupoli. Questi personaggi non si preoccupano minimamente del concetto di giustizia, ma soltanto di reputazione e successo personale.

- I dirigenti, i capi reparto, e in generale tutte le figure aziendali dotate di poteri gestionali, cha abbiano a loro volta figure superiori alle quali debbano riferire, usano spesso la psicologia oscura sui loro subordinati per ottenere risultati conformi alla linea aziendale e, più in generale, prestazioni migliori e impegno più costante. Non si preoccupano minimamente che i dipendenti siano trattati equamente, e che il loro salario sia proporzionato al lavoro effettivamente svolto e al contributo effettivamente portato alla causa aziendale.

- Tutti coloro che in un modo o nell'altro si occupano di vendite sono in genere ben consapevoli di quali siano le strategie di psicologia oscura più utili per persuadere le persone e convincerle ad acquistare qualsiasi cosa stiano vendendo. Possono arrivare ad ingannare i clienti, perché la loro unica preoccupazione è quella di vendere il prodotto e massimizzare il profitto.

Dopo aver elencato alcune delle categorie di persone che possono cercare di ingannarti usando trucchi derivati dalla psicologia oscura, vediamo alcune delle più classiche tecniche che vengono utilizzate per manipolare le persone e far loro fare ciò che si desidera.

- Mettiamo che siate un venditore, e che cerchiate di manipolare i clienti facendo loro acquistare il prodotto che preferireste acquistare, potete usare una opzione esca. Tipicamente sarà la terza opzione. State cercando, poniamo, di vendere il più costoso tra due prodotti, per ovvie ragioni; niente di meglio, per renderlo più attraente, che presentare un terzo prodotto. Sarà sufficiente che il prodotto esca sia costoso come il prodotto che volete piazzare, ma visibilmente meno valido. Questa strategia immancabilmente fa lievitare le vendite e convince i clienti ad acquistare qualsiasi cosa vogliate.
- Per prevalere in una discussione, un semplice trucco sta nel parlare molto velocemente, così da non lasciare all'interlocutore altra scelta se non concordare con voi. Parlare rapidamente, in effetti, non lascia alle altre persone il tempo di elaborare ciò che state dicendo, spingendole a concordare in automatico. Nel caso in cui invece l'interlocutore sia d'accordo con voi, parlare lentamente è la cosa migliore, perché gli permetterà di valutare e analizzare a fondo il vostro discorso.
- Il mirroring, o imitazione del linguaggio del corpo, è una strategia interessante. Imitare le movenze della persona che volete manipolare la impressionerà, la avvicinerà a voi e, chissà, potrebbe anche farle cambiare idea. Cercate, senza esagerare, di imitare il modo in cui una persona parla, si siede o cammina. Se sarete così bravi da non farvi scoprire, riuscirete a portarla dalla vostra parte.

- Una delle tattiche psicologiche di manipolazione più oscure che possiate utilizzare è quella di spaventare le persone. Soprattutto le persone ansiose sono molto sensibili a questo tipo di strategia, perché sono perennemente preoccupate da quello che le circonda. Una persona spaventata è più incline a fare ciò che volete; certe volte addirittura le persone ansiose si rendono conto di ciò che volete senza che dobbiate dirglielo, e si comportano di conseguenza, cercando di accontentarvi.

- Se volete che le persone si comportino in modo corretto con voi, usate gli occhi. Cercate di dare l'impressione di una persona che nota quello che succede, soffermandovi con lo sguardo ogni qual volta c'è il rischio che siate trattati ingiustamente. le altre persone si sentiranno osservate e non correranno il rischio di trattarvi male. Usate questo trucco e tutti gli oggetti che avete prestato torneranno indietro in tempo.

- Modificate l'ambiente per smorzare l'aggressività delle persone. Supponiamo che si debba contrattare sul prezzo di una fornitura; se la scena si svolgesse in un caffè, si terrebbero toni sarebbero decisamente più rilassati rispetto a quanto si farebbe in una sala conferenze. Le persone tendenzialmente si comportano in modo più conciliante quando sono circondate da un ambiente neutro; al contrario, se si trovano immerse nell'ambiente di lavoro tendono ad essere maggiormente aggressive ed egoiste.

- Cercate di essere complicati e di non rendere immediata la comprensione di ciò che dite, almeno ad un primo approccio. Per fare sì che le persone soddisfino le vostre richieste, confondetele. Facciamo un esempio. Se vendete un prodotto a 4 euro, sul cartellino scrivete 400 centesimi. In questo modo, le persone innanzitutto dovranno fermarsi a pensare di che cifra si stia realmente parlando. Secondariamente, se vorranno contrattare, lo faranno in termini di centesimi e non di euro. Oppure si lasceranno ingannare ritenendo di aver fatto un affare.

- Aiutare una persona a risolvere un problema fa sì che questa persona si senta in dovere di ricambiare, perché a nessuno piace dovere un favore a qualcun altro. In questo modo, quando arriva per voi il momento di chiedere, sarete in grado di manipolare più facilmente. È una tecnica molto efficace, usata universalmente.

- Se dovete fare una richiesta a qualcuno, cercate di farlo in un momento di debolezza o stanchezza. Senza energia per discutere, le persone tendono ad essere maggiormente accondiscendenti, e vi accontenteranno più facilmente.

- Fate sempre in modo che il vostro interlocutore sia concentrato sul proprio vantaggio, e non sullo svantaggio. Dichiarate innanzitutto le caratteristiche positive del vostro prodotto, e solo alla fine parlate di prezzo. Ad esempio, se volete vendere la vostra auto ad un prezzo vantaggioso per voi, elencatene innanzitutto tutti i pregi. Quando alla fine chiederete una certa cifra, l'acquirente sarà già in gran parte convinto a concludere l'acquisto.

- Quando volete persuadere qualcuno, e cambiare l'opinione che ha di voi, cercate di usare meno verbi e più sostantivi. I sostantivi sono la prima cosa che assimiliamo quando iniziamo a parlare, e per tale motivo hanno una efficacia maggiore all'interno di una conversazione.

Capitolo 3. Persuasione e Manipolazione

Nella nostra vita siamo tutti stati oggetto di persuasione. Quante volte hanno cercato di coinvolgervi in una serata tra amici, anche quando non ne avevate le minima voglia? O magari hanno cercato di farvi assaggiare un cibo esotico, o di farvi indossare un capo di abbigliamento estroso, o di farvi acquistare un articolo del quale non avevate alcun bisogno. La persuasione è qualcosa di usato in continuazione dei venditori, ma è anche comunissimo tentarla tra amici e conoscenti, quando si consiglia all'altro qualcosa che ci è particolarmente piaciuto. La persuasione può essere insistente, al limite fastidiosa, quando qualcuno insiste per farci provare a tutti i costi qualcosa che non abbiamo la minima intenzione di provare, però è generalmente qualcosa di innocuo. Lo scopo ultimo della persuasione è, di solito, solamente quello di aprire la mente dell'altra persona, spingendola a esperienze che da sola non avrebbe intrapreso. Un amico che vuole portarti su una giostra particolarmente emozionante, la fidanzata o la moglie che vuole provare un nuovo ristorante con voi, sono classici esempi di innocua persuasione.

La manipolazione si differenzia dalla persuasione per l'intento; l'unico scopo del manipolatore è di raggiungere il proprio obbiettivo, senza curarsi minimamente delle conseguenze. Quando usiamo la persuasione nei confronti di qualcun altro, spesso lo facciamo per apportare un beneficio. Potremmo consigliare ad un amico una giacca di colore diverso, che gli stia meglio, o gli potremmo suggerire di leggere un libro che riteniamo possa piacergli. In questo non c'è alcun tornaconto personale, anzi. Se la persona che cerchiamo di convincere riesce a percepire le nostre buone intenzioni, se riesce a capire che in nostro è un consiglio disinteressato, sarà propensa a lasciarsi persuadere. In effetti, dal momento che il beneficio ricade su chi si è lasciato convincere, possiamo affermare che la persuasione è un atto altruistico.

Differenze tra Persuasione e Manipolazione

In che modo la manipolazione differisce dalla persuasione? Semplicemente, la manipolazione è di utilità esclusiva del manipolatore, il quale, per il proprio tornaconto, cerca di controllare le azioni o il comportamento di altre persone, spesso utilizzando la propria eloquenza o altre tecniche particolari per rendere la manipolazione più efficace. Questo tipo di situazione si verifica, ad esempio, qualcuno utilizzi metodi scorretti, anche se convincenti, per farci comperare qualcosa di cui non abbiamo bisogno, oppure ci spinga a investire denaro dove la non ci sia convenienza per l'investitore, incurante del danno che questo ci provocherà. Vediamo come possiamo agevolmente distinguere persuasione da manipolazione tramite una tabella.

Persuasione	Manipolazione
Non c'è l'intenzione di approfittare di qualcuno, o di ingannarlo, o comunque di fargli fare qualcosa di potenzialmente dannoso. Le motivazioni della persuasione sono benigne e altruistiche; chi cerca di persuadere lo fa nell'interesse dell'altro.	Spesso l'intenzione è quella di ingannare o imbrogliare, facendo sperare in un beneficio derivante dall'acquisto o dalla sottoscrizione di qualcosa, in modo che il manipolatore possa trarre vantaggio dalla transazione.
Non ci sono secondi fini o finalità nascoste. Il tentativo di persuasione è corretto a trasparente	La manipolazione spesso nasconde aspetti che sarebbe bene tenere presente prima di decidere, dal momento che comportano rischi. Non c'è alcuna trasparenza

Lasciarsi persuadere comporta in genere un beneficio. Non comporta un danno o, nel caso peggiore, sarà un danno minimo e comunque procurato involontariamente.	Lasciare che qualcuno vi manipoli porta sempre qualche problema. Potreste firmare un contratto svantaggioso, o acquistare un oggetto che non vi serve, il tutto a esclusivo beneficio del manipolatore.
Non c'è nulla da nascondere, dal momento che le intenzioni sono buone.	Spesso c'è un secondo fine occultato, le intenzioni non sono per nulla altruistiche.

Spesso è facile persuadere qualcuno, senza alcun bisogno di trucchi, dal momento che l'altra persona potrebbe sentirsi più che disposta ad accettare il consiglio o il suggerimento che le viene offerto. Questo capita, ad esempio quando esce sul mercato un nuovo veicolo o un nuovo apparecchio, e ci sentiamo di raccomandare ad un amico un particolare modello o una particolare marca. Probabilmente riusciremo a persuaderlo, dal momento che stiamo solo cercando di trasmettergli una nostra esperienza positiva, della quale non potrà che beneficiare. Un manipolatore, al contrario, cercherà di vendere qualcosa di meno efficiente, magari anche danneggiato, a prezzo pieno, tenendovi nascoste le problematiche. A meno che la sua vile truffa non venga scoperta, potrebbe riuscire a ingannare qualcuno e non ne proverebbe alcun rimorso.

Prevenire gli Abusi

Ci sono diverse tecniche da utilizzare nella vita di tutti i giorni per evitare di essere presi di mira e subire abusi e inganni. È molto importante rendersi conto che, in molti casi, la manipolazione è qualcosa di sottile, impercettibile, che si rivela per quello che è solo dopo molto tempo. Se il manipolatore è una persona astuta, e purtroppo spesso è così, prevenire l'abuso può non essere semplice. È determinante tenere d'occhio i primi segnali che si possono presentare, e che evidenziano che qualcuno è in procinto di approfittare di voi, così da essere pronti a mettere in atto le opportune contromisure. Vediamo alcuni segnali a cui prestare attenzione, che tipicamente si presentano nelle fasi iniziali della relazione con qualcuno. Si tratta di segnali facili da individuare, che non bisogna lasciarsi scappare per nessun motivo, in quanto sono segni comuni a quasi tutti i tentativi di applicazione di tattiche da psicologia oscura.

Love Bombing

Vi è mai capitato di incontrare una persona troppo perfetta per essere vera? E magari il vostro sesto senso vi ha fatto domandare se non ci fosse dietro qualcosa? Magari questa persona ha dichiarato di essere la vostra anima gemella, o di non aver mai incontrato qualcuno speciale quanto voi, o ancora che siete la persona ideale. Questo capita soprattutto in gruppi di persone ristretti e controllati, come ad esempio le sette religiose, dove ogni nuovo membro viene accolto a braccia aperte, con una incredibile esplosione di amore, come a fargli sentire di aver finalmente trovato il gruppo perfetto di amici. Questa tecnica, nota come bombardamento d'amore, o *love bombing*, viene utilizzata come esca per far credere a qualcuno di essere accettato e apprezzato così come è. È uno strumento potentissimo che riesce a far sentire le persone parte di un qualcosa di più grande, infondendo in loro un senso di dovere e di obbligo, che fa sì che essi accettino qualsiasi regola di buon grado e senza porsi domande. La stessa tecnica può venite utilizzata nel caso di una relazione a due; tramite un incrollabile atteggiamento di adulazione e adorazione si riesce a far sentore una persona amata e apprezzata quando, in realtà, una volta stabilito il controllo su di essa, tutto questo sentimento svanirà nel nulla.

Controllo delle Relazioni, delle Attività e del Pensiero

Se mai entrerete in una setta, o comunque in qualsiasi gruppo ad alto controllo, vi accorgerete che vi verranno illustrate diverse regole o linee guida che ci si aspetta che seguiate senza fare domande. Vi si potrebbe chiedere di passare più tempo con i membri del gruppo, di partecipare e determinate cerimonie o eventi, e in generale di svolgere attività che, riempiendo la vostra giornata, vi allontanerebbero di fatto dalla famiglia e dagli amici. Vi si potrebbe incoraggiare a trovare altre persone disposte a unirsi al gruppo, disposte e condividerne i valori e gli insegnamenti. Il livello di controllo può arrivare a imporvi un certo abbigliamento, una certa mentalità e addirittura a scegliere le persone che potete frequentare. Si tratta di imposizioni pericolose che possono avere un impatto negativo su molti aspetti della vostra vita. Se disobbedirete o comunque metterete in dubbio le regole imposte, criticandole, facilmente verrete puniti; i membri che vi hanno, fino a quel momento, letteralmente ricoperto di amore, improvvisamente vi ignoreranno o vi tratteranno con freddezza. L'atteggiamento precedente verrà ripristinato solo se tornerete a seguire le regole, magari a costo di allontanarvi dalla vostra famiglia e dai vostri amici.

Magari, all'inizio, vedrete il vostro inserimento nella setta e il conseguente cambiamento di mentalità come qualcosa di positivo, che vi rende più forti. Potreste credere ciecamente negli ideali di miglioramento personale che vi vengono imposti, e seguirli ciecamente. È in questo momento che, di fatto, vi si sta *vendendo* uno stile di vita, e vi si sta convincendo ad aderire a una serie di principi e a comportarvi di conseguenza. Si tratta di un metodo potentissimo di guadagnarsi la fiducia di qualcuno tramite l'inganno, e spesso tramite l'uso della paura, o facendo sentire le persone incomplete se non si allineano ai dettami della setta. Alcune persone si sentiranno in dovere di coinvolgere amici e familiari, di cercare di portarli all'interno del gruppo per *salvarli*, che è proprio lo stesso meccanismo tramite il quale siete stati reclutati anche voi. Tutti coloro che criticano i principi e le ideologie imposte, finiscono su una sorta di lista nera, che facciano parte del gruppo o meno. Se farete sapere agli altri membri che la vostra famiglia è contraria, vi si potrebbe chiedere di interrompere i contatti. La setta, o qualsiasi gruppo in cui si applichi la manipolazione, mira precisamente a questo: convincervi che non avete bisogno di una famiglia, che all'interno del gruppo state meglio, che seguendone le regole potete migliorare la vostra vita e raggiungere il successo. Sono loro la vostra nuova famiglia.

Una volta inseriti all'interno di un gruppo di manipolazione, la vostra mentalità inizierà a cambiare. La vostra tolleranza verso chi pensa diversamente si ridurrà drasticamente. Potreste iniziare voi stessi ad applicare tecniche di manipolazione per convincere e reclutare altre persone, esattamente come è stato fatto con voi. Cosa ancora più grave, inizierete a diventare psicologicamente dipendenti dagli altri membri del gruppo. Avrete necessità assoluta della loro approvazione, la vostra autostima arriverà a coincidere con la loro stima nei vostri confronti; qualsiasi vostro gesto o commento sarà moderato tramite un sottile processo di condizionamento: se non vi allineerete troverete un muro di indifferenza e ostilità, e vi sentirete costretti a fare ammenda in un modo o nell'altro. È difficilissimo sganciarsi da questo tipo di situazioni; se non riuscirete a farlo subito, ben presto vi ritroverete totalmente soggiogati, senza una famiglia e senza amici.

Capitolo 4. La Persuasione Oscura

Quando qualcuno intende far cambiare idea a qualcun altro, convincendolo a fare qualcosa che inizialmente non aveva intenzione di fare, generalmente si avvale di tecniche di persuasione ben precise. Non possiamo arrivare a parlare di manipolazione, ma anche la persuasione ha aspetti oscuri, se viene utilizzata per il proprio tornaconto.

Non c'è giorno in cui il persuasore non cercherà di raggiungere il suo obbiettivo. Per le industrie alimentari, ad esempio, si potrebbe trattare di proporre nuove ricette, o di riproporre quelle vecchie in una nuova accattivante veste, per fidelizzare il consumatore. I produttori cinematografici riempiranno televisione e social network di trailer e interviste agli attori, per spingere al massimo le nuove pellicole in uscita.

Per qualsiasi venditore, qualsiasi cosa venda, l'obbiettivo principale è quello di aumentare le vendite, e lo possono fare solo persuadendovi ad acquistare i loro prodotti. Naturalmente non sono minimamente interessati a procurarvi un reale beneficio; per questo motivo devono essere particolarmente attenti e abili nell'arte della persuasione, in modo da non insospettirvi e non irritarvi. Non sono gli unici a cercare di vendervi la stessa cosa, ci sono altri produttori e altri venditori, per cui devono trovare modo di impressionarvi, di distinguersi, di lasciare il segno.

La persuasione, come si può immaginare, è vecchia quanto il mondo; è uno strumento potentissimo utilizzato, da sempre, da molte categorie professionali. Per questo motivo le tecniche per convincere le altre persone a fare qualcosa sono oggetto di studio da tempo immemorabile.

A partire dal XX secolo, sì è iniziato a studiare queste tecniche in modo formale. Chi cerca di persuadere, deve innanzitutto trovare argomentazioni valide e convincenti. L'obbiettivo è quello di convincere il pubblico tramite queste argomentazioni, in modo che il messaggio in esse contenuto venga interiorizzato e, nei casi più estremi, adottato come stile di vita. Non è sempre semplice; per questo motivo si è sempre cercato di affinare questo tipo di abilità.

Vediamo tre tecniche di persuasione oscura tra le più ampiamente utilizzate e diffuse.

Creare il Bisogno

Si tratta di uno dei modi più proficui per influire sul punto di vista o sullo stile di una persona: in estrema sintesi, il persuasore dovrà cercare di creare un bisogno, o solo di capitalizzarlo, se il suo obbiettivo questo bisogno lo avesse già. Si tratta di una tecnica estremamente attrattiva, se ben eseguita.

Per avere successo con questa tecnica occorre scoprire i bisogni interiori del bersaglio, e fare appello ad essi. Potrebbe essere un sogno da realizzare, il desiderio di accrescere l'autostima, la mancanza di amore, di un rifugio sicuro. Potrebbe essere semplicemente il desiderio di cibo, perché no.

La forza di questo metodo è che non è letteralmente possibile che qualcuno non abbia bisogno di qualcosa. Tutti abbiamo bisogno di qualcosa. Il persuasore avrà solamente bisogno di capire di che si tratti, e poi fingere di poter aiutare il bersaglio a soddisfare facilmente questo bisogno.

Spesso il persuasore riesce addirittura a convincere il suo bersaglio che, se davvero vuole raggiungere un certo obbiettivo, dovrà cambiare il suo stile di vita o il suo modo di pensare, o che comunque così facendo le chances di soddisfare il suo bisogno cresceranno notevolmente.

Un ragazzo molto bravo a scuola che si fosse prefisso di uscire con una compagna che lo attrae, potrebbe utilizzare la sua bravura, e proporle di aiutarla nello studio, facendole prendere buoni voti. La ragazza penserà di aver trovato finalmente una soluzione ai suoi problemi, ma lui in realtà non è particolarmente interessato ad aiutarla realmente. Ha in mente tutt'altro.

Appellarsi ai Bisogni Sociali

Un'altra tecnica molto diffusa consiste nel cercare di identificare quali siano i bisogni sociali dell'obbiettivo. Non si tratta di esigenze forti come i bisogni primari che abbiamo visto prima, ma si tratta comunque di una buona arma da tenere nell'arsenale del persuasore.

Ci sono persone che hanno grande desiderio di essere acclamati dalla folla, di essere ricercati, apprezzati da tutti. Altri desiderano un particolare oggetto, non per effettivo bisogno, ma perché trattandosi di un oggetto costoso e vistoso lo porterà, nella loro visione, ad un livello sociale più alto.

Vediamo moltissimi esempi di applicazione di questa tecnica negli spot televisivi che, appellandosi al bisogno di rivalsa dello spettatore, lo incoraggiano ad acquistare un certo prodotto per non rimanere indietro, per emergere, per distinguersi. Non trascuriamo il fatto che, una volta scoperta una simile debolezza nel bersaglio, sarà molto più facile convincerlo ad acquistare altri oggetti che soddisfino il medesimo bisogno.

Utilizzare Immagini e Parole Altisonanti

Quando vogliamo convincere qualcun altro e spingerlo a fare qualcosa, è sempre opportuno scegliere con cura le parole da usare, perché le parole possono fare la differenza. Ci sono molti modi per dire la stessa cosa, e non tutti hanno lo stesso effetto; un modo può avere risultati molto diversi da un altro. Dire la cosa giusta al momento giusto è importantissimo, perché quando parliamo di manipolazione o persuasione, le parole sono uno strumento fondamentale; conoscere le frasi giuste, quelle che gli americani chiamano "call to action", o chiamata all'azione, può veramente dare il colpo di grazia alla titubanza di qualcuno.

La persuasione oscura è uno degli argomenti più interessanti tra quelli che possiamo associare al più generale concetto di psicologia oscura, anche se spesso viene trascurato o sottovalutato. Probabilmente questo accade perché, a differenza di quanto accade con altri metodi di controllo mentale, in questo caso al bersaglio viene sempre lasciata una scelta. Ci sono metodi molto più coercitivi che portano il bersaglio alla totale sottomissione, a volte isolandolo di fatto dal resto del mondo, in modo che la sua unica ancora di salvezza sia cedere alle richieste del manipolatore.

Quando si tratta di persuasione invece, tutto sommato la trattativa si svolge a carte scoperte, anche se ci possono essere doppi fini, e in questo caso parliamo, appunto, di persuasione oscura. Il bersaglio può rischiare di essere raggirato, certo, ma alla fine la scelta dipende da lui.

Capitolo 5. La Manipolazione Segreta

Si definisce manipolazione emozionale segreta un insieme di tecniche volte a ottenere potere e controllo su qualcuno tramite l'applicazione di tattiche ingannevoli e subdole. Chi la utilizza, cerca di modificare il comportamento e il pensiero altrui senza che ce ne si renda conto. In altre parole, usano tecniche che riescono ad alterare la percezione della realtà, in modo che il bersaglio sia convinto di fare ciò che fa perché realmente desidera farlo. In effetti, la manipolazione segreta è tale proprio perché funziona senza che chi ne è soggetto ne abbia il minimo sospetto. Chi è abile nell'utilizzo di queste tecniche, riesce a far eseguire i propri ordini senza che nessuno se ne accorga; è una vera e propria prigionia psicologica.

Quando un manipolatore navigato mette gli occhi su di voi, cercherà subito di convincervi a dargli fiducia gratificando la vostra autostima e il vostro benessere emotivo. Senza neanche accorgervene, cadrete nel suo incantesimo; conquisterà la vostra fiducia e, quel che è peggio, inizierete a dare grande peso a quello che lui pensa di voi. Una volta che li avrete lasciati entrare nella vostra vita, inizieranno a distruggere metodicamente la vostra identità e, con il passare del tempo, senza più alcuna autostima, vi trasformerete in ciò che il manipolatore vuole che voi siate.

La manipolazione emotiva nascosta è molto più comune di quanto possiate immaginare. Dal momento che si tratta di qualcosa di sottile, subdolo, spesso le persone non si rendono conto che sta succedendo proprio a loro. Spesso solo chi sta al di fuori se ne può accorgere, e solo se è una persona particolarmente acuta e attenta. Sicuramente conoscete persone che un tempo erano allegre e positive e, dopo aver conosciuto qualcuno, sono cambiate a tal punto da risultare irriconoscibili. Li conoscete da sempre, ma improvvisamente vi trovate di fronte degli sconosciuti; ebbene, rendetevi conto di quanto sia potente e pericolosa la manipolazione segreta; può cambiare profondamente le persone senza che neanche se ne rendano conto. Questo accade perché il manipolatore, quando è abile, vi consuma da dentro, a poco a poco, e tutti siamo inclini ad accettare piccoli, impercettibili cambiamenti, anche se in peggio. Piano piano la vostra vecchia personalità viene sostituita da una nuova versione di voi stessi, costruita appositamente per compiacere il manipolatore.

Potremmo paragonare la manipolazione oscura ad un colpo di stato, però al rallentatore. Di fatto, chi vi manipola vi chiede si cedere a piccole richieste, in modo progressivo; vi chiede di annullare piano piano la vostra personalità, il vostro carattere, per arrivare ad assecondare totalmente le sue richieste. La vostra mente non si renderà conto di cosa succede, non riuscirà a percepire questi minimi cambiamenti e pertanto non vedrà la portata del processo in atto.

Avete l'impressione che cedere a qualche piccola richiesta, per quanto irragionevole, non sia poi chissà cosa? Beh, sappiate che il manipolatore conta proprio su questo. Nessuno ha voglia di impuntarsi per delle piccolezze, si è propensi a lasciar correre. Purtroppo, questo innesca un effetto domino, e prima che ve ne accorgiate sarà troppo tardi. Iniziare a cedere per cose trascurabili rende più facile, successivamente, cedere su quelle che lo sono meno, e ad ogni concessione perderete un tassello di indipendenza, fino a trasformarvi in qualcosa di diverso da ciò che eravate.

La manipolazione emotiva segreta, in una certa misura, si riscontra in tutte le dinamiche sociali: nelle relazioni, nelle amicizie, sul lavoro. Vediamo come.

Manipolazione delle Emozioni nelle Relazioni

Nelle relazioni si verificano spessissimo episodi di manipolazione emozionale, ma non sempre con intenti dannosi. Le mogli, ad esempio, potrebbero cercare di modificare il comportamento del marito, inducendolo a restare più spesso a casa; è del tutto normale. Tuttavia, in molti altri casi, la manipolazione ha intenzioni più maliziose, e ha lo scopo di controllare o dominare l'altra persona.

La tecnica di manipolazione segreta di gran lunga più utilizzata all'interno di una relazione romantica è il rafforzamento positivo. Il vostro partner vi può portare a fare ciò che vuole se vi loda, vi lusinga, vi dona attenzione, vi offre regali e, in generale, si comporta affettuosamente. Anche momenti apparentemente dolci e romantici possono rivelarsi strumenti di manipolazione nascosta. Anche il sesso può essere utilizzato per ottenere qualcosa dal partner, per cambiarne l'atteggiamento, per farlo cedere su qualcosa. Fascino, apprezzamenti, regali... sono tutti modi tramite i quali maschi e femmine, indifferentemente, hanno sempre cercato di plasmare il carattere del partner.

I manipolatori più sofisticati usano quello che in psicologia è definito rafforzamento positivo intermittente per ottenere il controllo del proprio partner. Funziona così: il manipolatore somministra alla vittima un intenso rafforzamento positivo per un certo periodo di tempo; poi, improvvisamente, torna ai livelli abituali di attenzione e considerazione. Non appena la vittima si abitua al trattamento speciale, questo le viene tolto. Quando si abitua a quello normale, ecco che torna quello speciale. Apparentemente non c'è una logica in questo: in realtà, la vittima, dopo un certo numero di cicli, svilupperà dipendenza per il trattamento speciale, purtroppo però non avrà idea di come ottenerlo, proprio per l'apparente illogicità della situazione; a questo punto si sentirà portata a soddisfare tutte le richieste del manipolatore, nella speranza di fare, prima o poi, la cosa giusta che faccia riprendere al manipolatore la somministrazione del trattamento speciale. In estrema sintesi: questa è sottomissione.

A volte ci si limita ad usare il rafforzamento negativo, ossia a togliere, semplicemente. Si può negare il sesso al partner, così da obbligarlo a modificare il proprio comportamento. Si può arrivare a negare il dialogo, l'amore, l'affetto, tutto con l'intento di creare una situazione per uscire dalla quale la vittima sia disposta a soddisfare le richieste del manipolatore.

Ci sono persone malintenzionate che riescono a creare un falso senso di intimità fingendo di confidarsi con voi. Magari vi hanno raccontato storie personali, o confidato speranze, paure. Così facendo vi danno l'impressione di fidarsi di voi e, di conseguenza, di meritare la vostra fiducia; in realtà vogliono farvi sentire in debito, spingendovi ad aprirvi con loro a vostra volta, con le conseguenze nefaste che potete immaginare.

A volte, quando si manipola il proprio partner, si usano osservazioni ben calcolate, con l'intento di provocare una reazione e una modifica di determinati comportamenti. Lo si fa a parole, ma è possibile farlo anche solo tramite azioni. Il problema è che questo tipo di osservazioni, specie se malevole, possono essere molto dannose per il partner, e demolire la sua autostima. Dirgli che non cucina bene è sgradevole; molto peggio è dirgli che è aumentato di peso, o che non guadagna abbastanza soldi. Si tratta di frasi apparentemente innocenti, dette con apparente casualità, ma questo dire e non dire in realtà può veramente deprimere le persone.

Manipolazione delle Emozioni nelle Amicizie

Indovinate? Anche nelle amicizie e nelle relazioni occasionali si fa largo uso della manipolazione segreta. A livello di amicizia la situazione può essere abbastanza confusa, perché a volte anche gli amici bene intenzionati possono comportarsi in modo malevolo. Del resto, anche tra gli amici più intimi ci può essere una certa rivalità a livello sociale; esiste a questo proposito il concetto di nemico-amico.

Gli amici manipolatori tendono generalmente a essere passivi aggressivi. Piuttosto che cercare di influenzarti direttamente, possono cercare di farlo tramite amici comuni a entrambi.

134

L'aggressività passiva è a tutti gli effetti una tecnica di manipolazione; ti nega la possibilità di affrontare la questione direttamente con l'amico che l'ha sollevata, e così perdete in partenza. Supponiamo che un'amica voglia un favore da voi e, invece di chiedere direttamente, vada da un amico comune e lo preghi di chiedervelo da parte sua. Ora quando questo accade, per voi diventa più difficile rifiutare questo favore, perché si è creata una pressione sociale aggiuntiva: rifiutate, e tutti sapranno che siete il tipo di persona che non aiuta gli amici. Un egoista.

A volte l'aggressività passiva si manifesta tramite il silenzio. Immaginate la situazione in cui, in gruppo, un vostro amico parli con tutti, tranne che con voi. Sarà estremamente imbarazzante, perché gli altri ad un certo punto se ne accorgeranno, e inizieranno a chiedersi cosa mai possa essere successo tra voi, e probabilmente prenderanno posizione a favore di chi si è mosso prima. Altre volte, lo strumento di manipolazione sono le frasi a doppio senso; quello che magari vi era parso un complimento, una volta che vi siate presi il tempo necessario per analizzarlo, si potrebbe rivelare un insulto sotto mentite spoglie, e l'incertezza andrà a minare la vostra sicurezza, magari facendovi cambiare comportamento.

Alcuni amici possono cercare di manipolarvi controllando le vostre interazioni sociali, e portandovi in situazioni dove siano nulle. Avrete sicuramente anche voi almeno uno di quegli amici che, quando vi vedete, cerca sempre di portarvi a casa sua o comunque in locali scelti da lui. Sono persone che vedono l'amicizia come una sorta di possesso, e cercheranno sempre di giocare "in casa". Portandovi fuori dalla vostra zona di comfort, cercheranno di approfittare delle vostre debolezze e di rendervi emotivamente dipendenti da loro.

Gli amici manipolatori tenderanno sempre a speculare e capitalizzare su di voi in modo eccessivo. Vi chiederanno continuamente favori, senza minimamente tenere conto del fatto che anche voi avete una vita, e che il vostro tempo non è di loro dominio. Tipicamente, sfrutteranno la vostra amicizia ogni volta che sarà loro utile, per poi scusarsi e sparire quando ad avere bisogno sarete voi.

Capitolo 6. Empatia

Le persone tendono ad usare indifferentemente le parole empatia e compassione, ma in realtà questi due termini hanno significati profondamente differenti. Quindi, quale delle due si può considerare una virtù da coltivare? È buona cosa essere empatici? O è meglio essere compassionevoli?

Come definiamo l'empatia? Possiamo semplicemente affermare che una persona empatica vive in modo acuto le emozioni degli altri, in particolare il dolore. Una persona fortemente empatica, quando si trovi davanti qualcuno che soffre, ha la tendenza a condividere la sofferenza. A volte questo porta a sintomi fisici concreti, come la nausea o il capogiro. In sostanza, un eccesso di empatia non è qualcosa di buono, può essere fortemente debilitante, e di conseguenza non è utile a nessuno, dal momento che indebolisce gli strumenti emotivi o cognitivi tramite i quali potremmo aiutare chi ne ha bisogno, oltre che gestire al meglio la nostra vita.

La compassione, d'altra parte, è qualcosa di diverso. Compassione non è provare il dolore altri, è capirlo. È una facoltà che nasce delle facoltà cognitive, non da quelle emozionali. Essere compassionevoli è qualcosa di positivo, dal momento che non implica provare direttamente dolore: la compassione ci permette di comprendere le altre persone senza indebolirci, così da poter fornire assistenza, se fosse il caso.

Studi di laboratorio hanno dimostrato che le persone fortemente empatiche possono trovare questo tipo di esperienza angosciante, insostenibile, al punto da provare risentimento verso chi già soffre di suo; al contrario, le persone con un alto livello di compassione hanno la tendenza a sentirsi impegnati e comportarsi gentilmente di fronte alla sofferenza.

La domanda potrebbe a questo punto sorgere spontanea: abbiamo qualche possibilità di controllo sulla quantità di empatia o compassione che proviamo? In realtà sembra che si tratti di caratteristiche più o meno innate, anche se non del tutto geneticamente determinate; sicuramente le esperienze accumulate prima dell'età adulta hanno il loro peso. Un opportuno addestramento può sviluppare una o l'altra di queste caratteristiche, anche se sembra che i casi più eclatanti siano sempre quelli che si sono sviluppati in modo naturale. Fortunatamente per chi si ritrova ad essere particolarmente empatico, magari troppo, ci sono tecniche per tenere sotto controllo le proprie emozioni e reazioni.

Potrà sembrare un cliché, ma di fatto ha sempre funzionato e continua a funzionare: controllare il proprio respiro significa controllare le proprie emozioni. Teniamo presente che, quando sottoposti a emozioni intense, i nostri corpi attivano le modalità di lotta o di fuga. Tutto questo si traduce, nella pratica, in cambiamenti fisiologici misurabili, tra i quali una respirazione più veloce e meno profonda. Al tempo stesso, respirare velocemente ci fa sentire più ansiosi e recettivi. Di contro, numerosi studi hanno dimostrato che imporsi una respirazione lenta e profonda produca l'effetto contrario. È un modo per comunicare al nostro corpo che tutto va bene, che ci si può rilassare. Anche solo pochi respiri profondi e controllati possono essere sufficienti per farci sentire istantaneamente più tranquilli. Un altro modo molto efficace per contrastare i sintomi dell'ansia generata da una forma eccessiva di empatia è quello di concentrarsi sul proprio io fisiologico; in sostanza, cercare di portare l'attenzione verso il nostro corpo e allontanarla dai nostri pensieri. Se siete seduti, piantate saldamente i piedi per terra e cercate di percepire il contatto con il pavimento. Muovete le dita. Cercate di focalizzarvi sulla sensazione dell'aria sulla vostra pelle e, lentamente, prendete coscienza del vostro corpo, un pezzo alla volta. La pratica dello yoga, della meditazione e di altre discipline orientali può essere un grande aiuto per questo tipo di routine. Cercate di usarle in combinazione con il controllo del respiro;

riuscirete facilmente a calmarvi e indurre il vostro corpo in uno stato di maggiore rilassatezza.

Nonostante tutto quello che abbiamo appena detto, a volta la soluzione migliore è proprio uscire completamente da certe situazioni. Ricordate che nonostante possa sembrare utile restare vicino a chi soffre e condividerne le emozioni, a volte la nostra presenza si rivela dannosa. Le persone che soffrono hanno esigenze sicuramente diverse una dall'altra, ma c'è una cosa di cui sicuramente non hanno bisogno: un'altra persona che soffre. Se non riusciamo a gestire la loro sofferenza, se ne siamo sopraffatti, possiamo rischiare di turbarli più di quanto non lo siano già. O magari sembrare poco sinceri. Chi sta male, spesso ha semplicemente bisogno di una persona forte su cui poter contare. Una persona compassionevole. Chiediamoci se quella persona siamo noi. Non lo siamo? Allora evitiamo di peggiorare le cose. Non è compito di nessuno in particolare prestare assistenza, e nessuno si deve sentire obbligato, a maggior ragione, a farsi sopraffare delle emozioni e dalle sofferenze altrui. Non serve a nessuno. Di conseguenza, se ti accorgi che il tuo stare vicino ad una persona con dei problemi ti mette in ginocchio, prendi in seria considerazione l'idea di andartene. Probabilmente sarà la cosa migliore per tutti. Avere accanto una persona ancora più disperata, non è un grande sollievo, e potrebbe essere di intralcio a chi, per natura, è più adatto a portare una reale conforto.

Se vi ritrovate alla perfezione nella situazione appena descritta, potete decidere di farne una regola: evitate il genere di situazione che vi sconvolge fino a questo punto. È un fatto che le persone, per predisposizione naturale, tendano a prestare maggiore attenzione alle cose sgradevoli. È una risposta evolutiva che aiuta a essere consapevoli dei possibili problemi e pericoli che ci circondano. Detto questo, è anche importante saper dare a ogni cosa la giusta prospettiva. Non sempre gli aspetti negativi superano quelli positivi. Non è automatico. Tenente presente che le emozioni spesso sono più veloci e potenti delle riflessioni, ma non per questo si basano sempre su percezioni corrette. Se siete una persona empatica, è bene che valutiate seriamente quanto sia il tempo della vostra vita che dedicate a occuparvi di negatività. Sappiate che se siete inclini a lasciarvi risucchiare dalle situazioni dolorose, facendovi bloccare in una situazione di impotenza, non riuscirete ad aiutare nessuno.

Non ho la minima intenzione di affermare che l'empatia, a livelli ragionevoli, sia una cosa negativa, Anzi. Non tutti sono empatici allo stesso modo; diciamo che, sociopatici a parte, ne siamo tutti dotati, in una certa misura. L'empatia può essere qualcosa di meraviglioso. Ad esempio, l'atto di consolare un bambino rattristato indica una profonda attitudine alla comprensione di ciò che le persone provano. Teniamo presente che i bambini possono arrabbiarsi moltissimo per cose che, dal punto di vista di un adulto, sono del tutto irrilevanti. Se siete persone con una personalità prevalentemente cognitiva, facilmente ignorerete le loro rimostranze, tralasciando il fatto che, nonostante a noi sembri trattarsi di questioni banali, i sentimenti che i bambini provano sono tutt'altro che banali. Tenete presente che ai bambini manca la visione del contesto generale. Non sono adulti. L'emozione del momento catalizza tutta la loro attenzione. Arrabbiarsi per qualcosa, per quanto poco importante, ha per loro la stessa portata di ciò che sarebbe una tragedia per un adulto. Possedere un carattere empatico vi permette di capirlo, e di riuscire a essere di conforto.

Quest'esempio vuole significare che la personalità degli adulti equilibrati ha molte caratteristiche; compassione, empatia, praticità. Siamo tutti diversi e non per questo qualcuno è migliore degli altri. Di certo, caratteristiche empatiche troppo sviluppate possono portare una persona sull'orlo dell'esaurimento. Sì, la sensibilità eccessiva è un problema.

Capitolo 7. Personalità Oscure

Facciamo una premessa. La vera psicologia oscura è qualcosa di molto più oscuro, rispetto a ciò di cui parleremo qui. Ci sono sfaccettature e gradi di oscurità, e qui ci manterremo ad un livello moderato. Esamineremo gli aspetti più ordinari di queste tematiche, quello che possiamo riscontrare nella vita di tutti i giorni. Se desiderate informazioni sulla necrofilia o sugli assassini seriali, tematiche appartenenti alla *vera* psicologia oscura, non è qui che ne parleremo. In effetti, quando abbiamo a che fare con deviazioni di questa portata, non è un libro che ci può venire in soccorso. Meglio tornare al nostro discorso.

Tratti

In quanto esseri umani, abbiamo tutti dei tratti. Cosa sono? Quali sono? I tratti sono le nostre caratteristiche, e le nostre caratteristiche sono ciò che ci identifica per quelli che siamo. Sono ciò che ci contraddistingue dal punto di vista del credo, delle abitudini, della personalità. I tratti sono le qualità che definiscono persone, luoghi, cose. Sono le nostre caratteristiche uniche. Sono le nostre stranezze e particolarità. Alcuni tratti sono "normali", ossia rientrano in ciò che la società considera accettabile. Altri possono essere considerati più bizzarri, costituiscono l'eccentricità della nostra natura. In genere tenuti nascosti, a volte si permette loro di emergere.

I tratti sono ciò che ci distingue e ci rende diversi da tutti gli altri. Sono parametri che rendono possibile la misurazione della nostra personalità, così come le grandezze fisiche rendono possibile la misurazione dei fenomeni naturali. Sono le nostre proprietà, fisiche e metafisiche.

I tratti sono le nostre tendenze, normali o anormali. Tutto può essere tratto: una caratteristica della personalità, il numero di scarpe.

Come i numeri sono i mattoni che costruiscono la matematica, così i tratti sono i mattoni che costruiscono la psicologia.

Oscurità

L'oscurità esiste di per sé o è semplicemente l'assenza della luce? Più che una domanda si tratta di un paradosso, e lo lasciamo ai grandi filosofi. Però, considerare chiaro e scuro in modo cromatico aiuta a valutare *quanto* oscuro possa essere un concetto. La manipolazione può essere affrontata in modo molto diverso, a seconda del suo grado di oscurità. Mai come nella psicologia, tra bianco e nero vi è una vasta gamma di grigi. Così è la scienza della mente; non esistono personalità bianche e personalità nere. Sarà un caso che si parli di materia grigia?

Scherzi a Parte

La complessità della nostra mente, come abbiamo visto, non permette di catalogare le cose come appartenenti alle tenebre o appartenenti alla luce. Ciò che una persona ritiene oscuro potrebbe non esserlo per un'altra. Quello che io considero luminoso, potrebbe non esserlo per voi. Il grigio tra gli estremi è solo una questione di scelte e preferenze legate a situazioni sociali, personali, culturali.

Spesso, valutando l'oscurità, usiamo un metro molto pratico. Quello che ci potrebbe danneggiare è oscuro. Ciò che ci avvantaggia, ciò che ci semplifica la vita, quella è la luce. Quello che sta in mezzo, come avrete immaginato, è semplicemente grigio.

Quando abbiamo specificato che non parleremo di casi estremi, di fatto abbiamo dichiarato che ci occuperemo di questioni "grigie". Tuttavia, ogni situazione è unica, e in genere sappiamo capire benissimo se ci troviamo al buio o no. Nel caso, è buona cosa accendere la luce ed esaminare alcune tematiche di psicologia oscura che si applicano alla vita quotidiana di chiunque.

Come ogni altra forma di psicologia, la psicologia oscura si occupa della mente umana e delle sue potenzialità. Il potenziale della mente umana è illimitato e probabilmente non verrà mai compreso nella sua interezza. Per questo motivo, cercare di inquadrare l'oscurità della mente umana è, in qualsiasi caso, solo grattare la superficie della psicologia oscura. Essere umani implica essere oscuri. L'oscurità ha toccato tutti popoli, in tutte le epoche. È un fatto che tutti siamo imperfetti, che tutti abbiamo un lato oscuro. Sta a noi in quanto persone il compito di individuarlo e cercare di non agire basandosi sui nostri sentimenti e istinti più devianti.

La psicologia oscura è, in definitiva, uno studio di come percepiamo le cose in modo soggettivo e di come possiamo utilizzare le circostanze per manipolare e predare le altre persone. Siamo individui orientati a raggiungere obbiettivi. Quando perdiamo la necessaria motivazione, quando le cose diventano difficili, siamo propensi a cadere nella spirale dei comportamenti manipolatori. La psicologia oscura è lo studio di questo tendere verso il male che, salvo in pochi casi, non riusciamo mai a raggiungere completamente.

Chi applica la psicologia oscura è come un predatore senza rimorso per le proprie azioni. Ha pensieri oscuri, sentimenti malvagi. Vittimizza gli altri mentalmente e fisicamente, in genere con uno scopo, ma col passare del tempo lo potrebbe fare per la semplice abitudine al male. La psicologia oscura in effetti non si occupa della vittima. Descrive il grado di de-umanizzazione del carnefice. È la stessa differenza riscontrabile tra un folle inconsapevole e un lucido sadico.

La psicologia oscura si basa sull'assunto che tutti noi siamo potenzialmente persone pericolose. Tutti abbiamo pensieri violenti. Si tratta di prendere in esame le circostanze esterne che potrebbero metterci in condizione di passare dal pensiero all'azione. Si tratta di distinguere il predatore naturale dal predatore studiato. È una dottrina che prende in esame il predatore nascosto in ciascuno e lo mette sotto una nuova luce. Con la differenza che, in quanto esseri umani, siamo riusciti a distorcere l'istinto predatorio e ad applicarlo alla vita di tutti i giorni; questa caratteristica, la tendenza di fare del male senza per forza uno scopo preciso, non appartiene a nessuna altra specie vivente: è esclusivamente umana.

La psicologia oscura, proprio a partire dal presupposto che siamo tutti potenziali manipolatori, cerca di esaminare le modalità di manipolazione oscura, per fornire la conoscenza necessaria a potersene difendere. Occuparsi di psicologia oscura significa studiare l'evoluzione umana, e paragonare le nostre tattiche di sopravvivenza preistoriche a quelle attuali.

Catalogare le tipologie di personalità oscure può essere utile per riuscire ad analizzare e comprendere i motivi per cui facciamo quello che facciamo. Vediamo in dettaglio alcune delle più comunemente classificate.

Narcisisti

Essere totalmente assorbiti da sé stessi significa essere narcisisti. Nella mente del narcisista l'universo gira intorno a lui. È un dato di fatto. Anche l'amore diventa uno strumento da utilizzare. L'unico amore sincero è l'amore per sé stesso. Il narcisista ama sé stesso a tal punto che riesce perdonarsi qualsiasi malefatta, sommergendola con un oceano di amore. Il narcisista è perennemente ammirato da sé stesso. Guardarsi allo specchio dovrebbe generare orrore e disgusto, ma loro sono perennemente compiaciuti, e piacevolmente stupiti. Non è facile descrivere aspetto e comportamento di un narcisista, perché il fatto di ammirare sé stesso sopra ogni cosa lo porta a mutare continuamente, è nella sua natura. Quello che non cambia mai è il fatto di amare sé stesso sopra ogni cosa.

La modestia è sconosciuta al narcisista, che di fatto è perennemente al centro della scena. Non c'è orgoglio in questo, bensì semplice constatazione. L'istinto egoista e la divinizzazione della propria persona rendono di fatto impossibile al narcisista preoccuparsi di qualcosa o di qualcun altro. Nel suo mondo non esiste il mondo. Solo lui.

Sociopatici

Il sociopatico ha alcune tendenze condivise con il narcisista. La differenza principale sta nella fondamentale assenza di emozioni, che pertanto non costituiscono un intralcio. C'è totale mancanza di responsabilità sociale. C'è insensibilità, indifferenza.

Notate bene, non sto dicendo che il sociopatico non abbia una coscienza; mi riferisco ad un problema di connessione tra la percezione di un'azione sbagliata e le possibili emozioni che questa dovrebbe provocare. Nel sociopatico questa connessione è molto debole, e viene spesso liquidata come un impedimento trascurabile, del quale è facile sbarazzarsi.

Il sociopatico, in effetti, prova emozioni, ma ha difficoltà a elaborarle. E riesce a eliminarle facilmente con l'aiuto della logica. L'emozione è solo un fragile ostacolo, una candela che un semplice soffio spegne facilmente.

Psicopatici

Allo psicopatico manca qualsiasi forma di coscienza, o quasi. Generalmente c'è totale assenza di rimorso, qualsiasi sia l'azione commessa. Lo scopo primario delle azioni dello psicopatico sono le azioni stesse; alcuno sostengono che, in effetti, la vita dello psicopatico sia un continuo e infruttuoso tentativo di provare emozioni reali.

In tanti confondono lo psicopatico con l'omicida seriale, ma è un errore. Non tutti gli psicopatici cedono ai propri istinti e si lasciano andare ad atti di violenza; lo psicopatico non è necessariamente un assassino.

Machiavellici

Il machiavellico è un individuo che pianifica. È spesso un opportunista con lato insidioso e maligno. Alcuni lo definirebbero bifronte.

Il machiavellico non si accontenta di chiedere, quando vuole qualcosa. Sono astuti, potremmo definirli degli artisti. I moderni ciarlatani. L'inganno e l'astuzia sono le loro armi principali, e tramite esse ottengono tutto ciò che vogliono. A volte, la riuscita dell'inganno è proprio la maggiore delle soddisfazioni. Sempre tenendo presente che il fine giustifica i mezzi. In definitiva, il machiavellico non si fa alcuno scrupolo di utilizzare la manipolazione per ottenere ciò cha vuole.

Le tipologie di individui sopra descritte bene incarnano l'idea di psicologia oscura che stiamo cercando di trattare. Il concetto è quello di prendere in esame le persone che ottengono ciò che vogliono con mezzi considerati inaccettabili dalla società, e studiare come lo fanno. Per alcuni potrebbe trattarsi di abitudine, per altri è qualcosa del tutto istintivo.

Il fatto che noi generalmente reagiamo al tentativo di manipolazione significa che tutti abbiamo ben chiaro cosa signifɪchi scegliere la via più breve per raggiungere un determinato obbiettivo. Riconosciamo la strategia perché ci abbiamo pensato anche noi. E riconosciamo la scorrettezza nel danneggiare gli altri che poi è proprio quello che porta a sconfinare nell'oscurità.

D'altra parte, c'è anche in tutti noi il bisogno di cedere. Di lasciarsi andare. Una sorta di piacere, di beatitudine, nel trovarsi intrappolati, impotenti. È qualcosa di antico, ancestrale, la sensazione dell'animale preso in trappola. È una fuga da noi stessi, il sollevamento da qualsiasi responsabilità, l'orrore affrontato in modo totalmente inconsapevole.

La psicologia oscura studia i meccanismi che provocano questa beatitudine nella vittima e, dal lato opposto, la totale assenza di emozione nel carnefice. Si tratta di meccanismi antichi: la manipolazione mentale è vecchia quanto la Terra, le stesse identiche situazioni si ritrovano nella preistoria così come nella vita moderna, con differenze minime dovute esclusivamente alle diverse circostanze esterne.

Come abbiamo detto, non esistono solo il bianco e il nero: tutti noi abbiamo pensieri luminosi, pensieri oscuri e pensieri che stanno nel mezzo. Possiamo trovare nella nostra personalità aspetti di tutte le tipologie di deviazione che abbiamo descritto. Infine, teniamo presente che, almeno per alcune persone, manipolare gli altri è una reazione all'essere state a loro volta manipolate. Sono poche le persone davvero oscure, si tratta di casi veramente estremi.

Il fatto di ritrovare in noi qualche caratteristica comune al narcisista, o allo psicopatico, è del tutto normale e non deve preoccupare. Sta a noi rendercene conto, capire, analizzare e, alla fine, decidere se agire in un certo modo o meno. La comprensione deriva anche dall'accettazione; è proprio l'accettazione del fatto di essere in grado di compiere azioni terribili che ci aiuta a capirne i motivi e a trovare il modo di smettere di compierle, o addirittura fermarsi prima ancora di aver iniziato. Rendersi conto di essere tutti appartenenti ad unica specie, con cervelli sostanzialmente identici, aiuta a capire meglio le ragioni degli altri.

Quando parliamo di adepti della psicologia oscura non dobbiamo pensare a coloro che ne capiscono i meccanismi, bensì agli individui che mettono da parte rimorsi e coscienza per manipolare ancora, e ancora. Un conto è fare proprie tecniche e strategie di prevaricazione, un altro immaginare di farlo per capirne i meccanismi e le motivazioni.

L'oscurità è ferire o danneggiare qualcuno, con malizia o anche con differenza. Il modo migliore per combatterla è immedesimarsi, conoscerla. Accendere la luce prima di entrare in una stanza evita di inciampare. Conoscere è difendersi, e questa conoscenza si può aumentare, approfondire. Per difendersi è necessario accendere una luce sulle emozioni sulle quali la psicologia oscura ha maggiore influenza. Le emozioni che possono portare alla psicologia oscura sono diverse, assumono molte forme e possono essere interpretate in modi diversi. Tuttavia, c'è un'emozione che si presenta più spesse di altre, quando viene applicata la psicologia oscura, e questa emozione è la paura.

Capitolo 8. La Programmazione Neuro-Linguistica

Come per ogni altro argomento, prima ancora di vedere quali siano gli utilizzi, i pro e contro della Programmazione Neuro-Linguistica, o PNL, è capire cosa si intenda precisamente con questa espressione.

Spezzando il termine nelle tre parti che lo compongono, abbiamo la neurologia, un linguaggio, la programmazione; complessivamente ci stiamo riferendo a come un determinato linguaggio possa raggiungere la mente, di fatto programmandola. Vi è mai successo di parlare con qualcuno senza riuscire a farci capire? Potrebbe essere un problema di linguaggio; questo accade spesso quando si proviene da parti diverse del mondo.

Siete in viaggio per lavoro, o siete in vacanza, avete fame, trovate un ristorante che vi piace, vi sedete. Quando arriva il menu, ordinate una bistecca, o almeno così credevate, dal momento che il cameriere vi ha portato del pesce al forno. La delusione che ne deriva è strettamente legata al nostro rapporto con la mente inconscia. Tutti desideriamo una vita felice, relazioni appaganti, una famiglia unita e sana, la salute, mangiare bene e avere denaro. Purtroppo, le nostre aspettative possono essere frustrate, e spesso è un problema di comunicazione.

Pur avendo a grandi linee capito di cosa stiamo parlando, cerchiamo di capire meglio come la PNL funzioni e come venga applicata. Si tratta in estrema sintesi di ciò che mette in equilibrio lo sviluppo personale e la comunicazione. I pionieri dello sviluppo di questa dottrina sono Richard Bandler e John Grinder che, nella California degli anni '70, ne hanno posto le basi, legando per la prima volta la neurologia al linguaggio e, di conseguenza, ai modelli comportamentali che vengono sviluppati dalle persone tramite le esperienze, e affermando che, tramite la modifica di una o più di queste componenti, sia possibile aiutare le persone a migliorare la propria vita e a raggiungere più facilmente i propri obbiettivi. Tra le altre cose, Grinder e Bandler hanno affermato che l'utilizzo della PNL possa rapidamente sviluppare le abilità delle persone, e che chiunque ne possa tratte grande giovamento. Addirittura, si sono spinti a dichiarare che sia possibile trattare un vasto spetto di disturbi come la depressione, i tic nervosi, le fobie, ma anche la miopia, il raffreddore, le allergie e i disturbi dell'apprendimento.

Nonostante molti ipnoterapisti ne facciano uso, e parecchie aziende la utilizzino a livello di marketing quando organizzano seminari, workshop, formazione aziendale sia per aziende private che per dipartimenti governativi, la PNL non si può considerare una scienza, dal momento che i risultati ottenuti non sono in generale scientificamente quantificabili e dimostrabili.

I detrattori sostengono che la PNL sia obsoleta, che non sia in grado di fornire informazioni precise e attendibili sul funzionamento del cervello, e che venga applicata in neurologia basandosi su assunti errati. Sostengono anche che Grinder e Bandler non abbiano mai fornito evidenze scientifiche a supporto delle loro dichiarazioni, e che le metodologie che espongono contengano errori procedurali. In tanti sono convinti che ci siano approcci migliori, in grado di ottenere risultati di gran lunga migliori di quelli promessi (e non mantenuti) da Grinder e Bandler.

Ciò nonostante, come abbiamo detto, ci sono ipnoterapisti utilizzano la PNL con ottimi risultati, e molte aziende di marketing ne sostengono l'efficacia, dati alla mano.

Avete mai pensato di voler cambiare qualche vostra abitudine, almeno una volta? Di voler migliorare in qualcosa? Per esempio:

- Riuscire a presentare un progetto rimanendo calmi, senza farsi sopraffare da ansia e tensione
- Ridurre il tempo passato sui social media

I Segreti della Psicologia Oscura

- Smettere di rimandare e riuscire a fare le cose nel tempo stabilito
- Smettere di mangiare compulsivamente

Se siete riusciti a cambiare questi o altri comportamenti, è perché siete riusciti ad arrivare alla parte inconscia della vostra mente. Ricordatevi che è la nostra mente inconscia che ci suggerisce di comportarci nel modo che ritiene essere il migliore per noi. Applicare la PNL è come fornire al nostro cervello un manuale comportamentale, è come sottoporlo a un programma di allenamento. Quando si riesce a parlare il linguaggio della propria mente diventa facile comunicare con l'inconscio; a questo punto, la PNL diventa lo strumento per insegnare all'inconscio cosa sia meglio per noi, traendone significativi vantaggi per ogni aspetto della vita.

In molti sono convinti che quando diciamo PNL stiamo alludendo a tecniche strane e trucchetti da prestigiatore, ma non è così. In realtà si tratta di teorie con solide fondamenta. Sta a chi le applica conoscere a fondo la materia.

La Storia della PNL

Abbiamo già detto che i primi a parlare di Programmazione Neuro-Linguistica sono stati Grinder e Bandler; in realtà essi hanno attinto da idee di altri psicologi, tra cui Milton Erickson, Fritz Perls e Virginia Satir, Noam Chomsky, Gregory Bateson e Alfred Korzybski. E probabilmente alle teorie e ai trucchi di Carlos Castaneda.

Nel loro libro del 1975, *The Structure of Magic*, Grinder e Bandler descrivono le tecniche di terapia della PNL e in che modo funzionino e portino alla guarigione dei soggetti. Dal momento che l'individuo crea la sua percezione del mondo tramite il linguaggio, le idee e la fisiologia, modificando la struttura percettiva diventa facile assumere nuovi comportamenti e reagire diversamente agli stimoli esterni. Studiando come la modifica della percezione influisca sulle reazioni si arriva a essere in grado di amplificare i comportamenti di successo e minimizzare quelli dannosi. Gli autori non affermano di aver trovato il metodo

149

perfetto per curare determinate patologie, ma espongono come determinate terapie abbiano portato a determinati risultati.

Negli anni successivi il discorso è stato portato avanti da vari altri autori, tra cui spicca Antony Robbins, che è stato il principale fautore dell'applicazione alle tecniche di PNL al settore del marketing. Anche Michael Hall e Tad James hanno dato il loro contributo approfondendo alcuni aspetti delle teorie professate dai loro predecessori, ma alla fine degli anni '80 la PNL ha iniziato una lenta fase di declino, non aiutata delle cause legali tra i fondatori Grinder e Bandler, ognuno dei quali cercava di attribuirsi la paternità della teoria.

Nonostante il discreto successo di queste teorie, la PNL non è mai stata considerata una branca della psicologia, proprio per il suo carattere empirico e la mancanza totale di prove scientifiche. Inoltre, quando si sia provato ad applicare le sue teorie in ambito controllato, non hanno quasi mai portato il risultato sperato. In compenso, la PNL negli anni è stata bollata come tecnica di manipolazione, e in particolare la parola "programmazione" non è mai risultata gradita, dal momento che sembrava ridurre l'essere umano al livello di una macchina.

Allo stato attuale, la PNL viene utilizzata in gran parte da psicoterapeuti che si avvalgono dell'ipnosi, soprattutto in ambito di coaching, marketing e formazione aziendale. Viene anche utilizzata da illusionisti e ha avuto anche connessioni con ambienti esoterici, ma alle certificazioni dei corsi PNL non è mai stato attribuito alcun valore legale.

I Principi Cardine della PNL

Vediamo alcuni concetti di base su cui si fonda la programmazione neuro-linguistica.

Soggettività

Ogni individuo, tramite le proprie percezioni, rappresenta la realtà in modo soggettivo. La percezione è costituita dai cinque sensi e dal modo in cui essi influiscono sul nostro pensiero. Vista, tatto, udito, olfatto, gusto, sono il linguaggio tramite il quale la realtà parla al nostro cervello. Quando parliamo del concetto di "ciò che abbiamo in mente", in realtà parliamo di ciò che abbiamo visto, di ciò che abbiamo toccato, di ciò che abbiamo udito, di ciò che abbiamo annusato, di ciò che abbiamo assaggiato, e infine di ciò che sentiamo dentro di noi a seguito di questa interpretazione della realtà che chiamiamo percezione. In questo senso, la PNL studia proprio il rapporto tra la realtà e la percezione soggettiva di ciascuno di noi. Teniamo presente che il comportamento di una persona è completamente determinato dalle percezioni sensoriali soggettive: che si tratti di comunicazione verbale o non verbale, le abitudini e le reazioni possono essere modificate intervenendo sul modo in cui i sensi interpretano la realtà.

Modellamento

Il modellamento, o *modeling* in inglese, consiste nell'imitazione più o meno consapevole di comportamenti di altre persone. La PNL si prefigge di analizzare comportamenti di successo, per poi renderli disponibili e eventualmente affiancarli ad altri comportamenti già disponibili al paziente, dovuti a sue precedenti esperienze positive.

In PNL si fa esplicito riferimento al modellamento analitico, in contrapposizione al modellamento intuitivo; quest'ultimo è inconsapevole e caratterizza, ad esempio il processo educativo tramite il quale un bambino si ispira al modello comportamentale fornito dai genitori. Nel caso del modellamento analitico, invece, parliamo di un processo consapevole tramite il quale un individuo si prefigge di adottare una serie di comportamenti di provato successo, per ottenere anche egli il medesimo successo.

Effettivamente, quando parliamo di programmazione, non intendiamo dire che la PNL vada ad azzerare la mappa comportamentale degli individui. Al contrario, noi tutti abbiamo già a disposizione tutte queste informazioni. È compito del terapista aiutare il paziente a ridefinire questa mappa, in modo da associare ad una percezione esterna il più appropriato comportamento di successo, così da poter fornire un arsenale comportamentale che aiuti il paziente a porsi in modo efficace nelle varie situazioni della vita.

I Benefici della PNL

Sintetizziamo qui di seguito alcuni benefici riscontrati da persone che hanno applicato con successo i principi della programmazione neuro-linguistica.

- Migliori capacità di comunicazione
- Migliore percezione del linguaggio non verbale
- Potenziamento del subconscio e aumentata percezione sensoriale
- Aumento della motivazione
- Riduzione di ansia e fobie
- Maggior controllo delle emozioni
- Maggior capacità relazionale
- Maggiore facilità nel raggiungimento degli obbiettivi
- Abbandono delle abitudini dannose

Se si desidera frequentare approfondire la programmazione neuro-linguistica, ci sono istituzioni accreditate che si occupano specificamente di questo, e forniscono certificazioni riconosciute. Ci sono vari livelli di formazione PNL, e li discuteremo in altra sede.

Capitolo 9. PNL e Linguaggio del Corpo

Il linguaggio del corpo è un tema decisamente ampio, e non è nello scopo di questo volume trattarlo in modo esaustivo. Vediamo invece alcuni aspetti del linguaggio del corpo che, facendo leva sulla percezione sensoriale, in base a quanto visto nel capitolo precedente, possono influenzare i comportamenti degli altri.

Il Tono di Voce

Chi lavora nell'assistenza clienti, o nei call center in generale, conosce benissimo l'importanza della voce quando si tratta di comunicare. È la prima cosa che il cliente percepisce, è l'aspetto che prima di altri lo aiuta a formarsi un'idea del livello del servizio e dell'attenzione al cliente della società che eroga tale servizio. Potremmo quasi dire che, più che le parole dette, conta il tono di voce con il quale le si dice. Un appassionato di musica probabilmente riesce ad afferrare più chiaramente questo concetto.

Prestiamo sempre attenzione al volume della nostra voce: la voce alta in genere indica nervosismo: bisogna prestare attenzione a questo fatto, se l'idea è quella di persuadere e rassicurare. A volte si sente il bisogno di alzare il tono, perché il microfono funziona male o la connessione è disturbata, ma in questo modo non trasmetterete il messaggio che intendevate trasmettere; se la persona con qui stiamo parlando alza la voce, immediatamente ci sembrerà che sia stanca, irritata o a disagio. Parimenti, un oratore che si rivolge al pubblico gridando, dà l'impressione di essere in difficoltà, di essere infastidito dal suo pubblico, di essere nervoso perché non riesce a farsi capire come vorrebbe.

153

E il tono di voce? Il tono è assolutamente fondamentale; può far degenerare una conversazione, o risolverla per il meglio. Un messaggio neutrale, o anche positivo, detto in modo arrabbiato, rovinerà totalmente l'effetto, dando in definitiva l'impressione di un atteggiamento ostile. Al contrario un tono professionale e comprensivo renderà accettabile anche un messaggio non esattamente gradevole. Allo stesso modo, un tono ironico spesso avrà l'effetto di far sentire le persone giudicate, predisponendole ad irritarsi: meglio utilizzare un tono serio e professionale, che darà l'impressione di disponibilità e porterà gli altri a venirci incontro.

Altrettanto importante è la velocità del parlare. Chi parla velocemente dà l'impressione di essere preso dal panico, o ancora dimostra egoismo, perché non si preoccupa che il suo messaggio arrivi chiaramente a tutti. Al contrario, chi parla lentamente, con le giuste pause, sembra parlare nell'interesse di chi ascolta, quasi si stesse rivolgendo alle persone una per una. Parlare velocemente indica anche poca disponibilità a perdere tempo, e desiderio di passare all'argomento successivo. Se vi è mai successo di chiamare un call center e di avere a che fare con un operatore che parlava velocemente, ricorderete la sgradevole sensazione di non essere ascoltati e di non essere presi sul serio. Considerate il personaggio di Sheldon Cooper nella serie TV *The Big Bang Theory*, e notate la velocità a cui parla. Risulta evidente che, indipendentemente dal frangente e dalla situazione, Sheldon parli così velocemente per non dare il tempo all'interlocutore di organizzare le idee e rispondere a tono.

Infine, notiamo l'importanza della variazione di questi parametri nel corso della conversazione. Cambiando intonazione, volume, velocità, esprimiamo le nostre emozioni e i nostri sentimenti. Nonostante queste caratteristiche esprimano un messaggio ben definito e, pertanto, sia utile padroneggiarne l'utilizzo, non variarle mai rende la conversazione innaturale. Possiamo perdonare solo ad uno straniero il fatto di parlare con un tono molto uniforme; diversamente, la monotonia della voce rende la conversazione inespressiva e noiosa.

Il Tatto

Toccare le persone è normale; una pacca sulla spalla di un collega, un abbraccio a un nostro familiare. Una stretta di mano per salutare o per congratularsi. Quando il tocco trasmette un messaggio, parliamo di comunicazione aptica. Il tocco ha rilevanza ancora maggiore per i bambini: in effetti è un punto cruciale del loro sviluppo. Senza poter toccare o essere toccato, un bambino avrà grossi problemi di sviluppo, dal momento che il tatto a quell'età è il principale antistress, oltre ad essere il primo stimolo a cui un neonato risponde.

Il Tocco Funzionale

Sul posto di lavoro il contatto rimane uno dei mezzi di comunicazione più efficaci, ma è necessario attenersi ad alcune precise regole di galateo. Ad esempio, la stretta di mano è la più importante forma di comunicazione aptica che si riscontri sull'ambiente di lavoro, e può essere una chiara indicazione del tipo di rapporto tra le due persone. Tendenzialmente stringendo la mano si cerca di tramettere disponibilità e fiducia, ed è bene cercare di non apparire troppo sicuri di sé stessi.

Una pacca sula schiena o sulla spalla esprimono elogio e incoraggiamento; è bene però ricordare che, quando parliamo di tocco, non tutti si sentono altrettanto a proprio agio quando vengono toccati; quello che a noi pare innocente può in realtà imbarazzare e mettere a disagio altri; per questo motivo, prima di utilizzare il tocco per comunicare non verbalmente, è bene leggere il linguaggio del corpo dell'altra persona e regolarsi di conseguenza.

Le regole cambiano sul posto di lavoro quando, ed esempio, il tocco avviene tra un superiore e un subordinato. Come regola di base è meglio evitare ma, se possibile, il tocco a parte di un superiore è più sbagliato. Per questo, se avete persone che lavorano per voi, chiedetevi se sia il caso di toccarle, anche nel modo più innocente. Sempre meglio un eccesso di prudenza.

Naturalmente è tocco funzionale anche quello del medico che esamina un paziente, o quello del massaggiatore professionista, ma per ovvi motivi non ci interessa esaminare questo tipo di casistiche.

Il Tocco Sociale

La maggior parte delle forme di comunicazione include una qualche sorta di contatto; anche in ambito sociale, la stretta di mano rimane il tipo di contatto più diffuso, però tenete sempre presente che questo non vale ovunque; in occidente stringere la mano a una persona che ci hanno presentato è del tutto normale, altrove è anche normale un bacio sulla guancia. Quello che è considerato normale tra individui di sesso maschile, potrebbe non esserlo tra donne o tra uomo e donna. Due uomini in confidenza spesso si toccano le braccia e le spalle, ma questo tra donne non accade, e ancor meno tra uomo e donna, salvo che tra i due ci sia qualcosa di più della semplice confidenza. Ancora: generalmente per un maschio è piacevole ricevere il tocco di una sconosciuta; il contrario non è quasi mai vero. State attenti perché in alcuni paesi le norme sono piuttosto rigide.

In qualunque paese siate, evitate di toccare inutilmente le persone, non è quasi mai gradito, soprattutto tra persone di sesso opposto. Toccare una sconosciuta in ascensore non è mai una buona idea.

Il Tocco Amichevole

Il contatto tra amici varia a seconda del contesto sociale e culturale, ma una volta di più dipende sempre dal sesso. Le amiche sono più propense ad abbracciarsi, baciarsi e tenersi la mano; tra maschi sono più frequenti le strette di mano e le pacche sulle spalle. Anche all'interno di una famiglia, i contatti tra donne sono più frequenti di quelli tra uomini e, comunque, i contatti tra familiari dello stesso sesso sono più frequenti rispetto a quelli tra familiari di sesso diverso.

Tra amici, le manifestazioni di affetto sono fondamentali quando si tratta di esprimere sostegno e incoraggiamento, anche se la nostra natura è schiva rispetto a queste cose; bisognerebbe vincere la ritrosia, uscire dalla nostra zona di comfort ed essere pronti a offrire un abbraccio ad un amico che sta attraversando un momento di difficoltà. Aiutare gli altri a stare meglio può far stare meglio anche noi.

Il Contatto Visivo

Il contatto visivo è essenziale per leggere lo stato d'animo di qualcuno, soprattutto se questo qualcuno cerca di mascherarlo tramite la comunicazione verbale. Una corretta interpretazione del linguaggio del corpo richiede una lettura complessiva di tutti i segnali che una persona trasmette.

Le pupille delle persone dicono molto: una dilatazione delle pupille indica forte interesse per la persona con cui si sta parlando o per l'oggetto che si sta guardando. Un cambio di argomento potrebbe far contrarre le pupille, e la cosa bella è che non abbiamo alcun controllo su questa cosa: se ci stiamo annoiando, le pupille sono contratte.

Il contatto visivo è essenziale quando si comunica con una persona. Quando parliamo di contatto visivo non intendiamo dire che bisogna fissare gli altri; un contatto visivo eccessivamente persistente intimidisce le persone e le fa sentire sotto esame, soprattutto nelle culture occidentali.

Alcuni studi hanno dimostrato che i bambini morsicati dai cani domestici spesso li stavano fissando; anche per un cane lo sguardo fisso è qualcosa che innervosisce e intimidisce. Se da un lato fissare le persone in modo eccessivamente intenso è sintomo di arroganza e sicurezza eccessiva, dall'altro evitare di guardare le persone negli occhi spesso indica la menzogna.

Lo Sguardo Sfuggente

Il contatto visivo evasivo è sintomo di disagio. Se evitiamo lo sguardo di una persona è perché non abbiamo piacere di parlare con lei. Oppure stiamo cercando di ingannarla. Sbattere le palpebre è normale, come anche distogliere lo sguardo per un attimo, ma se evitiamo costantemente di guardare qualcuno negli occhi beh, qualcosa non va. Come controprova, abbiamo visto che fissare le persone provoca in loro disagio state pur certi che se iniziate a fissare qualcuno questa persona inizierà a sentirsi intimidita e, di conseguenza, rivolgerà lo sguardo altrove.

Il Pianto

Gli esseri umani piangono quando sono in preda al dolore, oppure nel tentativo di impressionare qualcuno. Solitamente il pianto è associato a dolore o tristezza, ma può anche indicare grande gioia o comunque emozione incontrollabile. Le famose lacrime di coccodrillo sono lacrime false, forzate, prodotte ad arte per attirare la comprensione e la simpatia di altri. In ogni caso, se qualcuno piange nella stragrande maggioranza dei casi si tratta di una persona disperata.

Sbattere le Palpebre

Sbattere le palpebre è qualcosa di quasi totalmente istintivo. Detto questo, una variazione della frequenza con la quale sbattiamo le palpebre può rivelare le nostre emozioni e i nostri sentimenti. Normalmente sbattiamo le palpebre da sei a dieci volte al minuto; se la frequenza aumenta, in genere indica forte coinvolgimento o attrazione nei riguardi della persona con cui stiamo parlando, e addirittura può rivelare un tentativo di flirt. In questo caso non c'è differenza tra i sessi; a parità di condizione, uomini e donne sbattono le palpebre con la medesima frequenza.

Ammiccare

Ammiccare, strizzare l'occhio e simili, sono azioni che indicano flirt, intesa, complicità; dovrebbero essere riservate alle persone con le quali abbiamo un buon rapporto e un minimo di confidenza. In altri ambiti culturali le cose cambiano. Ad esempio, nei paesi asiatici la pratica di ammiccare non è vista di buon occhio.

Capitolo 10. Giochi Mentali

Vediamo come spesso la psicologia oscura sia legata al concetto di gioco mentale. Probabilmente, quando si parla di giochi mentali, tutti noi siamo convinti di vivere questo tipo di situazione tutti i giorni, e anche di essere piuttosto bravi a non caderci. Quante volte ci siamo accorti che qualcuno stava usando tattiche mentali per spingerci a fare qualcosa o a cambiare idea e, naturalmente, non ci è riuscito. Bene. In realtà, un abile manipolatore riuscirà facilmente a conquistare la vostra simpatia e voi, vittime ignare, non vi accorgerete assolutamente di cosa stia succedendo.

Talvolta siamo soggetti a giochi mentali anche nelle situazioni più comuni. Chi afferma di avere una sorpresa per voi, chi vi prende in giro, sta giocando con la vostra mente, anche se in modo innocuo. Nel mondo della psicologia oscura le cose cambiano. Chi utilizza giochi mentali oscuri non ha mai intenzioni buone o amichevoli. Lasciamo pertanto fuori dalla trattazione scherzi e sorprese.

Quindi, una volta eliminati i giochi innocenti, cosa resta? Di cosa stiamo parlando qui? Cosa sono i giochi mentali? Il gioco mentale, in ambito oscuro, è qualsiasi schema mentale che il manipolatore utilizza a danno della propria vittima. Il gioco mentale va a colpire specificamente la forza di volontà o la sanità mentale del bersaglio.

In realtà, spesso la vittima non si rende conto di essere soggetta ad un gioco mentale, perché è una forma di manipolazione poco invasiva, potremmo dire quasi leggera. Spesso il manipolatore utilizza i giochi mentali per divertimento, per soddisfazione personale oppure, ed è il caso più insidioso, per mettere alla prova la disponibilità della vittima, per valutare quanto sia facile manipolarla, in modo da sapersi regolare per il futuro. In ogni caso, indipendentemente da quanto il gioco mentale si possa rivelare dannoso, il manipolatore non se ne preoccupa minimamente. La salute mentale della sua vittima è l'ultimo dei suoi pensieri.

Più che il danno effettivo del gioco mentale, in sé spesso trascurabile, il pericolo maggiore deriva dall'abilità del manipolatore di nascondere la propria natura. Quando non riusciamo ad accorgerci di essere soggetti a giochi mentali, di fatto stiamo aprendo la porta ad una possibile manipolazione futura.

Le Motivazioni dietro i Giochi Mentali

Abbiamo detto che, quando parliamo di giochi mentali, è la motivazione che fa la differenza. Se la motivazione è innocente, scherzosa, mettiamo da parte il tutto; fa parte dei normali rapporti tra persone. Quando invece ci sono dei secondi fini, quando è in pericolo chi subisce questi giochi, allora siamo di diritto entrati nel campo della psicologia oscura.

Uno dei motivi che spingono a utilizzare giochi mentali è tipicamente il voler spingere la vittima a comportarsi in un determinato modo, o a pensare in un determinato modo. Il manipolatore avveduto, probabilmente ha fatto i cuoi conti, e si è reso conto che forme di manipolazione più evidenti hanno scarse probabilità di successo, e allora ha preferito affidarsi a qualcosa di più sottile. Secondariamente, come abbiamo già detto, l'intento potrebbe essere esplorativo, o puramente ludico: il manipolatore si diverte anche così.

Al di là dell'ottenere qualcosa di immediato, il gioco mentale è una sorta di primo passo; le certezze della vittima subiscono un primo attacco, e il manipolatore inizia a guadagnare forza psicologica. Il tutto in maniera praticamente impercettibile; in effetti, la vittima ha l'illusione della completa autonomia, ma il manipolatore sta già guadagnando influenza.

Per quanto riguarda gli scopi meno concreti, è proprio vero, ad alcune persone piace molto giocare con la psiche altrui, il gioco mentale li appaga profondamente. Vedere le persone cadere in un tranello ben studiato è la massima delle soddisfazioni. Tipicamente sono i sociopatici a comportarsi in questo modo: essi non vedono le alte persone come entità dotate di sentimenti ed emozioni, ma come individui da utilizzare per il proprio tornaconto e per il proprio spasso.

A volte, infine, il gioco mentale non è qualcosa di cosciente; si tratta di un comportamento appreso, assunto involontariamente. È, ad esempio, il caso di chi è stato esposto a giochi mentali per tutta la vita, e proprio non sa come comportarti diversamente. Questo tipo di persone posso ispirare simpatia e compassione, ma questo non le rende meno pericolose; hanno sviluppato una grande abilità nella manipolazione e, conoscendoli da vicino, applicano i giochi mentali con particolare perizia.

Alcuni Tipici Trucchi

Abbiamo visto che l'intento, benefico o malefico, è ciò che distingue un innocente scherzo da un pericoloso gioco mentale. Vediamo ora, in dettaglio, un paio di esempi di gioco mentale, tra i più comuni. Naturalmente le stesse cose si possono dire o fare le stesse cose anche con intento innocente, ma non è il caso che interessa esaminare qui.

Ultimatum

Parliamo di ultimatum quando un manipolatore mette la sua vittima di fronte ad una scelta dolorosa. Volete un paio di esempi? Tipicamente l'ultimatum viene posto nella forma: "fai questo, oppure accadrà quello". Ad esempio:

- Se non perdi peso, uscirò con una persona più magra
- Se non smetti di fumare, me ne vado da casa tua

Un ultimatum nasce come una richiesta, ma in realtà si trasforma in una pretesa. Di fatto, nonostante l'ultimatum presenti una scelta, la scelta non esiste. Perdere peso o smettere di fumare sotto la minaccia di perdere la persona amata, non è di fatto una scelta. Inoltre, se si rimprovera al manipolatore di essere stato crudele e insensibile, ci si sentirà rispondere che si era stati avvertiti, e una scelta era stata data, vero meno che sia.

Per scendere in dettaglio maggiore: sono tre i fattori che determinano se l'ultimatum è un gioco di psicologia oscura. Primo: chi lo pone. Secondo, perché lo pone. Terzo, cosa chiede.

Chi è che pone l'ultimatum? La moglie preoccupata per la salute del marito, che le ha provate tutte, e per disperazione cerca di scuoterlo con una minaccia? Se l'ultimatum è posto per salvaguardare chi lo subisce, non possiamo parla di gioco mentale, non si ha alcuna intenzione di danneggiarlo o di togliergli cura e amore.

Come mai si pone l'ultimatum? È per portare un beneficio o, addirittura, per salvare da un potenziale pericolo? Ci sono ultimatum che vengono posti per proteggere una persona, per convincerla a ravvedersi.

Cosa chiede chi pone l'ultimatum? Se lo scopo è quello di aiutare qualcuno, di rendere migliore la sua vita, non possiamo parlare di gioco mentale. Viene chiesto di abbandonare una cattiva abitudine, pericolosa per la salute? Oppure ciò che viene chiesto torna utile al manipolatore, senza portare beneficio alla vittima o, addirittura, danneggiandola?

Minaccia di abbandono

Uno dei requisiti fondamentali per il successo di una relazione sentimentale è il senso di soddisfazione e sicurezza di entrambe le parti. Chi vive un matrimonio felice, o una storia felice, si sente a proprio agio e non è certo soggetto all'ansia che la propria relazione possa finire da un momento all'altro. Un abile manipolatore, basandosi su questo fatto, riesce a ottenere ciò che vuole giocando sul bisogno di stabilità. Mantenendo e coltivando un clima di negatività è precarietà, è possibile tenere sulla corda il proprio partner a lungo, manipolandolo e controllandolo senza che abbia la forza di reagire.

La minaccia di abbandono si può presentare sotto forma di promessa, di atteggiamento implicito, di allusione, ma non viene mai concretizzata. Non è questo il suo scopo. Il manipolatore non ha alcun interesse ad abbandonare il partner, per questo motivo si limiterà a minacciare di farlo, per tenerlo sulle spine e controllarlo. Potrebbe essere sufficiente accennare a piani futuri nei quali il partner non sia incluso, o magari pronunciare frasi che alludano ad un possibile abbandono futuro, più o meno velate. "Non intendo sopportare a lungo questa situazione" è un buon esempio di accenno velato; "Me ne vado così non dovrò più sopportarti" è sicuramente una minaccia più esplicita, ma questo non significa che il manipolatore abbia davvero intenzione di metterla in atto. Anzi. Spesso non ne ha la minima intenzione. Lo scopo ultimo della minaccia di abbandono è la manipolazione del partner, facendo leva sull'ansia e sul senso di colpa, di fatto rendendolo succube e togliendogli volontà e indipendenza.

Capitolo 11. Controllo Mentale Invisibile

Per poter parlare di omicidio, occorre un cadavere. Allo stesso modo, per poter parlare di manipolazione, dobbiamo individuarne la vittima. Risulta evidente l'importanza della capacità di individuare le vittima della manipolazione mentale oscura. Questo non solo permette di aiutare queste persone, ma permette anche a noi stessi di renderci conto se siamo soggetti a qualche forma di manipolazione, senza mai essercene resi conto. Vediamo come possiamo classificare le vittime di manipolazione in base ai sintomi. In particolare, esaminiamo:

- Vittime dell'indottrinamento
- Vittime del lavaggio del cervello
- Vittime dell'ipnosi
- Vittime della manipolazione psicologica
- Vittime del prospetticidio

Come Individuare le Vittime dell'Indottrinamento

Le vittime dell'indottrinamento hanno schemi comportamentali ben definiti. Vediamone alcuni tra i più tipici.

- Mancanza di consapevolezza. Le vittime dell'indottrinamento non hanno coscienza di sé stesse, nel senso che non riescono a immaginare fonti alternative di informazione che ne attivino l'introspezione. È come se, in qualche modo fossero vagamente consapevoli di essere manipolate, ma ci fosse in loro una forte inerzia, che resiste all'idea di risveglio. Provate a immaginare di stare

164

sognando, e di desiderare di svegliarsi, alzarsi camminare, ma non lo possiamo fare perché le nostre braccia e gambe non riescono a muoversi. L'indottrinatore farà di tutto per allontanare qualsiasi sorgente di informazioni che possa in qualche modo aiutare la sua vittima a tornare in sé.

- Intolleranza alle domande critiche. Chi è indottrinato, non può proprio permettersi le domande critiche; in effetti, ha il terrore di dover accettare il fatto di essere tale, di doversi risvegliare e di affrontarne le conseguenze. Cambiare costa. Riconoscere i propri errori anche. Immaginate di camminare per cinquanta chilometri verso una certa destinazione, e di sentirvi dire che avete sbagliato strada. Di dover tornare indietro e ricominciare. È una situazione angosciosa, e saremo tentati di persistere nell'errore. Allo stesso modo, l'insofferenza all'indagine critica fa sì che la vittima di indottrinamento attribuisca alle proprie convinzioni il valore di verità assoluta, rifiutando di fatto il confronto con opinioni alternative.

- Insofferenza per il pensiero analitico. Le persone indottrinate sono, di fatto, mentalmente pigre. Una volta entrate nella zona di comfort, nella comodità delle verità assolute, non sono disposte a investire tempo ed energia per uscirne. E perché dovrebbero sforzarsi di abbandonare questa confortevole inerzia? Di conseguenza, ogni pensiero analitico diventa una minaccia. Per l'indottrinato è di gran lunga meno rischioso spendere le proprie energie mentali per combattere il ragionamento, piuttosto che per farsi domande la cui risposta li costringerebbe a tornare a dover giustificare le proprie convinzioni.

- Obbedienza cieca. Privo di pensiero analitico, insofferente alle domande critiche, inconsapevole della propria personalità, all'indottrinato non resta che obbedire a colui che gli fornisce i mezzi per restare al sicuro all'interno della propria mediocrità. Sono pochissimi gli individui soggetti a indottrinamento che si arrischiano a mettere il naso al di fuori del loro castello di assolute verità; il fatto che questa fortezza li protegga delle insidie del libero pensiero fa sì che qualsiasi critica, per quando costruttiva, sia vista come un tentativo di demolirne le mura. Di conseguenza, ogni tentativo di dialogo incontra resistenza; l'obbiettività è qualcosa di decisamente malvisto. Al contrario, l'ulteriore indottrinamento è bene accolto, in quanto gradito rinforzo alla propria sicurezza.

- Difesa feroce. Le persone indottrinate diventano aggressive ogni qualvolta il sistema di indottrinamento sia criticato, e lo difendono con ferocia. Che il sistema sia religioso, culturale, politico, o addirittura professionale, guai a chi si avvicina.

- Gravi crisi emotive. Criticare o anche solo mettere in dubbio le credenze di una persona indottrinata è sufficiente a scatenare un panico irragionevole. Si sentono come le api che difendono la regina, o come soldati durante l'attacco al quartier generale.

Come Individuare le Vittime del Lavaggio del Cervello

Il più delle volte, una persona prima di essere indottrinata viene sottoposta al lavaggio del cervello. Peraltro, si può anche verificare la situazione inversa: in questo senso, possiamo affermare che indottrinamento e lavaggio del cervello sono tecniche simbiotiche. Addirittura, possono coesistere ed essere applicate contemporaneamente.

Anche nel caso del lavaggio del cervello, ci sono tratti caratteriali tipici. Vediamone alcuni.

- Lealtà e obbedienza indiscusse. Le persone a cui è stato fatto il lavaggio del cervello sono estremamente leali e obbedienti nei confronti dei loro manipolatori. Sono dei perfetti "yes men" che si sentono in dovere di approvare qualsiasi affermazione ed eseguire qualsiasi istruzione ricevuta dai responsabili della loro situazione.

- Codipendenza. Le persone sottoposte a lavaggio del cervello manifestano altissimi livelli di codipendenza. Sono sempre in cerca dell'approvazione del loro manipolatore, senza il quale non sono assolutamente in grado risolvere problemi, fornire soluzioni, o anche solo farsi un'opinione. Non sanno pensare in modo indipendente; di fatto, nello stato in cui si trovano, la loro mente non è orientata al pensiero; mostrano una forma unica di pigrizia mentale, una sorta di paralisi del pensiero. Senza l'approvazione dei loro padroni, nessuna decisione può essere presa o anche solo immaginata.

- Assenza di vita sociale. Chi ha subito il lavaggio del cervello, spesso abbandona la propria vita personale, perde di fatto l'autonomia della propria vita. Per questo motivo capita che diversi seguaci di determinate sette abbandonino la propria casa e i propri familiari e amici per andare a vivere presso chi li manipola; non hanno più la capacità di vivere indipendentemente, senza qualcuno che dica costantemente loro cosa fare e cosa pensare. Occorre a questo punto fare una riflessione; il ritiro dalla vita personale non è esattamente innescato della manipolazione; di certo è promosso e agevolato, ma ha radici più profonde. Le persone più propense a cadere nella trappola del lavaggio del cervello hanno facilmente problemi mentali e psicologici pregressi; chi manca di autostima, di fiducia in sé stesso, chi non tiene alla propria immagine, chi si ritiene un fallito, sono tutte categorie di persone facilmente manipolabili tramite lavaggio del cervello. Il manipolatore deve solo limitarsi ad approfittarne.
- Fanatismo. Chi ha subito il lavaggio del cervello spesso è un fanatico. Lo zelo con cui seguono i propri manipolatori ha un che di religioso; tutte le loro energie sono focalizzate nella medesima direzione. Allo stesso tempo, il loro fanatismo li porta a combattere chiunque sfidi l'autorità di chi ha lavato loro il cervello. Non c'è interesse personale che tenga, sono pronti a difendere i propri manipolatori e i loro egoistici interessi, anche a costo della propria vita.
- Ossessione. Ossessione per il proprio manipolatore, che viene idealmente circondato da un muro protettivo, a difesa di chiunque cerchi anche solo di avvicinarsi. Sono come soldati a guardia del re, adoranti e gelosi.
- Auto isolamento. In una sorta di ritiro fisico permanente dalla propria vita, l'oggetto del lavaggio del cervello ha la tendenza a smettere di frequentare la propria famiglia e i

propri amici. Perde interesse per le sue passioni, può addirittura arrivare a lasciare il lavoro. Queste persone si isolano fisicamente da chiunque non condivida le verità assolute professate dai loro manipolatori. È precisamente in questo modo che funzionano le celle terroristiche.

Come Individuare le Vittime dell'Ipnosi

Le vittime di ipnosi manifestano i sintomi più evidenti in assoluto, se paragonate a chi abbia subito altre forme di manipolazione. Per questo motivo, è particolarmente facile individuarle. Vediamo alcuni segni inequivocabili.

- Sguardo fisso. La totale attenzione è la prima cosa di cui l'ipnotizzatore ha bisogno. Senza sguardo fisso non esiste ipnosi.
- Pupilla dilatata. Effetto collaterale del sintono precedente; fissare qualcosa a lungo provoca immancabilmente la dilatazione delle pupille.
- Palpebre sbattute in ritardo. Sbattere le palpebre è un riflesso istintivo. Tenere a lungo lo sguardo fisso altera la velocità di questo riflesso: di solito istantaneo, si può presentare in forma anormalmente ritardata.
- Movimento rapido degli occhi. Caratteristico della fase REM del sonno, durante la quale si sogna, questo sintomo indica uno stato ipnotico avanzato. Quando questo accade, la vittima ha ormai perso la consapevolezza e la percezione di ciò che la circonda, e dipende ormai unicamente delle indicazioni dell'ipnotizzatore.
- Altri sintomi meno eclatanti ma non per questo meno frequenti sono il rilassamento dei muscoli facciali, il rallentamento della respirazione, l'immobilità del corpo, la riduzione dei riflessi e una innaturale predisposizione all'obbedienza.

Come Individuare le Vittime della Manipolazione Psicologica

Le vittime di manipolazione psicologica presentano almeno uno tra i seguenti sintomi, spesso più di uno.

- Appaiono storditi, a causa del sovraccarico di informazioni e concetti di cui sono stati riempiti.
- Tendono ad assumere un atteggiamento sottomesso di fronte a chi parla a voce alta o agli scoppi di ira.
- Incolpano sé stessi per la loro incapacità di mantenere rapporti interpersonali stabili
- Nutrono perenni dubbi sulle proprie capacità di affrontare qualsiasi situazione.
- Soffrono di sensi di colpa, spesso immotivati.
- Sono abituati ed eseguire gli ordini senza porsi domande.
- Sono indecisi, senza la guida del proprio manipolatore non sanno che pesci pigliare.
- Si lasciano mettere da parte senza alcun problema.
- I loro amici più stretti hanno smesso di frequentarli perché li trovano cambiati, e non in meglio.
- Anche se sono di natura socievole, hanno preso l'abitudine di isolarsi.

Come Individuare le Vittime di Prospetticidio

Parliamo di prospetticidio quando una persona, a causa della manipolazione, perde la propria prospettiva della realtà, assumendo di fatto quella del manipolatore. Nella maggior parte dei casi, il manipolatore che si avvale di questa tecnica è un narcisista, che cerca di sfruttare la propria vittima per fini puramente egoistici. A causa della perdita della propria prospettiva, chi vi è soggetto finisce per vedere la realtà attraverso l'immagine mentale creata dal narcisista. Vediamo alcuni segnali che caratterizzano tipicamente la vittima di prospetticidio.

- Pensieri, sentimenti e opinioni vengono cancellati. Di fatto, tutto il modello di pensiero e comportamento della persona manipolata viene a essere cancellato o sostituito. Questa manipolazione può avere conseguenze fisiche, psichiche o emozionali. Il narcisista manipolatore potrebbe danneggiare la vittima nelle sue abitudini quotidiane, come il sonno, il lavoro, lo sport; la potrebbe ingannare portandola a dubitare di sé stessa. Di fatto, questa persona risponderà violentemente ai tentativi della sua vittima di manifestare pensieri e sentimenti indipendenti, di fatto assoggettandola e costringendola a sottomettersi.

- L'arma principale del controllo narcisistico è l'isolamento. Isolamento dagli amici, dalla famiglia, dalle persone care in generale. Per assicurarsi di avere il dominio completo della mente della propria vittima, il narcisista si assicura di allontanarla dalle persone che lo incoraggiano a pensare in modo libero. Una volta fatto questo, la vittima non ha altra fonte di convalida delle proprie percezioni se non il proprio stesso manipolatore. Colpita a morte dal dubbio e dall'insicurezza, la vittima abbandona infine la propria prospettiva.

- Perdita dell'autostima. Questo è dovuto alla perdita delle proprie convinzioni, dei propri sentimenti, delle proprie emozioni. Si diventa incapaci di essere sé stessi perché, effettivamente, un sé stesso non esiste più. Lontani dal proprio manipolatore, ci si sente inutili. Il narcisista può continuare nel suo condizionamento tramite ricatti emotivi, critiche ingiustificati e violenze psicologiche; in breve la fiducia nelle proprie capacità e nelle proprie idee si riduce a zero. Ci si sente indegni, miserabili, e questo ci spinge ad una ulteriore sottomissione al nostro manipolatore.

- Il narcisista manipolatore sottopone la sua vittima ad una pratica di microgestione; in altre parole, manipola tutto. Controlla quanto la vittima dorme, come dorme, quando si alza, come si alza, quanto, come e dove lavora, quando mangia, quando va in bagno, e infine quando torna a letto. La vittima si sente indotta a chiedere il permesso di fare qualsiasi cosa; può essere svegliata nel cuore della notte; se esce per fare shopping, ogni acquisto deve essere approvato e autorizzato. L'umore stesso della vittima viene convalidato e controllato dal narcisista tramite commenti e consigli non richiesti. In pratica, la libertà individuale diventa un lontano ricordo.

Capitolo 12. Messaggi Subliminali

Quando parliamo di psicologia subliminale, intendiamo riferirci alla pratica di influenzare gli altri senza farci scoprire. Ciò che è subliminale appartiene alla mente inconscia; in questo senso, il messaggio subliminale arriva direttamente alla parte inconsapevole della nostra mente, senza essere captato dal radar di quella cosciente. Pensate, ad esempio, a un debole odore nell'aria, e a come possa essere evocativo; la mente inconscia ha effettuato un collegamento con una situazione precedente, di fatto evocandola, senza che la mente cosciente abbia avuto bisogno di alcun ragionamento. Pensate ancora a qualcuno che si avvicina a voi con atteggiamento aggressivo; l'istinto di scansarvi è dettato da un messaggio ricevuto dal vostro inconscio. Che si tratti di un suono leggero, o di un movimento impercettibile, il messaggio subliminale può essere qualcosa di molto potente ed efficace, quando si tratta di influenzare qualcuno.

Il concetto di psicologia subliminale è completamente legato al passare inosservati; usarla su qualcuno significa influenzarne pensieri e sentimenti e spingerlo a comportarsi in un certo modo senza che questo qualcuno se ne renda conto. In realtà il subconscio è perfettamente consapevole del tentativo di influenza, ma la parte cosciente della mente ne è totalmente all'oscuro. Si tratta di una tecnica sofisticata, tramite la quale, valutando la situazione e riuscendo a interpretare la mente degli altri, siamo in grado di spingerli segretamente a comportarci come desideriamo; andando ad agire sulla mente inconscia, la psicologia subliminale riesce ad essere efficace su chiunque e in qualsiasi situazione, e la cosa più stupefacente è che la nostra vittima pensa di avere il totale controllo sulle proprie azioni, mentre in realtà il controllo ce l'abbiamo segretamente noi.

Emozioni

Le emozioni sono qualcosa di inconscio, una sorta di reazione cerebrale a ciò che accade intorno a noi; sono una risposta del cervello a una determinata situazione, che permette al nostro corpo di capire e di agire. I nostri sensi ricevono stimoli dal mondo esterno e li traducono in impulsi comprensibili per la nostra mente, la quale a sua volta genera le emozioni per spingerci ad agire in modo che sia per noi vantaggioso. In effetti, l'emozione è qualcosa di utile, perché fa sì che ci sentiamo stimolati a intraprendere una qualche azione che risulti benefica e profittevole.

Fin dai primordi della razza umana, quando la connessione con la natura selvaggia era molto più forte, le emozioni sono state il più efficace meccanismo di difesa, perché tramite esse l'istinto di sopravvivenza ci diceva come comportarci. Il nervosismo ci proteggeva da una minaccia incombente, la rabbia ci spingeva a reagire quando ci veniva portato via qualcosa o in nostro territorio veniva invaso. Oggi, le cose non sono diverse; la felicità è un'emozione piacevole che ci sprona a comportarci in modo da restare felici il più a lungo possibile, facendoci capire che abbiamo fatto la cosa giusta.

Le emozioni, oltre a essere un aiuto per la sopravvivenza, hanno anche una grossa influenza sul processo decisionale; comportarsi in modo emotivo significa rinunciare alle decisioni logiche, e affidarsi al proprio istinto di sopravvivenza. In questi momenti la razionalità non entra più in gioco, e si potrebbero anche assumere comportamenti che non sono socialmente ben visti. Ora, pensiamo un momento all'importanza della connessione tra emozione e comportamento; se l'emozione determina il comportamento, allora controllare le emozioni significa poter controllare il comportamento. È sufficiente conoscere gli stimoli esterni ai quali un individuo risponde con determinate emozioni.

In base a quanto detto, per riuscire a controllare le azioni di qualcuno è sufficiente essere in grado di modificare l'ambiente che lo circonda. Trattare una persona in un modo specifico scatenerà un'emozione altrettanto specifica. Se le emozioni sono scatenate da stimoli esterni, allora sarà sufficiente modificare la situazione in modo da suscitare l'emozione che corrisponde al comportamento che vogliamo provocare.

Le emozioni più significative e basilari sono le seguenti:

- Rabbia: quando qualcuno viola i nostri confini o comunque sentiamo di dover proteggere noi o ciò che ci appartiene
- Disprezzo: quando ci si sente profondamente in disaccordo o si prova una forte antipatia per qualcuno o per un suo comportamento
- Disgusto: quando percepiamo che qualcosa è dannoso o nocivo per la nostra salute o il nostro benessere
- Ansia o paura: quando la propria salute o addirittura la nostra vita sono minacciate
- Gioia: quando le cose vanno bene e sappiamo di aver fatto le scelte giuste
- Sorpresa: ogni volta che accade qualcosa di inaspettato o qualcosa che non credevamo potesse accadere.

Esigenze

Gli esseri viventi, per sopravvivere, hanno bisogno di una serie di cose. Siamo creature complicate, e se vogliamo rimanere in vita dobbiamo garantire la soddisfazione di alcune esigenze fondamentali. Al livello più elementare, gli esseri umani hanno bisogno di ossigeno, cibo, acqua, calore e riposo; a questi bisogni fondamentale è giusto inoltre aggiungere il sesso. Per tutta la vita, gli esseri umani sono alla ricerca di queste sei cose. Se uno o più di questi bisogni non vengono soddisfatti, o comunque non nel modo corretto, le persone diventano inquiete e disperate; inizieranno a fare di tutto per procurarsi ciò di cui sentono il bisogno, e saranno disposte a comportarsi in modo non necessariamente corretto.

Tenere a mente i bisogni fondamentali delle persone è molto importante, se si desidera acquisirne il controllo; le persone che non stanno riuscendo a soddisfarli in modo adeguato non hanno la stessa capacità di concentrazione di quelle che invece, avendoli soddisfatti, hanno la capacità di pensare in modo razionale e di fare scelte oculate e sono in grado di analizzare cosa li circonda senza dover fare i conti con l'istinto di sopravvivenza. Senza bisogni fondamentali da soddisfare, senza la distrazione degli impulsi istintivi, riescono ad adottare una modalità critica di pensiero.

Prendiamo in esame i sei bisogni fondamentali elencati: ognuno di essi ci può distrarre e ridurre la nostra efficienza. Ad esempio, se abbiamo fame e siamo costretti a continuare a digiunare, il nostro fisico si indebolirà e perderemo la capacità di concentrarci razionalmente e pensare in modo lucido. Se respiriamo male saremo istantaneamente presi dal panico. Se siamo troppo assetati, il bisogno di bere cancellerà qualsiasi altro pensiero dalla nostra mente. Se abbiamo freddo, saremo disposti a tutto pur di riscaldarci. I bisogni sono progettati esattamente per questo: distoglierci da pensieri meno urgenti e focalizzarci totalmente sulla loro soddisfazione. Soddisfare i bisogni fondamentali è essenziale per sopravvivere, e sopravvivere è essenziale a trasmettere il proprio materiale genetico, e l'istinto a farlo è la principale forza trainante della natura nel suo complesso.

Quando si intende influenzare qualcuno, conoscere il grado di soddisfazione dei bisogni fondamentali può essere molto utile. Mostrare ad una persona assetata lo spot di una particolare marca di bevande può spingerlo a comperarle. Così come una persona affamata alla quale raccontiamo come siano buoni i popcorn, facilmente sentirà il desiderio di procurarseli.

Simpatie

Il concetto di simpatia è molto semplice da spiegare. Ma cosa rendo qualcuno o qualcosa simpatico? Questo è già meno semplice.

Per quanto riguarda le persone, abbiamo tutti la tendenza a frequentare qualcuno piuttosto che qualcun altro; se una persona ci è simpatica, siamo molto più ricettivi alla persuasione e all'influenza da parte di questa persona. In sostanza, se aspiriamo ad avere influenza su una persona, dobbiamo innanzitutto esserle simpatici. Una volta ottenuta la loro simpatia, le persone saranno più propense a seguirci; i nostri messaggi subliminali saranno più semplici da recepire e avremo maggiore probabilità di ottenere ciò che desideriamo. Vediamo alcune strategie da applicare per attirare la simpatia delle persone.

- Siate accessibili. Se riuscite in qualche modo a rendervi simpatici, le persone vi apprezzeranno maggiormente e, di conseguenza, avranno una maggiore tendenza a fare qualcosa per rendervi felice. Potete facilitarvi il compito parlando un po' di più di voi e della vostra vita, o comunque comportandovi in modo che l'altra persona vi veda come una persona alla mano, accessibile.
- Fate complimenti. Facendo complimenti a qualcuno, lo stiamo essenzialmente adescando. Lo mettiamo di buon umore e potremo successivamente sfruttare questo fatto per convincerlo a fare ciò che vogliamo. Attenzione però, i complimenti per funzionare devono essere sensati. Se volte usarli, cercare di dire qualcosa che pensate veramente.
- Siate collaborativi. Quando si fa sapere a qualcuno che si ha un obbiettivo comune, che si sta lavorando per la stessa causa, questo qualcuno sarà propenso a credere che i vostri suggerimenti siano sinceri e a concedervi molta più influenza.

Per quanto riguarda invece il rendere graditi gli oggetti alle persone, il discorso è simile e possiamo applicare gli stessi suggerimenti, con qualche piccola differenza. Al posto che rendere accessibili voi stessi, vorrete rendere l'oggetto accessibile e comprensibile all'audience. Per quanto riguarda i complimenti, un oggetto piacevole, che vi rende felici, come un piatto che vi ha portato gioia o una camicia che vi sta particolarmente bene, è proprio come un complimento che vi state facendo, perché usare questo oggetto vi fa sentire bene allo stesso modo. Infine, se un oggetto risulta benefico e vi rende la vita più facile, in una parola se vi risulta utile, esattamente come vi risulterebbe utile una persona che collabora con voi.

Le persone sono molto più recettive rispetto alla psicologia subliminale se il messaggio che si cerca di passargli risulta gradito. Il processo sarà più semplice ed efficace se il risultato finale è qualcosa che la persona ama o desidera. Per questo motivo, prima di cercare di utilizzare la psicologia subliminale occorre rendere gradito alle persone ciò che desideriamo che facciamo.

Capitolo 13. Ipnosi e Come Utilizzarla

E sistono molte forme di ipnosi e le loro applicazioni variano notevolmente. Capire come funziona l'ipnosi, da dove viene, come applicarla, ad esempio, alla programmazione neuro-linguistica, risulta utile come forma di difesa da coloro che utilizzano la psicologia oscura per cercare di manipolarci per il loro tornaconto.

Quando pensiamo all'ipnosi, la prima cosa che ci viene in mente sono quegli esperimenti eseguiti sul palco per il divertimento degli spettatori. Salite sul palco, vi sedete su una sedia, l'ipnotizzatore vi convince di essere un qualche animale o sciocchezze del genere, e vi fa recitare per lo spasso di chi assiste. Anche se, ciarlatani a parte, questa è sicuramente una forma di ipnosi, l'ipnosi clinica è qualcosa di completamente differente.

Molte persone non amano il concetto di ipnosi clinica, perché hanno visto troppi film e si basano su quelli; in realtà l'ipnosi risulta benefica per molti pazienti e riesce a risolvere molti loro problemi. Il fatto è che la maggior parte delle persone non ha proprio idea di cosa l'ipnosi sia.

Una persona sotto effetto di ipnosi è più incline ad accettare i suggerimenti altrui. Si tratta di uno stato mentale di estrema concentrazione e grande rilassamento. È proprio il rilassamento che rende la mente più recettiva ai suggerimenti esterni; d'altra parte, raggiungere questo stato di rilassamento profondo non è affatto semplice, e la trance ipnotica può essere di grande aiuto.

L'ipnosi da palcoscenico e quella vita nei film ci hanno fatto credere che una volta ipnotizzata una persona, le si possa far fare tutto ciò che desideriamo; naturalmente le cose non stanno così. Certo, la mente di una persona ipnotizzata è più aperta ai suggerimenti ma è molto improbabile che la si possa spingere a fare qualcosa che non sia già in partenza nei suoi desideri. Se non volete comportarvi come un pazzo, non sarà certo un ipnotista a potervi obbligare a farlo.

Un'altra cosa da tenere presente è che non tutte le persone possono essere ipnotizzate. È requisito fondamentale del processo che la persona accetti di essere ipnotizzata e che desideri il cambiamento che l'ipnotista si prefigge di ottenere. Per alcune persone questo è semplicemente impossibile, e non riusciranno mai a raggiungere quel caratteristico stato di rilassamento che permette di amplificare la ricettività agli ordini e ai consigli. È naturale che chi accetta di sottoporsi a ipnosi nutra una grande fiducia nell'ipnotista, a che non nutra alcun dubbio sui suoi intenti. Per questo motivo chi si sottopone a ipnosi generalmente lo fa nello studio di un professionista specializzato.

I risultati dell'ipnosi possono essere molto contrastanti. Alcune persone ne hanno tratto grande giovamento, soprattutto nell'ambito della perdita delle cattive abitudini. In effetti l'ipnosi si è rivelata efficace per aiutare molte persone a smettere di fumare, a perder peso, a vincere l'insonnia. Altre persone grazie all'ipnosi hanno recuperato ricordi che avevano perso. Solitamente una singola seduta non è sufficiente a raggiungere il risultato desiderato; saranno necessarie più applicazioni per rafforzare i suggerimenti dati dall'ipnotista.

Alcune persone grazie all'ipnosi hanno superato le proprie crisi di ansia, altre sono riuscite a ridurre la percezione del dolore fisico, e queste sono solo alcune delle possibili applicazioni. Anche nel caso del trattamento degli affetti collaterali della demenza, l'ipnosi si è rivelata un valido alleato: favorire il recupero dei ricordi è di grande aiuto a chi sta cominciando a perderli.

Probabilmente molti di voi si chiedono come funzioni realmente l'ipnosi, e in effetti Hollywood ha fatto un eccellente lavoro nel confondere le idee. Probabilmente immaginate un individuo dall'aspetto losco che estrae un orologio da taschino e lo fa oscillare; beh, non è così che funziona l'ipnosi. Lavorare con uno specialista non significa venire ipnotizzati, bensì significa venire aiutati e guidati nel percorso verso lo stato ipnotico. Siamo noi il mezzo che scatena l'ipnosi; gli specialisti ci aiutano ad imparare la tecnica per raggiungere la concentrazione e il rilassamento necessari per accogliere con profitto e fare nostri i buoni suggerimenti che ci possono aiutare.

L'ipnosi si può praticare anche a casa propria. È possibile raggiungere la trance ipnotica semplicemente sdraiandosi sul letto in una stanza in penombra e concentrandosi sul proprio respiro. Una volta raggiunto questo stato, non avrete perso il controllo di voi stessi e sarete in grado di ripetere, come una sorta di mantra, i suggerimenti che vi possono aiutare a raggiungere i vostri obbiettivi. Se state cercando di perdere peso, l'ipnosi può aiutarvi a resistere a quella fetta di torta; se state smettendo di fumare, potreste trovare più facile resistere al desiderio di accendere quella sigaretta. Lavorare con un terapista esperto può essere fondamentale, perché può aiutare a imparare tecniche che poi saremo in grado di mettere in pratica autonomamente ogni qual volta ne abbiamo bisogno.

È opinione diffusa che la trance ipnotica sia accompagnata da sonnolenza o intontimento; in realtà non è assolutamente così. Lo stato di trance è caratterizzato, al contrario, da elevata concentrazione e da aumentata consapevolezza, che è proprio ciò che permette di essere maggiormente recettivi ai suggerimenti esterni. Troverete che questo è particolarmente vero se parteciperete a più sedute di ipnosi, durante le quali vi verranno dati i medesimi suggerimenti; è un tipo di terapia che può dare e ha dato, in alcuni casi, risultati eclatanti.

L'ipnosi non funziona allo stesso modo su tutte le persone; a seconda della forza d'animo e del carattere, può risultare più o meno efficace su una persona rispetto che su un'altra. Ad alcuni sembra di vivere un'esperienza extracorporea. Alcuni pazienti riescono a sostenere una conversazione durante la trance ipnotica, altri a malapena borbottano qualcosa. Siamo tutti diversi, non ci sono due cervelli uguali, e questo rende l'ipnosi diversa e diversamente efficace per ciascuno. Un altro aspetto determinante è l'intento del paziente; se è favorevole alla terapia, se desidera fortemente essere aiutato, è molto più probabile che riesca a ottenere grandi benefici. Al contrario, un paziente scettico e demotivato potrebbe non trarne giovamento alcuno.

In molti so chiedono se i concetti di ipnosi e di programmazione neuro-linguistica siano sovrapponibili; la risposta è: no, non è così, sono cose diverse. All'interno della PNL è previsto l'uso dell'ipnosi, ma è solo una delle tecniche previste; la PNL è un concetto molto più ampio e merita una trattazione a parte.

Un aspetto fondamentale dell'ipnosi è il concetto di suggestione. La suggestione aiuta le persone a cambiare le proprie abitudini o i propri schemi mentali tramite la ripetuta sottomissione di informazioni che vengono recepite dal cervello tramite l'apertura di una sorta di "porta di servizio", causata dallo stato di trance. La PNL induce, sì, lo stato di trance, ma non fa uso di suggerimenti. Al contrario, utilizzerà immagini e pensieri che sono proprio quelli che causano problemi al paziente, alterandoli in modo che quando, successivamente, nella vita reale, queste situazioni si ripresentano, il paziente non provi più sensazioni negative. In effetti ipnosi e PNL differiscono sostanzialmente in questo; entrambe aiutano a risolvere situazioni negative, ma lo fanno fornendo al cervello del paziente stimoli sostanzialmente differenti.

Un altro aspetto legato alla PNL che passa attraverso l'ipnosi è la tecnica chiamata *ancoraggio*. L'ancoraggio consiste nell'indurre la trance ipnotica e riportare alla mente del paziente un ricordo felice, che lo renda sicuro, orgoglioso, ottimista. A questo punto il terapeuta chiede al paziente di compiere un gesto, sempre lo stesso, come ed esempio mettere i capelli dietro le orecchie. Quando nella quotidianità il paziente avrà bisogno di ritrovare la serenità, il semplice gesto di mettere i capelli dietro le orecchie sarà sufficiente a evocare sensazioni piacevoli e rilassanti. L'ancoraggio è una tecnica potente, che ha molte diverse applicazioni.

Milton Erickson

Quando, come abbiamo visto, Richard Bandler e John Grinder, fondatori della programmazione neuro-linguistica, hanno studiato gli scritti e le teorie di illustri psicologi del passato, sono stati fortemente influenzati dalle dottrine di Milton Erickson, che non è caso è stato definito come il padre dell'ipnosi. Le opere di Erickson hanno ispirato numerose correnti di pensiero e hanno, senza alcun dubbio, aiutato moltissime persone.

Erickson, originario del Nevada, trasferito con la famiglia nel Wisconsin, ha sofferto fin da giovanissimo di molti gravi disturbi di origine neurologica tra cui dislessia, daltonismo, sordità. Ha sofferto inoltre di allergie e di è ammalato due volte di poliomielite, rischiando seriamente di morire. Nonostante questo, Erickson ha sempre cercato di guarire sé stesso, superando i propri problemi fisici e arrivando a diventare un valido escursionista, anche se con l'aiuto di bastoni per camminare. Questo sforzo perenne di capire e risolvere i propri disturbi neurologici gli ha permetto di mettere a punto le idee che lo hanno reso famoso, portandolo a diventare professore universitario e a essere riconosciuto come una delle massime autorità nei campi della psicoanalisi e della ipnoterapia.

Erickson per primo utilizzò l'ipnosi in senso moderno, per curare disturbi non necessariamente legati a problemi psichici o neurologici. Riuscendo a indurre uno stato di leggera trance, Erickson era in grado di comunicare direttamente con l'inconscio del paziente, aggirando le barriere psicologiche e la resistenza al cambiamento opposta dalla mente cosciente. Suggerendo le opportune modifiche alla mente inconscia del paziente in stato di trance, Erickson affermava di poter modificare la realtà autocostruita e, di conseguenza, l'effetto delle percezioni esterne sulla psiche del pazienta. Lavorando su queste idee, Bandler e Grinder arrivarono al concetto di modellamento, che come abbiamo visto è uno dei pilastri della PNL.

Capitolo 14. Il Lavaggio del Cervello

P rima di approfondire il significato di questo concetto, vediamo rapidamente quando si è iniziato a parlarne e come sia poi diventata una teoria universalmente diffusa e abbracciata.

Il primo a utilizzare il termine "lavaggio del cervello" è stato uno psicologo degli anni '50, il dottor Robert Jay Lifton, pioniere degli studi sugli effetti dei crimini di guerra sulle vittime e fondatore della branca della psicologia in seguito chiamata Psicostoria. Lifton ha condotto studi su soldati americani recuperati dei campi di prigionia durante la Guerra di Corea. Una volta raccolti i dati ed esaminate le varie implicazioni, sì è reso conto che i prigionieri avevano subito un processo di condizionamento a più fasi che, partendo da un attacco alla personalità del soggetto, si concludeva con un mutamento delle sue opinioni e convinzioni. Traducendo letteralmente dal cinese, questo processo è definito "riforma del pensiero", piuttosto che lavaggio del cervello.

I passi del processo di condizionamento esposto da Lifton sono sostanzialmente i seguenti, e possono venire applicati contemporaneamente o uno alla volta:

- Controllo totale e manipolazione delle informazioni che giungono al soggetto
- Controllo delle emozioni provate dal soggetto, che si vogliono far apparire spontanee ma in realtà sono attentamente pianificate
- Esortazione a conformarsi all'ambiente della prigionia, presentato come puro, in contrasto a quanto accade al di fuori.

- La confessione delle proprie colpe di fronte ai compagni di prigionia
- Diffusione delle ideologie ufficiali, da considerarsi sacre e da non mettersi mai in dubbio
- Utilizzo di un gergo interno al gruppo, incomprensibile per chi non ne faccia parte
- Rinnegazione delle esperienze personali non in sintonia con l'ideologia ufficiale del gruppo
- Diritto di vita o di morte del gruppo sui singoli membri e diritto di controllarne la vita con ogni mezzo.

Essenziale per applicare con successo ogni singolo passo, era l'isolamento del prigioniero durante ogni fase di condizionamento, per impedirgli alcun confronto sociale. Inoltre, per rendere il tutto più efficace, venivano applicate tecniche di indebolimento come la privazione del sonno e la malnutrizione, il tutto accompagnato da continue minacce fisiche per rendere difficoltoso al soggetto l'atto di formulare pensieri critici o indipendenti. Durante questo processo di condizionamento, la psiche dei prigionieri attraversava tre fasi: una distruzione della personalità originaria, la ricostruzione di una personalità alternativa e infine la speranza di una possibilità di redenzione.

Cosa si Intende per Lavaggio del Cervello

Bene, abbiamo visto come è nata l'espressione lavaggio del cervello, ma in estrema sostanza, di che si tratta? Possiamo genericamente definire tale un insieme di tecniche tramite le quali una o più persone tenta subdolamente di controllare la volontà del soggetto e di modificarne le convinzioni.

Come abbiamo già detto in precedenza, anche qui occorre distinguere tra lavaggio del cervello e onesta persuasione, e non è detto che il confine sia sempre così netto; molti uomini politici da questo punto di vista si muovono in una zona grigia.

Ad esempio, una tattica molto utilizzata è la seguente: si comincia a porre alcune domande alle quali sappiamo che l'interlocutore, nella sua mente, risponderà in modo affermativo, così da portarlo dalla nostra parte. A questo punto si fanno delle affermazioni, oneste o meno, che l'interlocutore sarà maggiormente propenso ad accettare; infine, gli suggeriremo apertamente cosa fare, spingendolo a comportarsi come vogliamo. Vediamo un esempio pratico. Prima fase: "Siete stanchi di pagare bollette sempre più alte? Siete preoccupati delle tasse che aumentano sempre di più? Vorreste che la tematica dell'immigrazione venisse gestita in modo più efficace?". Seconda fase: "Studi recenti dimostrano che il paese sta per entrare nella crisi peggiore dal dopoguerra, e i prezzi non potranno che continuare a salire". Terza e ultima fase: "Se volete veramente che il Paese cambi in meglio, votate per noi". Persuasione o lavaggio del cervello? Lascio a voi il giudizio, di certo molte persone giustificano questo modo di procedere e lo ritengono parte della normale retorica, senza attribuirgli particolare malizia o, per restare in tema, oscurità.

Vediamo invece alcune tecniche decisamente manipolatorie dalle quali è bene guardarsi.

Isolamento

Quando si intende sottoporre qualcuno a lavaggio del cervello, una delle prime cose da farsi è isolare la vittima dalla sua famiglia, dai suoi amici, dai suoi cari. In questo modo il manipolatore diventa l'unico riferimento, e la vittima non avrà alcuna possibilità di confrontarsi con persone oneste e disinteressate per cercare di capire cosa stia succedendo.

Attacco all'Autostima

Ora che il manipolatore è riuscito nell'intento di isolare la vittima, deve spezzarne le convinzioni e la personalità. Si tratta di un passo essenziale per poter successivamente rimodellarne la volontà, perché in effetti il lavaggio del cervello funziona solo se le vittima si sente inferiore al manipolatore. Come di induce questo complesso di inferiorità? Tramite l'utilizzo dell'intimazione, della derisione, dello scherno.

Abuso Mentale

L'abuso mentale è un passaggio essenziale nel processo di lavaggio del cervello. Si basa in gran parte sulla continua somministrazione di menzogne da parte del manipolatore che invece, quando si trova in pubblico, non esita a rivelare i punti deboli della vittima mettendola in imbarazzo. Un'altra tecnica molto diffusa è quella di invadere lo spazio della vittima, di fatto non lasciandole un attimo di riflessione personale.

Abuso Fisico

Storicamente, e ne abbiamo visto un esempio parlando di R. J. Lifton, si sono utilizzate tecniche di abuso fisico per indebolire la volontà dei soggetti e frantumarne le certezze. Privare la vittima del sonno, affamarla, lasciarla al freddo, o addirittura minacciarla fisicamente con un comportamento violento, sono tutti metodi di grande efficacia, ma di certo non sono utilizzabili in un contesto sociale civile. Ci sono metodi più sottili e altrettanto efficaci. Produrre rumori fastidiosi, accendere e spegnere continuamente la luce, abbassare la temperatura della stanza, sono metodi meno cinematografici ma non per questo meno efficaci.

Musica Ripetitiva

Secondo alcuni studi, suonare continuamente lo stesso brano musicale, soprattutto con battiti al minuto compresi tra 45 e 72, può indurre uno stato di trance ipnotica. Questo accade perché musica con queste caratteristiche va in una certa misura ad amplificare la percezione del battito cardiaco. Questo tipo di condizionamento può portare le persone nel cosiddetto *stato alfa*, che ad esempio riscontriamo subito prima di addormentarci, nel quale pare che le persone siano venticinque volte maggiormente suggestionabili rispetto alla normale veglia, denominata *stato beta*.

Frequentare Persone Condizionate

Quando si sottopone un soggetto a lavaggio del cervello, risulta molto profittevole permettergli di frequentare esclusivamente persone a loro volta condizionate. Tutti noi vorremmo essere accettati e apprezzati. Questa esigenza è notevolmente amplificata quando entriamo in un gruppo di persone sconosciute. Entrare a far parte di una cerchia di individui soggetti a condizionamento farà sì che ci sentiamo incoraggiati e condividerne le convinzioni, per essere benvisti e sentirsi parte attiva.

Noi Contro di Loro

Anche qui si tratta di riuscire a sentirsi accettati da un gruppo, ma in contrapposizione ad un immaginario gruppo di persone, denominato "loro", presentato come esempio negativo dal quale prendere le distanze. "Noi" siamo i buoni; "loro" sono i cattivi. Da che parte volete stare? Niente di meglio per costruire lealtà e obbedienza incondizionate.

Love Bombing

Oppure bombardamento d'amore, in italiano. Consiste nell'attrarre la persona all'interno di un gruppo di controllo tramite l'affetto, il contatto fisico e la condivisione di pensieri intimi. La vittima viene di fatto legata agli altri membri del gruppo tramite un legame emotivo, costruito con una ossessiva e incessante somministrazione di amore, da cui il nome.

Tutti questi metodi possono portare una persona allo stato di lavaggio del cervello, e non è affatto detto che sia elementare riuscire a tornare alla normalità. La manipolazione porta un irrigidimento nei percorsi neurali di questi soggetti che, di fatto, fanno molta fatica a razionalizzare, e rendersi conto di essere stati soggetti di manipolazione e, conseguentemente, a trovare la forza per intraprendere il percorso inverso.

Come Difendersi

Neanche a dirlo, il modo migliore per evitare si essere sottoposti a lavaggio del cervello è evitare i manipolatori. Purtroppo, questo non è sempre possibile, per cui è bene conoscere qualche tecnica di difesa.

Prendiamo come esempio la pubblicità. La pubblicità ormai fa parte della nostra vita quotidiana, è praticamente impossibile evitarla. Anche la TV a pagamento bene o male ci sottopone a bombardamento pubblicitario, lo fa solo in modo meno smaccato. Possiamo cercare di evitare gli spot pubblicitari, certo, ma la cosa migliore è mantenere un approccio critico e, prima di farci convincere, assumere tutte le informazioni necessarie per poter effettuare una valutazione oggettiva. Questo vale per qualsiasi forma di manipolazione, e soprattutto per quelle più pericolose.

Cerchiamo sempre di identificare i messaggi manipolatori che ci arrivano, da chiunque ci arrivino; che ci appaia immediatamente manipolatore o no, proviamo a ipotizzare una affermazione che dica esattamente il contrario. Poi ipotizziamone una neutrale, che si ponga a metà tra le due. Valutiamo le varie casistiche. In base alle nostre informazioni e al nostro buon senso, quale sembra essere la versione più veritiera?

Infine, cerchiamo sempre di prendere informazioni da più di una fonte, e valutiamo lo stato d'animo che ci pervade nel credere a una piuttosto che ad un'altra. In effetti, il lavaggio del cervello richiede l'isolamento del soggetto; ascoltare solo una campana, chiudendosi a tutte le altre, è il primo passo verso la manipolazione, perché avremo perso la capacità di ragionare in modo critico. Nonostante possa essere più faticoso, il modo migliore per subire condizionamenti è circondarsi di fonti alternative e prenderle in esame con atteggiamento distaccato e obbiettivo, anche se questo può significare uscire dalla nostra zona di comfort.

Capitolo 15. Manipolazione e Seduzione Oscura

Molto spesso la manipolazione non causa alcun danno effettivo al soggetto, e non lo mette in pericolo; tuttavia, lo scopo della manipolazione è l'inganno, dal momento che si prefigge di modificare l'atteggiamento e le opinioni del soggetto riguardo a un particolare argomento o a una particolare situazione; per questo motivo è bene saperla gestire per proteggere sé stessi e i propri cari.

L'accesso ad una cerchia ristretta, quando questo permette di interagire e rapportarsi con realtà nuove e stimolanti, o addirittura con nuove culture, è qualcosa che viene ritenuto molto positivo. Questo è vero finché vengono rispettati il privilegio e il diritto di un individuo di decidere della propria vita e delle proprie convinzioni, senza essere minacciato o intimidito.

D'altra parte, scendere a patti con persone che ingannano le persone e ne manipolano la volontà per riuscire a migliorare la propria condizione sociale è qualcosa di pericoloso, che può causare gravi danni a chi viene manipolato, rendendolo una persona debole e priva di libertà. Questo è particolarmente vero nelle relazioni sentimentali.

Quando la vittima di seduzione capisce il gioco del seduttore, e smette di fatto di concedergli ciò che lui desidera, il seduttore semplicemente interrompe la relazione, abbandona la vittima e inizia a cercarne una nuova. Chi utilizza la psicologia oscura per sedurre, non ha assolutamente a cuore le persone che cerca di sedurre; vede queste persone semplicemente come uno strumento, come un mezzo per raggiungere piacere o altri vantaggi. Non appena lo strumento smette di funzionare, il seduttore si mette alla ricerca di qualcun altro che possa fare al caso suo.

I seduttori oscuri possono muoversi rapidamente da una relazione all'altra, ma può anche capitare che rimangano a lungo all'interno della stessa relazione. Dipende dalla situazione, e soprattutto dipende da quanto a lungo il seduttore sia in grado di mantenere il controllo sulla propria vittima. Ci sono persone che si rendono conto immediatamente di essere manipolate; altre lo capiscono dopo molto tempo, e a questo punto è troppo tardi, perché più a lungo si viene manipolati, più a lungo diventa difficile liberarsi del manipolatore.

Il fatto che un seduttore abbia relazioni lunghe non significa affatto che, col tempo, abbia imparato ad amare la propria vittima; significa semplicemente che si è perfettamente adattato alla situazione, e ha tutte le intenzioni di continuare a manipolare la persona che gli sta accanto per tutto il tempo che gli sarà possibile.

È bene essere consapevoli della seduzione oscura; ci sono persone che prendono spunto da alcune di queste tecniche semplicemente per vincere la propria insicurezza, per superare la paura del rifiuto e per riuscire ad avere maggior successo con l'altro sesso; non è di queste persone che ci dobbiamo preoccupare. Ci sono però altri che non si fanno alcuno scrupolo nel manipolare gli altri per ottenere ciò che vogliono, e in genere non si fermano fino a quando non lo ottengono, senza preoccuparsi di fare del male alla persona che hanno vicino.

Incappare in una relazione di questo tipo può essere devastante, perché se non ci accorgiamo immediatamente delle intenzioni del manipolatore potremmo trovarci in una condizione dalla quale non riusciamo più a uscire. Questo non significa che siamo stupidi o deboli, potremmo avere avuto la sfortuna di incontrare un manipolatore particolarmente abile, e chi padroneggia la seduzione oscura riesce sempre a capire chi ha di fronte e ad adottare, di conseguenza, la tattica più efficace. Ad esempio, chi è appena uscito da una lunga relazione è particolarmente vulnerabile perché ha paura di restare solo; il seduttore oscuro riesce a percepire questa debolezza e a sfruttarla a suo vantaggio, assumendo un atteggiamento da persona affidabile e disponibile.

In effetti, ciò che rende la seduzione oscura particolarmente insidiosa, è proprio l'abilità del seduttore nell'apparire alla propria vittima come una sorta di anima gemella, nello sfruttare il proprio fascino per riuscire a diventare, almeno temporaneamente, l'incarnazione di tutto ciò che la vittima stava cercando e mai aveva trovato prima. Questo finché la vittima è di utilità, finché continua a soddisfare i bisogni del seduttore.

Quando veniamo abbandonati da un manipolatore, ci sentiamo feriti, con il cuore a pezzi. Ci siamo fidati troppo, ci siamo aperti totalmente perché il manipolatore è stato bravo a sfruttare le nostre debolezze, fingendo di darci tutto ciò di cui avevamo bisogno. Il contraccolpo è devastante, perdiamo tutta la nostra autostima, possiamo attraversare momenti di ansia e depressioni e, in alcuni casi, avere in futuro difficoltà a fidarci delle persone.

Proprio per i concreto rischio di subire queste conseguenze così negativo, è importante essere in grado di cogliere i primi segni di seduzione oscura, soprattutto se questa viene praticata da narcisisti o psicopatici, perché queste categorie di persone mancano totalmente di empatia e non si fanno alcuno scrupolo di fare del male agli altri, quando questo risulti utile o vantaggioso; semplicemente ritengono di agire nel modo giusto, perché non sono in grado di preoccuparsi per le altre persone.

È bene prestare particolare attenzione alle relazioni che iniziano in modo troppo perfetto. Il romanticismo, le attenzioni, i regali, la sensazione di aver trovato l'anima gemella, tutte questi segnali potrebbero certamente essere genuini, ma potrebbero anche essere artefatti, se siete incappati in un manipolatore abile. Lasciarsi andare totalmente alle sensazioni senza mantenere un atteggiamento vigile è molto pericoloso perché, se siete vittima di seduzione oscura, state entrando in un circolo vizioso dal quale potrebbe essere difficile uscire. Questo è particolarmente vero per le persone che, a causa di una particolare situazione psicologica o proprio per natura, si buttano nelle relazioni senza avere ben chiaro cosa veramente vogliano, ovvero con un atteggiamento arrendevole, disposte a tutto pur di avere accanto qualcuno. Se affrontate i rapporti sentimentali con questa disposizione mentale siete a rischio di seduzione oscura; senza un chiaro quadro di cosa volete e di cosa non siete disposti a sopportare, difficilmente avrete la determinazione necessaria per allontanarvi da un eventuale manipolatore, anche quando aveste scoperto il suo gioco e le sue reali intenzioni.

Per questi motivi è importante avere ben chiaro cosa si desideri da una relazione prima di iniziarla; se sappiamo cosa vogliamo saremo preparati e sarà facile accorgersi immediatamente se il rapporto sta iniziando a diventare qualcosa di diverso rispetto a quelle che erano state le premesse. Avere la consapevolezza di cosa stia succedendo vi eviterà di sopportare qualcosa che non volete e di danneggiare gravemente la vostra autostima.

Naturalmente, dire e fare non sono la stessa cosa. Non è sempre facile mettere in pratica una strategia di difesa, anche se sappiamo che dovremmo. Molte persone hanno un bisogno assoluto di una relazione, è come se, stando da sole, non valessero nulla. C'è una perenne sensazione di vuoto, di incompletezza, che le spinge a cercare un rapporto a tutti i costi, accettando la prima cosa che capita, e questo è quasi sempre un problema.

La cosa migliore è sempre, quando una relazione finisce, prendere un po' di tempo e guardare dentro di noi stessi. Non c'è niente di male a restare da soli per un periodo, anzi. È bene riflettere con calma: a che punto siamo della nostra vita? Cosa vogliamo veramente? Come vorremmo che fosse la nostra prossima relazione? Qual è in questo momento la nostra persona ideale? Rispondere a queste domande prima di buttarsi a capofitto nel rapporto successivo può fare la differenza.

Una pausa di riflessione è fondamentale per capire meglio noi stessi, e di conseguenza capire quali siano i nostri bisogni. Così facendo eviteremo di iniziare a frequentare la prima persona che ci capita solo per vincere la preoccupazione di restare per sempre soli. Avendo in mente obbiettivi chiari saremo in grado, inoltre, di uscire indenni da un rapporto, qualora ci accorgessimo che non è quello che davvero desideriamo o che, peggio ancora, si sta tentando di manipolarci.

Capitolo 16. Relazioni Nocive

L'obbiettivo primario di un manipolatore è quello di entrare in contatto con un bersaglio semplice da gestire e prenderne il pieno controllo, il più a lungo possibile. Questo tipo di rapporto è ovviamente decisamente malsano, perché va totalmente a vantaggio del manipolatore.

Un rapporto si può definire sano se le persone che lo vivono prendono e danno in uguale misura. Se però stiamo vivendo una relazione nella quale abbiamo perennemente l'impressione di dare tutto senza mai ricevere nulla, c'è la probabilità che l'altra persona sia un manipolatore. La manipolazione all'interno di una relazione risulterà sempre più difficile da identificare rispetto ad altre forme di manipolazione, perché è meno evidente, più sottile.

Si parla di manipolazione psicologica in un rapporto a due, quando uno dei due, il manipolatore, rompe l'equilibrio del rapporto per sfruttare il rapporto a proprio vantaggio. La manipolazione si può presentare in molte forme, ma tutte hanno un fattore comune: il manipolatore si avvantaggia più che può, mentre la vittima non ricava alcun vantaggio o, peggio, viene danneggiata.

In molti casi, chi vive una relazione malsana non se ne rende nemmeno conto. Magari il rapporto è iniziato nel migliore dei modi, senza che nulla lasci presagire a cosa si stia andando incontro o come si possa comportare il manipolatore, in caso venga scoperto. Questo è precisamente ciò che il manipolatore di prefigge: prendere il controllo lentamente ma inesorabilmente, senza che la sua vittima abbia il minimo sospetto.

Nessun manipolatore degno di questo nome inizierà mai un rapporto facendo scenate o insultando la propria vittima per demoralizzarla, perché prima di poterne demolire l'autostima occorre godere della sua piena fiducia; affrettare le cose vorrebbe dire essere smascherati e perdere la propria preda prima ancora di aver iniziato ad abusarne. L'approccio deve essere lento e ponderato.

Classicamente la manipolazione inizia con una grande manifestazione di affetto, il cosiddetto *love bombing* che abbiamo definito in precedenza. L'obbiettivo è di agganciare la vittima, possibilmente di farla innamorare; a questo punto il manipolatore può cambiare tattica, ma mai in modo repentino, anzi, ci potrebbero volere settimane; il processo deve essere impercettibile, in modo che la vittima se ne renda conto troppo tardi, quando ormai uscire dal rapporto sarà troppo difficile o troppo doloroso. Coinvolta e innamorata, la vittima non avrà altra scelta che tollerare, sopportare, obbedire; sarà disposta ad accettare cose che mai avrebbe accettato in passato.

Sebbene, come abbiamo detto, non sia banale rendersi conto in tempo di essere caduti preda di un manipolatore, ci sono alcuni segni classici che indicano che una relazione sia potenzialmente nociva. Vediamone alcuni.

- Il manipolatore cercherà sempre di spingere la propria vittima al di fuori della sua zona di comfort. Può farlo da un punto di vista finanziario, fisico, emotivo, la cosa importante è togliere sicurezza ed equilibrio al bersaglio. Questo da un lato permette al manipolatore di assumere il controllo, e dall'altro lo fa apparire come una guida alla quale affidarsi nella difficoltà.
- Per semplificarsi la vita, la prima cosa che il manipolatore farà è cercare di demolire l'autostima della propria vittima. Quando non abbiamo fiducia in noi stessi, siamo più propensi a farci manipolare, perché stiamo cercando in tutti i modi di migliorare la nostra situazione. Ciò che fa il manipolatore, in sostanza è far sentire il proprio bersaglio perennemente inadeguato, per potersi porre come una figura di riferimento da seguire in modo incondizionato.
- La tattica del silenzio. Non appena la vittima farà o dirà qualcosa che non piace al manipolatore, questi ne farà un

affare di stato, si mostrerà offeso a morte e si rinchiuderà nel silenzio. Telefonate, messaggi, mail, qualsiasi tentativo di comunicazione da parte della vittima verrà ignorato. Quando la vittima sarà esausta, pentita, e disposta a tutto pur di recuperare il rapporto, il manipolatore finalmente tornerà indietro, fingendo di perdonare, così da apparire magnanimo e conciliante.

- Il senso di colpa è un'altra arma potentissima, frequentemente utilizzata in ambito oscuro. A nessuno piace sentirsi colpevoli. Quando succede, facciamo di tutto per far sparire il senso di colpa, specie se siamo persone sensibili, ovvero le vittime ideali. Per questo motivo, il manipolatore non perderà neanche una occasione per far sentire in colpa il suo bersaglio, accusandolo e incolpandolo per le cose più assurde.

- I manipolatori tendono a non risolvere i problemi all'interno di una relazione. Questo accade perché in una relazione malsana non c'è vera e propria comunicazione, e comunque perché il manipolatore non ha alcun interesse reale a sistemare le cose. Perché sprecare energie per risolvere un problema, quando si hanno le capacità di convincere il proprio bersaglio che il problema non esiste?

Credo che nessuna delle situazioni qui descritte rappresenti il tipo di relazione che desideriamo avere. Nessuno vuole ritrovarsi invischiato in un rapporto dal quale non si riesce ad uscire, e nel quale l'altra persona ha il controllo totale e ci spinge a fare cose che non vorremmo fare. Tutti vogliamo avere pieno controllo della nostra vita, e desideriamo un partner che sia disposto a concederlo. Poniamoci alcune domande per capire se la situazione sia o meno quella descritta:

- Vengo rispettato?
- Le richieste e le esigenze del mio partner sono ragionevoli? Se fosse qualcun altro a chiedermi le stesse cose, lo accetterei?
- Dare e ricevere sono alla pari all'interno di questa relazione? Non occorre un conteggio preciso, ma c'è una sensazione di equilibrio?

- Mi sento bene con me stesso quando ho accanto questa persona?

Da tutto quello che abbiamo detto finora dovreste aver capito in che situazione vi trovate. Dovrebbe essere chiaro se vi trovate in una relazione manipolativa. Se vi rendete conto che la vostra relazione è nociva, ci sono alcune azioni da intraprendere.

Innanzitutto, siate coscienti dei vostri diritti. Se foste soggetti a manipolazione da lungo tempo, potreste aver perso la capacità di difendervi. Ebbene, al di là di qualsiasi cosa si sia tentato di farvi credere, ricordate che ci sono diritti imprescindibili, che devono sempre e in ogni caso venire rispettati; tra questi il diritto al rispetto, il diritto di esprimere i propri sentimenti e le proprie opinioni, il diritto di stabilire le proprie priorità in autonomia, il diritto a dire di no. È anche vostro diritto avere opinioni diverse dal partner, di sentirsi fisicamente al sicuro, di vivere la vostra vita come preferite.

Ebbene, i manipolatori fanno di tutto per privare i loro partner di questi diritti, per controllarlo e fargli fare ciò che desidera. Non lasciateglielo fare. Se il vostro partner è un manipolatore, la volta prossima che lo incontrate, fate un respiro profondo e iniziate a comportarvi come credete che sia giusto per voi. Siete voi gli unici a dover controllare la vostra vita.

Un'altra cosa da fare, se la situazione non è risolvibile, è semplicemente allontanarsi. Allontanatevi dai manipolatori. Se non riuscite a tagliare i ponti del tutto, cercate almeno di riguadagnare quel minimo di libertà personale. Ricordatevi che la distanza è sempre il rimedio più efficace per la manipolazione. Nel momento che vi sembra di avere bisogno di questa persona, giratevi dalla parte opposta. Il manipolatore vuole proprio questo; che sentiate il bisogno di lui, che vi sentiate male lasciandolo da solo, così da essere costretti a tornare indietro. Ricordate chi siete, ricordate che valete, non cadete nella trappola di chi si finge in difficoltà per ricominciare ad abusare di voi.

Infine, non attribuitevi colpe che non avete. Non siete dei falliti. Non commettete questo errore, perché i manipolatori non aspettano altro che percepire in voi una debolezza per sfruttarla.

Se vi sentite in colpa faranno di tutto per rafforzare il vostro senso di colpa, per farvi sentire il loro dispiacere, la loro delusione. Sanno perfettamente che a nessuno piace convivere con il senso di colpa, e sanno alzare il livello dell'asticella in modo che, per quanto vi sforziate, non riuscirete mai a fare abbastanza per sentirvi in pace con la vostra coscienza. Non cadete in questi tranelli, sono ciò che vi tiene prigionieri e fa di voi un bersaglio ideale.

Conclusione

Ci auguriamo che la lettura di questo libro sia stata informativa a sufficienza, e che vi abbia fornito gli strumenti per raggiungere i vostri obbiettivi, qualsiasi essi siano. Speriamo che abbiate trovato qualche spunto utile, sia nel caso che abbiate deciso di utilizzare queste informazioni per proteggervi da futuri tentativi di manipolazione e controllo, che nel caso che il vostro intento sia di utilizzare queste competenze a vostro vantaggio.

Ricordate che, nonostante il fatto che la psicologia oscura sia stata strumento di azioni efferate e che alcuni dei leader più spietati al mondo l'abbiano utilizzata per raggiungere il potere, in sé non è necessariamente malvagia, e non dovrebbe essere considerata tale.

Considerate la psicologia oscura come una pistola carica; non dovreste mai brandirla se non siete preparati ad usarla e ad affrontarne le conseguenze. L'utilizzo è simile: si tratta di qualcosa che deve essere maneggiato con attenzione e cura, cercando di limitare al massimo i danni alle altre persone.

In tal senso, questo non è un libro scritto per coloro che intendono commettere atti malvagi o recare danno agli altri, vuole invece essere una guida alla comprensione di cosa sia la psicologia oscura, a come venga usata e a come ci si possa da essa difendere.

In queste pagine sono state illustrate diverse tecniche che possono venire utilizzate con profitto: abbiamo ad esempio visto come il linguaggio del corpo possa istantaneamente mettere in comunicazione due persone, permettendo di creare relazioni vantaggiose e aiutarvi a raggiungere i vostri risultati.

Sono stati mostrati vari modi in cui la psicologia oscura può essere utilizzata a scopi etici, e addirittura come venga frequentemente applicata in ambito psicoterapeutico. I principi della psicologia oscura, in effetti, se usati all'interno di un contesto legittimo, possono fare miracoli nell'aiutare pazienti bisognosi di cure; l'onesta persuasione, d'altra parte, è una potente arma per ottenere un lavoro migliore, concludere contratti vantaggiosi e vendere con più efficacia i propri prodotti.

Ora, indipendentemente da quanto esauriente e illuminante possa essere stata la lettura di questo libro, è importante che vi rendiate conto di avere tra le mani un'arma potente. Come decidete di usarla? Per il bene comune o per il vostro egoistico tornaconto? Il prossimo passo è proprio questo. Se siete interessati alla psicologia oscura, se siete determinati ad usarla, usate questo libro come un punto di partenza, come una spinta a voler approfondirne i diversi aspetti e le varie tecniche.

Questo libro vuole essere semplicemente una guida introduttiva, e ci si augura che, qualsiasi utilizzo ne facciate, vi possa fare piacere tornare a sfogliarlo di tanto in tanto, per rivedere rapidamente le basi di questa affascinante dottrina.

COME ANALIZZARE LE PERSONE

LEGGI IL LINGUAGGIO DEL CORPO, UTILIZZA L'EMPATIA E INFLUENZA GLI ALTRI TRAMITE LA PSICOLOGIA OSCURA E LA MANIPOLAZIONE; CONTRASTA NARCISISTI E VAMPIRI PSICHICI

Phil Anger

Introduzione

Quando prendiamo in esame il comportamento umano e le tecniche tramite il quale possiamo analizzarlo, dobbiamo tenere presente che, in fondo, siamo animali. Come pesci, uccelli e insetti, siamo tutti figli di un'unica incredibile creazione.

Gran parte del nostro comportamento deriva dall'evoluzione; durante il nostro progresso come specie, abbiamo inizialmente sviluppato modelli comportamentali per assicurarci di sopravvivere, successivamente abbiamo adottato norme sociali per poter convivere al meglio con i nostri simili, all'interno di una società civile.

Da iniziali cacciatori-raccoglitori, siamo diventati agricoltori e allevatori, e come tutte le specie animali abbiamo sviluppato comportamenti tipici relativamente al corteggiamento, alla difesa, alla caccia, alla socializzazione.

È importante in effetti, quando si cerca di analizzare il comportamento di una persona, non considerare semplicemente il suo stato d'animo, ma anche la componente istintiva, o componente animale; in quanto animali, proviamo intense pulsioni per determinate cose: sesso, cibo, piacere, conservazione; da queste necessità scaturiscono tutti i nostri comportamenti, sia quelli consapevoli che quelli inconsci.

Freud ha sostenuto che la psiche umana sia divisibile in tre sezioni distinte: la prima, la mente conscia, riconducibile alla razionalità e alla logica; la seconda, il subconscio, rappresenta i desideri, le emozioni; infine la mente inconscia, la più primitiva delle tre, nella quale troviamo l'istinto e le pulsioni; in questa parte della nostra mente non c'è spazio per il pensiero consapevole, qui troviamo la creatività, i gesti involontari, i sogni, le emozioni. Comunicare con la mente inconscia è estremamente difficile, e tuttavia essa influenza ogni nostro gesto, ogni nostro comportamento. Per questo motivo, quando osserviamo le persone e cerchiamo di analizzarne i comportamenti, non risulta affatto semplice capirne le cause scatenanti.

Indubbiamente esistono teorie ed esperimenti che possono aiutare nell'interpretazione del comportamento umano, e da questo punto di vista il primo psicologo ad analizzarlo sperimentalmente è stato Burrhus Frederic Skinner (1904 – 1990). Skinner, tra gli psicologi più influenti del XX secolo, ha sviluppato la teoria del comportamentismo radicale, secondo la quale la frequenza con la quale un certo comportamento si verifica risulta modificabile tramite il condizionamento, di fatto rendendo scientificamente misurabile il comportamento umano. In altre parole, il giudizio qualitativo del comportamentismo classico è stato sostituito da un giudizio quantitativo, oggettivo e rigorosamente valutabile.

Il comportamentismo radicale di Skinner ha dato vita a una delle scuole di pensiero psicologiche più influenti di tutta la storia della scienza, riuscendo a dare senso compiuto a tutta l'evoluzione comportamentale umana, e permettendo di spiegare l'origine profonda e le cause scatenanti della maggior parte dei comportamenti più comuni; tra le altre cose, ha chiaramente indicato come praticamente tutto ciò che facciamo sia legato all'istinto di auto-conservazione. Senza che ce ne rendiamo conto, l'istinto di auto-conservazione governa tutti i nostri desideri, da quelli più razionali a quelli più inconsapevoli; si tratta, di fatto, della molla che ha innescato e plasmato l'evoluzione della razza umana lungo tutta la sua storia.

Capitolo 1. Tecniche per Leggere le Persone

Vediamo alcune tecniche principali che possono essere di grande aiuto per interpretare il comportamento delle persone e, di fatto, riuscire ad analizzarle e imparare tutto il possibile su di loro.

Osservare il Linguaggio del Corpo

La ricerca scientifica ha dimostrato che le parole che pronunciamo, rappresentano in effetti solo il 7% della nostra capacità comunicativa. Il tono della voce dice molto di più; ancora di più, fino al 55%, viene comunicato agli altri tramite il linguaggio del corpo. In altre parole, per capire a fondo una persona risulta più utile focalizzarsi su quello che il suo corpo comunica, piuttosto che su cosa ci stia dicendo.

Prendiamo ad esempio la postura: una persona che si erge in mezzo alla stanza, a testa alta, è una persona sicura di sé. Al contrario, chi cammina in modo circospetto, quasi rannicchiandosi, difficilmente avrà stima in sé stesso. La postura di una persona dice moltissimo sulla considerazione che ha per sé stesso e su come si rapporti alle altre persone.

Osserviamo i movimenti e l'atteggiamento; le persone hanno la tendenza ad avvicinarsi e a inclinarsi verso le persone e le cose che risultano gradite, e al contrario ad allontanarsi da ciò che ritengono sgradevole. Se una persona incrocia le gambe o le braccia, sta mostrando un atteggiamento difensivo, o un sentimento di rabbia o irritazione; al tempo stesso, una persona con le gambe incrociate, tende a puntare il piede sollevato verso la persona con la quale si sente più a suo agio. È un indicatore importante.

Una persona che nasconde le mani, non si sta comportando onestamente; le mani in tasca, in grembo o dietro la schiena indicano mancanza di sincerità. Chi si mordicchia le dita o le labbra è probabilmente teso o stressato, perché questa gestualità aiuta a ritrovare la calma.

È fondamentale, infine, osservare a fondo le espressioni facciali della persona che stiamo cercando di analizzare; è davvero sorprendente come il viso di una persona riesca a manifestare una quantità di diverse emozioni; anche una osservazione superficiale dell'espressione riesce a fornire moltissime informazioni sullo stato d'animo.

Quando sul viso di una persona si manifestano profonde rughe di espressione, probabilmente questa persona è preoccupata e pensa continuamente ad un determinato evento, o a una decisione importante. D'altra parte, le zampe di gallina agli angoli degli occhi indicano una persona che sorride facilmente, che probabilmente ha un carattere gioioso e una attitudine positiva.

Una persona che increspa regolarmente le labbra probabilmente si sente amareggiata, o prova disprezzo o addirittura rabbia per qualcosa o qualcuno. Il digrignare i denti, o serrare la mascella invece indica inequivocabilmente una qualche forma di tensione.

Prestare attenzione agli indizi comunicati tramite le espressioni facciali permette di ottenere informazioni sulle persone che, diversamente, non avremmo mai ottenuto; ricordate che il volto dice ciò che le parole non dicono; addirittura, a volte l'espressione di una persona racconterà una storia opposta a quella comunicata tramite le parole. Saper leggere volto e occhi delle persone ci rende maggiormente consapevoli nei loro confronti, e permette, quando lo desideriamo, di aprirci con loro e aiutarle quando se ne presenti la necessità.

Ascoltare le Proprie Intuizioni

Quando interagiamo con le altre persone, è sempre bene tenere presente le nostre intuizioni. A volte si riesce a percepire le emozioni degli altri anche andando oltre all'interpretazione di ciò che le loro parole e il loro corpo stiano comunicando. Quando parliamo di intuizione ci riferiamo proprio a questo: non ci basiamo su ciò che la razionalità ci dice, ma su quello che percepiamo a livello di stomaco. Non si tratta di qualcosa di tangibile, non possiamo parlare di informazione verbale, e non per forza ci sarà una logica dietro la nostra percezione. A volte l'intuizione ci permette di andare oltre a ciò che è ovvio, rivelando una storia più complessa e, in definitiva, aiutandoci a proteggere noi stessi.

È fondamentale seguire il proprio istinto, ascoltare ciò che dice, e questo vale soprattutto la prima volta che incontriamo una persona. Questo tipo di reazione è più veloce di qualsiasi pensiero razionale. Potrebbe apparire insensata, potreste non riuscire a spiegarvi il perché proviate una certa sensazione nei confronti di qualcuno, ma di fatto sarà una sorta di misuratore di sincerità interiore, che vi comunicherà se facciate bene o meno a fidarvi di questa persona. A volte questo tipo di reazione si manifesterà come una sorta di brivido, un formicolio sottopelle, che ci comunica che il nostro intuito è al lavoro, che il nostro istinto è stato risvegliato da qualcosa che è stato detto, da un gesto. È una sensazione molto simile al déjà-vu, è come se, anche se non l'abbiamo mai incontrata prima, conoscessimo quella persona da sempre. In effetti, a volte questo accade improvvisamente, nel bel mezzo della conversazione, senza un motivo apparente. Stiamo ascoltando, magari anche distrattamente, e all'improvviso scatta qualcosa. Bisogna prestare attenzione a questi segnali, perché è facile che, trascurandoli, vengano perduti, e non ce ne si ricordi più un istante dopo.

Percepire l'Energia Emotiva

L'emozione che percepiamo entrando in un ambiente è una forte indicazione dell'energia delle persone che vi troviamo. Non è facile raccogliere questa percezione a livello cosciente, ma al nostro subconscio non passerà inosservata. Non vi è mai successo di incontrare persone che, quando le avvicinate, vi fanno sentire bene? Persone che, appena varcano la soglia, migliorano il vostro umore? Al contrario, non vi è mai successo di provare un inspiegabile fastidio fisico nei confronti di una determinata persona, che dà l'impressione di risucchiare le vostre energie? Una persona dalla quale desiderate solo allontanarvi il prima possibile? Si tratta di sensazioni slegate da qualsiasi stimolo visivo, ma a volte le percepite corporalmente, come se partissero dalla punta delle dita.

A questo punto, una volta stabilita l'importanza di leggere l'energia emotiva delle persone che ci circondano, come possiamo riuscirci? Ci sono alcuni passi da seguire.

Cercate di percepire la presenza degli altri. Percepite l'energia che irradiano. Non ha niente a che vedere con i comportamenti o le parole. Mentre vi interrogate su una certa persona, cercate di captare le sensazioni istintive che vi colpiscono. Percepiamo amichevolezza, attrattiva? O ci vengono i brividi e proviamo un incontrollabile impulso ad allontanarci?

Guardate sempre gli occhi delle persone; rispecchiano l'energia interiore. Il cervello genera un potente segnale elettromagnetico, e gli occhi sono in grado di proiettarlo. Prendetevi un momento per prestare attenzione agli occhi della persona che cercate di analizzare; potreste restare stupiti dalla quantità di informazioni che ne ricaverete.

Un'altra cosa a cui prestare grande attenzione è il contatto fisico. Fate caso alle vostre sensazioni; sia che si tratti di una stretta di mano, di un abbraccio, di un contatto casuale. Tramite il tocco le persone condividono la propria energia, come se fosse corrente elettrica. Quando toccate una persona chiedetevi se il suo tocco sia rassicurante, o al contrario sia così spiacevole da farvi ritrarre.

Infine, valutate la voce delle persone, la loro risata. Tono e volume dicono molto sulle nostre emozioni; le frequenze sonore creano vibrazioni, e queste vibrazioni ci comunicano sensazioni che a loro volta ci trasmettono informazioni. Che sensazioni ci trasmette la voce di quella determinata persona? Il suo tono è rassicurante? O al contrario suona lamentoso, irritante o altro?

In definitiva, sono molte le informazioni da cogliere, e molti i modi per coglierle, quando si tratta di analizzare una persona. Ovviamente il metodo migliore è legato al tipo di situazione, al rapporto che avete con quelle persone; alcuni metodi sono maggiormente appropriati, e forniscono informazioni più significative, rispetto ad altri. Naturalmente si tratta di un processo che richiede applicazione e dedizione, e neanche così sarete automaticamente in grado di analizzare istantaneamente tutte le persone che incontrerete nella vostra vita.

Capitolo 2. Linguaggio del Corpo per Principianti

Quando le persone comunicano, generalmente il volto è il punto focale della comunicazione. Le labbra in particolare rivelano parecchi indizi sui sentimenti di una persona. Quando le labbra vengono ritratte all'interno della bocca, in genere si sta cercando di nascondere qualcosa. Questa persona potrebbe voler condividere con voi una informazione confidenziale, ma qualcosa la blocca. È come se nel tentativo di inghiottire le labbra, esprimesse fisicamente la decisione di interrompere la comunicazione.

Segnali delle Labbra

In molti attribuiscono un carattere triste alle persone che rivolgono verso il basso gli angoli della bocca. In realtà, ci sono persone che assumono spesso questa espressione, che potrebbe rivelare un tumulto interiore, o un dolore o preoccupazione. Spesso capita di incontrare individui malinconici, sul lavoro o nella vita personale. Fate attenzione all'orientamento degli angoli della bocca, spesso risulta essere un segnale veritiero dell'indole infelice.

Quando una persona si morde spesso le labbra, potrebbero essere soggetti ad ansia cronica o essere fortemente a disagio. Molte volte quando la conversazione risulta sgradevole, il fastidio e il nervosismo si manifestano proprio tramite il morso. Si tratta di una sorta di difesa, una scappatoia, un esercizio per alleviare lo stress.

Segnali del Naso

Spesso tendiamo a trascurare il naso, ma anch'esso comunica molte informazioni; tramite il naso possiamo segnalare aggressività, dispiacere, concentrazione. Le persone immerse nei loro pensieri hanno la tendenza a giocherellare con la punta del naso, torcendola o premendola tra le dita. Un pizzicotto più comunicare frustrazione, probabilmente quella persona non riesce a trovare una soluzione al suo problema.

Vi sarà successo più di una volta di osservare una persona che viene provocata, e la reazione che ne consegue. Prestate attenzione al suo naso, e potreste prevedere questa reazione. Le narici allargate indicano un'ondata di adrenalina, dovuta a una estrema rabbia. Può darsi che questa persona abbia raggiunto il limite della sopportazione, e che stia per esplodere. Se notaste questo segnale nella persona con cui state parlando, potrebbe essere una buona idea smorzare i toni, lasciarla tranquillizzare, cambiare magari argomento. Non è mai una buona idea spingere le persone fino a questo punto, se non desiderate scatenare una reazione violenta, probabilmente verbale, ma forse anche fisica.

Ciò Che Dicono le Sopracciglia

La fronte, e di conseguenza le sopracciglia, lavorano in sinergia con gli occhi per comunicare diverse emozioni, ad esempio una leggera sorpresa. Magari state raccontando una storia particolarmente emozionante, e il vostro interlocutore la giudica un po' esagerata; ebbene, la fronte corrugata potrebbe comunicare incredulità. Questo non significa che vi si consideri un bugiardo, magari abbiamo detto qualcosa di particolarmente inaspettato, che spinge il nostro interlocutore a volerne sapere di più.

Le sopracciglia di una persona possono essere espressive quanto i suoi occhi. Essendo relativamente flessibili, le si può letteralmente animare. Abbiamo visto un attimo fa che la fronte corrugata può esprimere sorpresa; quando questo accade, le sopracciglia in genere si sollevano. Questa espressione del viso è in genere utilizzata dagli illustratori e fumettisti, quando vogliono rappresentare il sussulto di una persona dovuto ad una rivelazione inaspettata.

D'altra parte, le sopracciglia abbassate si possono legare ad un gran numero di diverse emozioni, dalla confusione all'irritazione. Spesso semplicemente indicano che una persona sta riflettendo, ma in alcuni casi indicano mancanza di rispetto, disapprovazione. In una discussione, una frase inopportuna può letteralmente scatenare una tempesta di sopracciglia abbassate e teste reclinate all'indietro.

Avrete sicuramente notato, quando guardate un cartone animato, e un personaggio ammicca in direzione di una bella ragazza, un movimento in su e giù delle sopracciglia. Si tratta ovviamente di una rappresentazione estrema, pensata per fare ridere, ma in effetti i disegnatori hanno ragione, dal momento che l'alzarsi e abbassarsi delle sopracciglia indicano riconoscimento, apprezzamento; le nostre sopracciglia si muoveranno in questo modo, ad esempio, se ci capiterà di incontrare per caso al bar un vecchio amico.

Abbiamo fin qui visto una serie di indizi comunicati dal viso delle persone, lasciando di proposito gli occhi da parte, perché ce ne occuperemo in dettaglio più avanti. Nonostante il viso sia spesso il centro della comunicazione, è bene sapere che anche il corpo riesce a comunicare una grande quantità di sentimenti e stati d'animo.

Segnali del Corpo

Quando si è impegnati in una conversazione, inclinarsi verso il proprio interlocutore denota interesse. Similarmente, durante una cena romantica può succedere di puntare totalmente in direzione del proprio partner; quando questo accade, ogni parte del corpo si rivolge verso l'altra persona. Dita delle mani, dei piedi, ginocchia, naso, tutto punta verso la persona dalla quale ci sentiamo attratti. Addirittura, se teniamo le gambe piegate, indirizzarle verso il partner è un chiaro segnale di desiderio sessuale.

Una schiena ricurva, con le spalle strette, indica ansia o tristezza. Quando invece il nostro corpo si richiude su sé stesso, probabilmente abbiamo paura; si tratta di un tentativo istintivo del nostro corpo di proteggersi.

Quando un bambino è imbarazzato, la sua testa, le sue spalle e le sue braccia si abbassano visibilmente; in un adulto i segnali sono simili ma più sottili, perché abbiamo imparato che, socialmente parlando, è bene nascondere sentimenti come l'imbarazzo, l'ansia e la paura. Alla radice di tutte le emozioni negative come imbarazzo, ansia, tristezza, troveremo sempre la paura. Paura dell'ignoto, paura di ciò che pensano gli altri, paura del futuro... in tutti questi casi, richiudendo il nostro corpo su sé stesso riusciamo a sentirci immediatamente più sicuri, meno vulnerabili. Vediamo un esempio. Vi sarà capitato di commettere un errore sul lavoro, e magari il vostro capo vi ha affrontato, e il suo umore non era dei migliori; probabilmente vi sarete sforzati di mantenere un atteggiamento sicuro e una posizione eretta, per dare forza alle vostre argomentazioni. Se avete vissuto questa sensazione, vi sarete resi conto di quanta fatica possa costare mantenere una posizione aperta quando ci sentiamo minacciati e imbarazzati.

Il petto è un'altra parte del corpo frequentemente utilizzata per comunicare, soprattutto in caso di corteggiamento. Gli uomini gonfiano il petto per esprimere mascolinità, le donne lo espongono per risultare seducenti, a volte ruotandolo leggermente per enfatizzare la forma del seno. Incurvare in torace, al contrario, è un tipico meccanismo di protezione.

Abbiamo già detto che, per riuscire ad analizzare efficacemente le persone, occorre considerarne l'aspetto animale; ebbene, gli animali hanno un linguaggio del corpo molto simile, quando si tratti di comunicare dominio o, al contrario, sottomissione. Quando un lupo vuole comunicare sottomissione nei confronti del suo capobranco, curva il petto, come a nascondere la propria forza; e una posa che comunica che non si sta cercando il conflitto, che si hanno sentimenti pacifici. Ebbene, gli uomini fanno lo stesso. Un dirigente di successo può incurvare il petto quando desideri mostrarsi umile e accessibile ai suoi sottoposti.

In questo caso, una posizione che in altre occasioni potrebbe indicare insicurezza, vuole invece significare disponibilità, amicizia, magari anche rispetto e considerazione.

Segnali delle Spalle, del Collo e dei Fianchi

In modo del tutto analogo, spalle, collo e schiena erette indicano fiducia, sicurezza. Ci sono casi, però, in cui in desiderio di imporre il proprio potere e la propria autorità possono portare le persone a incombere sugli altri, a sovrastarli, a intimidirli. Ebbene, in questo caso spesso le spalle, pur rialzate, a volte tendono a stringersi leggermente; che significa? Forse quella persona non è poi così sicura di sé stessa? Forse inconsciamente si sta difendendo? Questo è un indicatore utilissimo per smascherare persone che vogliono apparire forti e dominanti, ma nel loro profondo sono sostanzialmente insicure.

La schiena, peraltro, è un indicatore molto chiaro e diretto dello stato d'animo delle persone. Se state conversando con qualcuno, e il vostro interlocutore tiene le spalle dirette in un'altra direzione, probabilmente non è interessato a quello che gli state dicendo; o magari cerca di mettervi in difficoltà, esprimendo la sua superiorità; non concedendovi la sua attenzione si sta dimostrando sprezzante e inaccessibile, come se non la meritaste.

I movimenti dei fianchi sono più sottili e meno percettibili, ma non per questo meno potenti, dal momento che riguardano quasi sempre la sfera sessuale. I fianchi di una persona possono invitare o respingere i potenziali partner. I fianchi che ondeggiano, o spinti all'infuori, sono un chiaro invito al flirt. Molte persone manifestano la loro attrazione in questo modo. Fate caso, inoltre, alla direzione verso la quale i fianchi solo rivolti, e scoprirete l'oggetto del desiderio.

In sostanza, il linguaggio del corpo è un magnifico strumento di comunicazione, che permette alle persone di esprimersi in modo non verbale. Le associazioni tra posture, gesti ed emozioni sono molto spesso veritiere, di fatto rendendo il linguaggio del corpo un potentissimo mezzo per interpretare gli stati d'animo di chi ci circonda. Padroneggiarne l'interpretazione significa di fatto comprendere i principi fondamentali della psicologia umana; in effetti analizzare il linguaggio del corpo significa utilizzare gli stessi schemi di pensiero caratteristici degli psicologi. Può sembrare che l'analisi delle posture e dei gesti sia qualcosa di semplice, ma immergendoci più a fondo nella materia avremo modo di constatare che quanto questa forma di comunicazione possa rivelarsi intricata e ricca di sfumature.

Capitolo 3. Il Linguaggio del Corpo: Approfondimenti

I movimenti della testa sono tra i segnali più semplici da interpretare, tuttavia occorre conoscerli, perché normalmente le persone non sono abituate a riconoscerli e fanno fatica ad attribuire loro il corretto significato. Esaminiamo due scenari.

Movimenti della Testa

Nel primo, un candidato ad ottenere un posto di lavoro deve esporre il proprio caso e dimostrare di essere la scelta migliore possibile. Durante la sua esposizione, il responsabile delle assunzioni annuisce più volte in rapida successione. Il candidato, che non conosce il linguaggio del corpo, continua disperatamente la sua opera di convincimento, senza rendersi conto di stare solo perdendo il suo tempo.

Secondo scenario, medesima situazione. Ad un certo punto, durante l'esposizione del candidato, il responsabile delle assunzioni si piega all'indietro, inclinando la testa da un lato. Il candidato, che non conosce il linguaggio del corpo, al posto che soffermarsi su quel punto del discorso e spiegarlo a fondo, spreca la sua opportunità e prosegue imperterrito, come un pappagallo.

Vediamo il significato di questi movimenti della testa. Quando una persona annuisce ripetutamente, in rapida successione, probabilmente è annoiata e non vede l'ora di smettere di ascoltare. Se il candidato del primo esempio lo avesse saputo, avrebbe potuto cercare di cambiare strategia, o perlomeno si sarebbe evitato una umiliazione.

Al contrario, un lento cenno della testa indica interesse, curiosità. Anche la testa leggermente inclinata di lato trasmette lo stesso messaggio. Un candidato maggiormente consapevole dovrebbe aspettare questo segnale e sfruttarlo a proprio vantaggio, perché in quel momento è riuscito a catturare l'attenzione del suo interlocutore. Peraltro, la testa inclinata all'indietro potrebbe anche manifestare sospetto, incertezza, confusione, specie in concomitanza di un leggero cambiamento dell'espressione del viso. Il candidato del secondo scenario avrebbe avuto tutto l'interesse a chiarire meglio le sue affermazioni e ad assicurarsi di non essere stato frainteso.

Se si sta discutendo con un gruppo di persone, e si sta esponendo una teoria, e uno dei presenti inizia a grattarsi la mascella, probabilmente questa persona non è d'accordo con noi. In questi casi è sempre meglio prepararsi a lasciare che anche gli altri espongano il loro punto di vista.

Leggere il Viso

Il viso delle persone è in grado di esprimere sostanzialmente tutte le emozioni, ed è una forma di comunicazione talmente efficace che anche i bambini e addirittura i neonati hanno la capacità di interpretarla. Tutti sappiamo che il sorriso rivela felicità, soddisfazione, mentre il cipiglio indica rabbia o tristezza. In realtà, questo risulta vero anche quando la persona che stiamo esaminando stia cercando di dare un'impressione differente. Se qualcuno ci comunica di stare bene, ma l'espressione è corrucciata, probabilmente non sta dicendo la verità. Spesso l'espressione del viso è l'indicatore principale per permetterci di capire se una persona meriti la nostra fiducia o meno. Secondo una ricerca, "un'espressione facciale degna di fiducia comporta un leggero sorriso e un leggero sollevamento delle sopracciglia" (Duenwald, 2005); in effetti, questo tipo di espressione trasmette immediata cordialità.

Le espressioni facciali costituiscono una forma di comunicazione universale in gradi di esprimere una vasta gamma di emozioni come tristezza, paura, panico, ansia, preoccupazione, disgusto, diffidenza, felicità e molte altre; l'aspetto veramente notevole è che, in sostanza, le espressioni facciali cambiano poco da una persona all'altra. Per questo motivo, chi vuole nascondere le sue vere intenzioni, cerca spesso di controllare il proprio viso, ma è molto difficile riuscirci, e nonostante sia possibile controllare le caratteristiche più evidenti come sorriso, broncio, sopracciglia inarcate, una attenta analisi dell'espressione riesce quasi sempre a rivelare il messaggio nascosto. Vediamo un esempio esplicativo.

Quando una persona sorride, e il sorriso illumina tutto il viso, si tratta di un sorriso caldo, genuino. È un segnale inequivocabile di felicità, possiamo stare sicuri che la persona stia godendo della nostra compagnia. Un falso sorriso, d'altra parte, è un modo educato per dimostrare approvazione, ma magari questa persona non è d'accordo con noi, o addirittura non gradisce la conversazione. Per capire se ci troviamo in questa situazione, basta osservare l'angolo degli occhi: se la pelle è distesa, se non ci sono grinze, il sorriso non è veritiero.

La Finestra degli Occhi

Gli occhi dicono molto di una persona, non per niente sono definiti come lo specchio dell'anima. Quando interagiamo con una persona, è buona norma tenere ben presente quello che i suoi occhi comunicano, il che tra l'altro risulta anche istintivo. Gli aspetti da valutare sono diversi: il nostro interlocutore mantiene il contatto visivo o distoglie lo sguardo? Ha la tendenza ad ammiccare? Quanto spesso? Le sue pupille sono dilatate? Vediamo alcuni indizi che aiutano a interpretare il linguaggio non verbale trasmesso dagli occhi.

Lo sguardo è la prima cosa a cui prestare attenzione; una persona interessata, che segue con attenzione la conversazione, generalmente vi guarderà negli occhi mentre parlate. Naturalmente di tanto in tanto interromperà il contatto visivo, perché fissare una persona troppo a lungo non è confortevole. Se le interruzioni sono continue, e magari il vostro interlocutore gira anche la testa, potete stare sicuri che è distratto, o addirittura disinteressato, annoiato. Ancora, magari si sente a disagio, oppure cerca di nascondere i propri pensieri.

Cercate ora di focalizzarvi sulle palpebre di chi avete di fronte. Sbattere le palpebre è un gesto naturale, è interessante però osservare la frequenza. Una persona che si sente in difficoltà, a disagio, ha la tendenza a sbattere le palpebre più frequentemente. Invece, una persona che batte le palpebre di rado, probabilmente sta cercando di controllare il movimento dei propri occhi, si sta sforzando di guardare in una determinata direzione.

Infine, prestate attenzione alle dimensioni della pupilla. Non è semplice valutare questo indicatore, perché la pupilla cambia innanzitutto dimensione in base alla quantità di luce nella stanza; detto questo, sappiate che anche le emozioni hanno influenza sulle sue dimensioni, per quanto in misura minore. Ad esempio, una pupilla particolarmente dilatata indica profondo interesse, eccitazione. Magari disponibilità al corteggiamento?

Movimenti delle mani

La posizione e i movimenti delle mani offrono una varietà di segnali piuttosto semplici da analizzare. Vediamone alcuni in dettaglio.

Spesso capita di vedere persone che tengono insistentemente le mani in tasca. Probabilmente queste persone non sono del tutto a proprio agio, si pongono sulla difensiva. Oppure non sono sinceri, stanno cercando di nascondere le loro intenzioni. All'interno di un gruppo, o durante una riunione di lavoro, se vedete che una persona mentre parla indica inconsciamente in direzione di una seconda persona, probabilmente sa o ritiene di avere idee in comune con quest'ultima.

Tenete presente che se, durante una discussione, una persona frappone inconsciamente tra voi e lei un oggetto, vi manifesta il bisogno di bloccarvi in qualche modo. Se succede, concentratevi su questa persona, cercate di guadagnarne l'approvazione, perché probabilmente non è d'accordo con voi.

Chi parla con i palmi delle mani rivolte verso l'altro, probabilmente sta parlando con sincerità. Al contrario di chi tiene le mani in tasca, questa persona non ha nulla da nascondere.

La Bocca

I movimenti e le espressioni della bocca sono uno dei punti cruciali nella lettura del linguaggio del corpo. Credo che sia noto a tutti, e lo abbiamo già detto: è altamente che una persona insicura, ansiosa o preoccupata abbia la tendenza a mordicchiare il labbro inferiore. Vediamo altre forme di comunicazione non verbale riconducibili alla bocca e alle labbra.

Una persona che copre la bocca potrebbe semplicemente stare sbadigliando, ma ci sono persone che lo fanno anche per mascherare la propria emotività o attenuare la propria espressione facciale, che sia un sorriso o una smorfia.

Quando stringe le labbra segnala disaccordo, disapprovazione. Al limite, disgusto.

Prestate attenzione all'orientamento degli angoli della bocca, per quanto lieve; se sono rivolti verso l'alto indicano felicità, soddisfazione, buon umore. Al contrario, se sono rivolti verso il basso, per quanto lievemente, indicano quasi sempre tristezza o dispiacere.

Body Mirroring

Quando si parla di body mirroring, ossia letteralmente rispecchiare il corpo, ci si intende riferire all'atto, consapevole o inconsapevole, di imitare la postura e i gesti di un'altra persona. Come funziona?

Se siete così bravi da accorgervi che qualcuno sta imitando la vostra postura, allora potrete affermare che molto probabilmente piacete a questa persona. Per verificarlo provare a modificare leggermente la vostra posizione, e osservate il vostro interlocutore: lo fa anche lui?

Se decidete di adottare questa tattica per risultare simpatici a qualcuno, assicuratevi di non imitare i suoi segnali negativi, oppure otterrete il risultato opposto. Lo stesso vale se state cercando di fare amicizia con un collega o, peggio, se cercate di entrare nelle grazie del vostro capo. Se veniste scoperti, le conseguenze non sarebbero piacevoli. Inoltre, questa tecnica non funziona tra persone di sesso differente, il che è abbastanza ovvio. Tra donne è abbastanza frequente, gli uomini invece la gradiscono particolarmente; non c'è modo migliore per fare rapidamente amicizia che imitare la gestualità, e al limite anche il modo di vestirsi.

Postura e Compostezza

Quando incontriamo una persona per la prima volta, molto spesso notiamo per prima cosa la sua postura. Potrebbe essere il modo di stare seduti, il modo di stare in piedi, il modo di camminare, ma la postura comunica sempre un messaggio, che sia apertura, difesa, cordialità, sicurezza, fascino o aggressività. Di fatto, analizzare la postura di una persona è come dare uno sguardo d'insieme alla sua personalità.

Chi siede con la schiena ben dritta durante una conversazione, è molto probabilmente attento e concentrato. Chi si annoia, chi è distratto, più facilmente avrà la schiena piegata. Fate bene attenzione alla vostra postura, potreste mandare un messaggio sgradevole.

Una posizione aperta, che espone gran parte del corpo, indica un atteggiamento amichevole, disposto all'interazione, interessato. Al contrario, un atteggiamento di chiusura, ostilità, ansia, facilmente corrisponde a una postura nella quale il corpo si chiude su sé stesso, magari con le mani in grembo e le gambe incrociate.

Orientamento del Corpo

L'orientamento del corpo dice davvero tanto, in particolare rivela dove sia diretta l'attenzione di una persona. Quando una persona si trova in gruppo, cercate di notare la direzione verso la quale il suo corpo è diretto; ebbene, se non è diretto verso il suo interlocutore, probabilmente la sua attenzione è altrove, rivolta ad un'altra persona. Oppure la conversazione non gli è gradita e inconsciamente sta cercando una via di fuga. Lo stesso possiamo dire per la direzione delle gambe. Una persona che non cede l'ora di abbandonare una riunione o comunque una interazione sgradita, rivolge istintivamente le gambe verso la porta, ovvero verso la direzione che desidererebbe prendere.

I Gesti

Molte persone hanno la tendenza a gesticolare quando parlano; analizzare i loro gesti può risultare utile e interessante. Teniamo innanzitutto presente che i gesti delle persone variano molto tra culture differenti: detto questo, come regola generale possiamo affermare che, a parità di provenienza, le persone che gesticolano di meno sono più riservare e riflessive e, generalmente, appartengono a un ceto sociale più elevato.

Un'altra cosa che possiamo dire è che l'abbondanza della gestualità potrebbe denotare insicurezza: come una botte risuona più forte quando è vuota, allo stesso modo le persone sicure di sé, autorevoli o comunque influenti non sentono la necessità di enfatizzare le loro parole accompagnandole con gesti esagerati.

Esaminiamo un altro aspetto. A che altezza del corpo si gesticola? Cosa significa? Chi gesticola tenendo le mani basse, all'altezza della vita, dimostra calma, ragionevolezza, autocontrollo. Man mano che si procede verso l'alto, più le mani si alzano, più la gestualità acquisisce carattere di emotività. I gesti ad altezza del petto dimostrano sincerità, desiderio di essere compresi. Quando arriviamo all'altezza della testa in genere esprimiamo emozioni forti, quali rabbia, disperazione, oppure esultanza.

Le Distanze

La distanza che le persone mantengono tra loro è l'ennesimo indicatore che abbiamo la possibilità di osservare e analizzare. Chi desidera parlare o comunque interagire con voi vi si avvicinerà, e addirittura potrà sporgersi nella vostra direzione; questo indipendentemente dal fatto che vi si voglia vendere qualcosa, che si tratti di una intervista o di un approccio romantico. Fate caso invece che se c'è tensione o disaccordo tra due persone, non le vedrete mai una vicina all'altra; se una delle due si avvicinasse inavvertitamente, l'altra troverebbe un modo per spostarsi istantaneamente.

Conseguentemente, se state parlando con una persona e questa arretra, è evidente che non ha più desiderio di interagire con voi. Abbiamo già visto che l'orientamento del corpo, delle gambe, dei piedi sono segnali decisivi: se puntano lontano da voi, a breve anche il vostro interlocutore si distanzierà e finirà per disinteressarsi totalmente. Al contrario, chi ha piacere di parlare con voi non avrà alcun problema a starvi di fronte.

Capitolo 4. Analizzare Sé Stessi

Lo scopo ultimo su cui siamo focalizzati è l'analisi e l'interpretazione del comportamento delle persone e, di conseguenza, la comprensione dei loro stati d'animo e delle loro intenzioni. D'altra parte, potremmo anche avere acquisito queste capacità ad un buon livello, ma se non riusciamo ad analizzare innanzitutto noi stessi, perderemo l'occasione di riuscire ad applicarle anche alla nostra persona. Risulta molto utile scoprire cosa ci tiene legati a determinati modelli comportamentali che potremmo anche considerare sbagliati, e scoprire quali sono i mezzi per modificarli o abbandonarli.

Generalmente i comportamenti delle persone sono dovuti a una sorta di vantaggio psicologico che ne deriva; potreste esservi abituati a mangiare troppo, a parlare troppo poco, a stare troppo davanti alla TV, a fare shopping compulsivo e via discorrendo: in tutti questi casi, probabilmente avrete adottato queste abitudini perché ne avere ricavato un qualche ritorno, una qualche ricompensa. Quello che occorre fare è cercare di stabilire il nesso tra le proprie esigenze psicologiche e il comportamento nocivo che abbiamo adottato, perché solo allora troverete un modo per modificarlo o per trovare una alternativa più vantaggiosa.

Ci sono molte differenti ricompense che derivano dal praticare una cattiva abitudine. Riuscite a identificare quelle legate alle vostre? Mentre leggete questo capitolo provate a immedesimarvi nelle varie casistiche, se qualcosa vi suona familiare provate ad analizzare la vostra situazione; quali sono le ricompense psicologiche che vi hanno legato a quel determinato modello comportamentale?

Ci sono varie categorie di ricompense che derivano dall'acquisizione di abitudini. Vediamone alcune.

Ricompense Emotive

È bene puntualizzare che l'acquisizione di una abitudine può essere legata al verificarsi di conseguenze piacevoli, come anche al verificarsi di conseguenza spiacevoli. Anzi, nella maggior parte dei casi saranno presenti entrambe le casistiche. Vediamo un esempio. Supponiamo che siate a dieta, e una sera decidiate di trasgredire, riempite il carrello al supermarket, accendete la TV, vi sedete sul divano e mangiate fino a scoppiare. Probabilmente vi sentirete in colpa per la vostra incapacità di raggiungere i vostri obbiettivi, ma al tempo stesso ci sarà un brivido di eccitazione legato all'aver infranto una regola che vi eravate posti. In definitiva, quale delle due prevale? In definitiva, le abitudini acquisite provocano due diversi tipi di meccanismo psicologico.

1. Praticare un certo comportamento vi rende meno dipendenti dalle emozioni positive? Ad esempio, la soddisfazione che ne deriva rende maggiormente tollerabile l'assenza di soddisfazione, di gioia, di tranquillità?
2. Al contrario, la pratica di un dato comportamento riesce a ridurre le emozioni negative quali rabbia, senso di colpa, tensione, tristezza?

Nella maggior parte dei casi le ricompense dovute alla pratica di una abitudine sono effimere e lievi, non risolvono i vostri problemi e svaniscono presto, ma non per questo sono meno efficaci nel radicare in noi una abitudine, buona o cattiva che sia. Tenete presente che spessissimo, per non dire sempre, ci si lascia andare a un comportamento che razionalmente sappiamo non essere vantaggioso con l'unico intento di ridurre l'ansia, anche solo per un breve momento.

Ricompense Motivazionali

Molti dei comportamenti acquisiti sono legati a schemi di pensiero che utilizziamo per rafforzare le nostre convinzioni e tentare di accrescere l'autostima. Vediamo alcuni di questi meccanismi.

1. Alcuni comportamenti sono legati alla ricerca di una distrazione da pensieri sgradevoli. Passare ore su internet fini a stordirsi può allontanare dolorose riflessioni sulla nostra vita e sulle nostre relazioni.

2. Un tipico meccanismo che porta ad acquisire abitudini dannose è l'affermazione del proprio diritto a scegliere cosa fare. "Sono adulto, faccio quello che mi pare". Questo tipo di pensiero aiuta a giustificare l'infrazione di una regola, stabilita da altri o magari anche da noi stessi. Naturalmente il concetto di base è corretto, siamo padroni del nostro destino. D'altra parte, se questa libertà porta ad adottare comportamenti che sappiamo essere dannosi, probabilmente significa che non siamo soddisfatti da uno o più aspetti della nostra vita.

3. Una tipica ricompensa motivazionale è l'opinione che gli altri hanno di noi o, meglio, quella che vorremmo che avessero. Tutti noi vogliamo essere visti come persone generose, simpatiche, divertenti; se ritenete che per risultare generosi dobbiate spendere soldi per i vostri amici, tenderete a spenderne troppi, per stare al passo con il personaggio che vi siete cuciti addosso. O magari tenderete a farvi manipolare, a non dire mai di no. Vi riconoscete in questo meccanismo comportamentale? Si può presentare anche il caso inverso. Vogliamo apparire responsabili e indipendenti, e decidiamo di smettere di confrontarci con gli altri; non sarà una scusa per nascondere le nostre difficoltà relazionali?

4. Un altro meccanismo che si verifica molto frequentemente è legato alla convinzione di meritare di più dalla vita. Se una cattiva abitudine ti portasse a una soddisfazione momentanea, potresti adottarla perché ti sei convinto che quella soddisfazione la meriti. Ad esempio, sai di avere la tendenza a spendere troppi soldi in vestiti, più di quanti te

ne possa permettere, ma al tempo stesso sei convinto di meritartelo.

Ricorrere alle ricompense motivazionali denota una sostanziale insicurezza e bassa opinione di sé stessi. Cercare di convincersi di meritare qualcosa significa che in realtà sappiamo che non è così. Bisognerebbe essere in grado di riconoscere che davvero meritiamo di essere felici, in modo da permetterci di esserlo senza per questo dover adottare abitudini malsane o andare a frustrare altre importanti esigenze, tra cui la consapevolezza di avere il controllo di sé stessi. Provate a chiedervi se vi avvalete di ricompense motivazionali; se così fosse, probabilmente ci sarebbero in voi esigenze profonde, il soddisfacimento delle quali merita una maggiore attenzione da parte vostra.

Ricompense Contingenziali

Quali sono le conseguenze di un comportamento indesiderabile? Che succede dopo?

Supponiamo che rispondiate male al vostro coniuge, o che urliate a vostro figlio, con lo scopo di ottenere qualcosa in tempi brevi. Può capitare, ma sapete a priori che non è un comportamento da tenere, dal momento che a lungo termine può deteriorare i rapporti.

Trattare male il vostro partner vi fa ottenere quello che desiderate? Urlare a vostro figlio vi lascia ottenere la tranquillità che stavate cercando? Sappiate che qualsiasi sia il risultato che ottenete, questo risultato è la vera ragione per cui vi comportate così.

Probabilmente comportarvi in maniera sbagliata non vi ha aiutato a risolvere il problema, ma ha allontanato le persone da voi, di fatto raffreddando una relazione che non eravate in grado di gestire al meglio.

Vediamo un altro esempio. Vi capita di rimandare il vostro lavoro, di fatto allontanando la possibilità di una promozione? Probabilmente avete sentimenti contrastanti proprio a riguardo del concetto di promozione. Da un lato la desiderate, dall'altro non desiderate essere obbligato a viaggiare più spesso, o a parlare in pubblico o a lavorare per un numero maggiore di ore giornaliere.

Riuscendo ad analizzare quelle che sono le vostre esigenze psicologiche, e come stiate cercando erroneamente di soddisfarle mediante l'adozione di un comportamento sbagliato, avrete la possibilità di studiare soluzioni alternative. Nel momento in cui siamo in grado di accorgerci che stiamo per comportarci male, dobbiamo adottare una strategia diversa, che permetta la soddisfazione del bisogno senza arrecare un danno agli altri e, conseguentemente, anche a noi stessi. Può non essere facile, soprattutto all'inizio, ma sforzarsi in questa direzione apporta immancabili vantaggi nella vita di tutti, sia nell'ambiente familiare, che in quello lavorativo, che in qualsiasi contesto sociale.

Capitolo 5. Interpretare la Comunicazione Verbale

Generalmente ci si sforza di interpretare il linguaggio del corpo, in quanto meno immediato e leggibile, ma c'è molto da imparare anche analizzando la conversazione. D'altra parte, la parola è la forma di comunicazione più diffusa tra esseri umani, e la sua analisi non è qualcosa che si possa lasciare da parte.

Non possiamo aspettarci a priori che le persone siano propense a confidarci le loro preoccupazioni o che siano disposte a mettere a nudo i propri difetti caratteriali. Tuttavia, possiamo capire molto di loro se siamo in grado di ascoltare e di dire le cose giuste al momento giusto. Se vogliamo analizzare le persone con efficacia dobbiamo essere disposti a lasciare da parte i nostri pregiudizi, e a non lasciare che influenzino la nostra capacità di giudizio. Esaminiamo alcune caratteristiche della conversazione umana.

Tono della Voce

La tonalità della voce è uno degli indizi che possiamo utilizzare per comprendere lo stato d'animo di chi sta parlando. Sappiamo tutti che, generalmente, le donne hanno una tonalità più acuta rispetto agli uomini; detto questo, tralasciando le ovvie differenze di genere, una voce più bassa è associata alla calma e ha generalmente sulle persone un effetto rassicurante; per questo motivo generalmente negli ospedali, nei call center e in generale nel ricevimento clienti si tende a preferire personale con un tono di voce basso.

Il tono della voce viene controllato in quattro modi: tramite il petto, il naso, la bocca e il diaframma. Parlare con il naso generalmente genera un tono acuto, che potrebbe risultare lamentoso, fastidioso. Parlare con la bocca genera un tono più basso; a differenza del caso precedente non si dà l'impressione di essere agitati o eccitati. La maggior parte delle persone parla con il petto, perché risulta istintivo e si genera un buon volume, per cui è facile farsi ascoltare. Purtroppo, parlare con il petto è faticoso, ci si stanca, e si finisce ad essere costretti ad alzare il tono, risultando meno gradevoli all'ascolto. L'ideale sarebbe parlare con il diaframma; parlare con il diaframma genera un tono pieno, sicuro, ma occorre allenamento e studio per farlo nel modo migliore. Una cosa è certa: chi parla con il diaframma riesce immancabilmente a comunicare agli altri calma, sicurezza, autorevolezza.

Struttura del Discorso

Quando parliamo di struttura del discorso, ci riferiamo ad una modalità che lo caratterizza, soprattutto rispetto alla variabile tempo; in altre parole stiamo considerando la velocità con la quale si parla, e le pause che utilizziamo.

Ad esempio, una persona che parla molto velocemente viene generalmente percepita come ansiosa, precipitosa, irrazionale; si dà l'impressione di riversare all'esterno tutto ciò che ci passa per la mente, così come viene. In effetti, quando sarete più pratici di analisi delle persone, vi renderete conto che quasi sempre chi parla velocemente è sostanzialmente nervoso, e difficilmente riesce a fermarsi, comunicando così a tutti la propria ansia.

Al contrario, chi si esprime lentamente, con termini misurati, comunica istantaneamente una piacevole tranquillità, finendo per risultare al tempo stesso amichevole e autorevole. Naturalmente non bisogna eccedere, perché le pause eccessive, così come una lentezza esagerata, finiscono per stancare l'ascoltatore, portandolo, alla lunga, a distrarsi e perdere interesse. È sempre importante comunicare entusiasmo; se da un lato, le pause misurate danno tempo al nostro pubblico di assimilare meglio un dato concetto, dall'altro utilizzarle senza criterio risulta controproducente, andando a generare noia o addirittura impazienza, irritazione.

Interiezioni e Pronomi

Quando parlate con qualcuno fate caso, tra le altre cose, al suo rapporto con le interiezioni. Valutate quanto spesso usi i pronomi, se faccia molte pause p infarcisca il discorso di parole ridondanti.

Le interiezioni, o esclamazioni, sono semplicemente riempitivi che interrompono il flusso del discorso senza aggiungere nulla al suo contenuto. Ce ne sono moltissimi: "beh", "insomma", "ehm", "ops", "wow" e simili. Da un punto di vista letterario sono fortemente sconsigliati, e comunque è bene non abusarne anche nel linguaggio parlato.

Se ascoltiamo una persona che parla, e questa ripete in continuazione "uhm", ad esempio, non potrà fare a meno di comunicare una sensazione di ansia, di insicurezza. In effetti la maggior parte delle volte l'abuso delle interiezioni è legato all'incapacità di mantenere il filo del discorso, di ricordare i punti salienti di quello che volevamo esporre; questo porta all'utilizzo di esclamazioni alternate a pause inopportune. Tutto questo è imbarazzante e rende la comunicazione poco efficace.

È anche molto interessante spostare l'attenzione sull'utilizzo (o abuso) dei pronomi personali, dal momento che questo indizio può fornire informazioni sul carattere e sulla disposizione di animo delle persone.

Iniziamo a parlare del pronome "io"; solitamente chi lo usa a inizio frase sta cercando di impartire istruzioni, di imporsi. Se ne abusa, si crea un'atmosfera di intimidazione. Soprattutto nei casi in cui venga usato da un vostro superiore o da un membro anziano della vostra famiglia, il pronome "io" esprime assertività. Il suo utilizzo esprime l'autorità di una persona che auspica fortemente che le altre persone si adeguino alle sue idee.

Passando al pronome "noi", la tendenza a parlare al plurale emerge quando dobbiamo eseguire un compito che personalmente non approviamo, e desideriamo scaricarne o quantomeno condividerne la responsabilità. Si ricorre al "noi" anche quando si vuole comunicare una notizia sgradevole, per mitigarne il potenziale impatto. Ad esempio, se volessimo licenziare qualcuno, dicendogli "non possiamo continuare a tenerti qui" riusciremmo parzialmente a nasconderci dietro all'idea di una decisione condivisa a chissà quale livello. In sostanza, usare il "noi" risulta utile quando vogliamo comunicare che, per quanto la situazione possa essere sgradevole, è fuori dal nostro controllo, che sia vero o meno. Un altro tipico utilizzo del "noi" è quello di fare sentire le persone parte di qualcosa, soprattutto quando le suddette persone non siano troppo convinte. In questa accezione viene anche utilizzato quando parliamo con il nostro partner.

Il "tu", infine, richiede un'analisi più complessa, perché la sua corretta interpretazione è fortemente legata al contesto e al tono con cui viene pronunciato. Con il giusto tono, l'uso del "tu" suona decisamente accusatorio. Senza arrivare alle accuse, chi usa questo pronome in modo enfatico sostanzialmente esprime disaccordo, si dissocia dall'interlocutore. Questo capita spesso, anche se a volte l'uso del "tu" potrebbe avere l'intento di placare chi si ha di fronte. Per capire meglio la situazione cercate di correlare l'analisi del linguaggio con quella delle espressioni facciali. Una smorfia o un cipiglio possono togliervi immediatamente qualsiasi dubbio.

Capitolo 6. Come Migliorare le Abilità non Verbali

La capacità di comunicare in modo efficace è fondamentale, sia sul lavoro che in ambito personale, ma spesso ciò che realmente parla di voi non sono le vostre parole, bensì il linguaggio del vostro corpo. Nonostante quello che si possa pensare, i gesti, la postura, lo sguardo, le espressioni facciali e il tono della voce sono gli strumenti di comunicazione più immediati. Tramite essi avete la possibilità di confondere, minacciare, offendere, elogiare, attirare, tranquillizzare le persone con le quali comunicate.

Se siete in grado di interpretare il linguaggio del corpo vi renderete conto che spesso comunica un messaggio diverso, se non opposto, rispetto a quanto espresso verbalmente. Le funzioni della comunicazione verbale sono cinque. Vediamole brevemente.

1. Sostituzione: la comunicazione verbale può di fatto prendere il posto di quella verbale, comunicando essa stessa il messaggio che intendiamo trasmettere.
2. Accento: può servire a evidenziare un particolare passaggio di ciò che comunichiamo verbalmente.
3. Complemento: può integrare il discorso, aggiungendo nuove sfumature.
4. Rafforzamento: può sottolineare e rafforzare ciò che diciamo.
5. Contraddizione: come abbiamo detto, la comunicazione verbale a volte rivela le nostre vere intenzioni, a dispetto di quello che vogliamo far credere tramite la comunicazione verbale.

In che modo possiamo comunicare non verbalmente? Vediamo i mezzi principali.

1. Gesti: li abbiamo imparati nel corso della nostra vita; li usiamo per discutere, minacciare, indicare, salutare, accennare. Ricordate sempre che molti gesti cambiano dignificato a seconda delle culture.

2. Espressioni facciali: il nostro viso è altamente espressivo, e può mostrare le nostre emozioni senza bisogno di pronunciare una sola parola. A differenza dei gesti, in generale le espressioni facciali sono internazionali.

3. Sguardo: la vista è il senso più utilizzato, di conseguenza non può che essere fondamentale nella comunicazione non verbale. Uno sguardo può dimostrare affetto, ostilità, interesse, paura. Lo sguardo è anche utile a mantenere il ritmo della conversazione.

4. Postura: fate caso a quanto influisca sul modo in cui vedete le persone la loro postura; il modo in cui inclinano la testa, la posizione della schiena, il modo di camminare, in modo di sedere. Senza sapere niente di una persona, semplicemente osservandone la postura vi siete già fatti un'opinione su di lei.

Esaminiamo in dettaglio alcuni esempi di comunicazione non verbale e il relativo significato.

Parte Inferiore del Corpo

Le braccia di una persona dicono molto. Le mani, in particolare, dicono quasi tutto; d'altra parte le gambe sono una sorta di punto esclamativo, che permettono di confermare o mettere in dubbio l'idea che ci siamo fatti; possono comunicare benessere, così come indicare una fonte di interesse o una possibile via di fuga.

- Toccare le gambe: quando stiamo in piedi, con le braccia distese, sostanzialmente riusciamo a toccare solo le cosce. Può essere un movimento seducente, ma anche segnalare impazienza, ad esempio quando si manifesta sotto forma di rapidi colpetti. In tal senso, può anche essere segno di irritazione. Prestate attenzione al contesto e al tono della conversazione, se avete dei dubbi.

- Dove puntano i piedi: seguite la direzione verso la quale puntano i piedi di una persona e scoprirete dove è realmente diretta la sua attenzione, il suo interesse, la persona o la cosa sulla quale sono concentrati. Ognuno di noi ha un piede dominante, esattamente come per le braccia, in genere è il destro; ebbene, se una persona sta dicendo qualcosa che ci interessa il nostro piede destro avrà la tendenza a puntare verso di lei. Se al contrario siamo infastiditi, a disagio, il piede dominante probabilmente punterà nella direzione verso la quale vorremmo dirigerci, se ne avessimo la possibilità. Questa norma vale in genere anche per le persone sedute.

- Pantaloni in primo piano: quando una persona seduta allarga le gambe e appoggia una caviglia sul ginocchio opposto, in genere cerca di rendersi il più visibile possibile, di fatto espandendo lo spazio che occupa. In genere la schiena è appoggiata all'indietro, e le braccia potrebbero alzarsi, fino a portare entrambe le mani dietro la testa. Chi assume questo atteggiamento in genere è sicuro di sé e vuole esprimere la propria superiorità, presunta o meno.

- Groviglio di timidezza: si tratta di un atteggiamento assunto frequentemente dalle donne, ma non solo. Chi si sente a disagio, intimidito, potrebbe, quando si siede, cercare di aggrovigliare le gambe, con il duplice intento di proteggersi e apparire meno visibile. C'è un gesto analogo che le persone fanno quando stanno in piedi, appoggiando il dorso del piede dietro al ginocchio della gamba opposta; il significato è il medesimo.

Parte Superiore del Corpo

Il linguaggio della parte superiore del corpo è particolarmente espressivo nel caso di segnali difensivi, perché le braccia sono uno scudo molto efficace. Naturalmente può esprimere molti altri stati d'animo. Vediamo qualche esempio.

- Inclinarsi: se una persona durante una conversazione si inclina in avanti, inconsciamente lo fa per avvicinarsi ad un'altra persona. I casi sono due: o c'è profondo interesse per ciò che questa persona sta dicendo, oppure c'è attrazione fisica. C'è anche un terzo caso, ed è quello in cui questo movimento ha lo scopo di invadere lo spazio personale altrui, di fatto assumendo un atteggiamento minaccioso. Si tratta di una esibizione di aggressività, generalmente adottata da persone prepotenti.

- Il superuomo: questo atteggiamento, mani sui fianchi e gambe divaricate, generalmente adottato da culturisti e modelli, è stato reso famoso dal personaggio di Superman. I significati possono essere molteplici, a seconda della situazione. Se guardiamo al mondo animale, un individuo quando si sente minacciato spesso cerca di apparire più grande. I gatti ad esempio rizzano il pelo, ed è il medesimo stimolo che a noi umano provoca la pelle d'oca; non avendo la possibilità di rizzare la pelliccia, cerchiamo di compensare appoggiando le mani sui fianchi, di fatto allargandoci. Chi assume questo atteggiamento potrebbe essere pronto ad un'azione decisa. Ci sono altre situazioni diverse nelle quali troviamo questo atteggiamento; potrebbe trattarsi un atleta prima di una gara, o di una madre che sgrida il figlio, o ancora di un ragazzo che flirta con una ragazza. Anche in questi casi il significato è simile, si tratta sempre di disponibilità ad entrare in azione.
- Il petto di profilo: se una persona, durante un'interazione, angola il petto a quarantacinque gradi rispetto all'interlocutore, sta cercando di accentuare le sue caratteristiche fisiche; i pettorali in un uomo, il seno in una donna.
- Gonfiare il petto: nonostante sia un gesto diverso, il significato è il medesimo rispetto a quello precedente, si tratta di un gesto di seduzione. C'è però qualcosa di più: se un uomo assume questa posizione nei confronti di un altro uomo, sta, come abbiamo visto prima, cercando di apparire più grosso e, al contempo, ritraendo le sue parti più delicate; in questo caso si tratta di un atteggiamento di risposta ad una possibile minaccia.

Le Mani

Essendo composte di ben ventisette ossa, le mani umane sono capaci di grande espressività. Lo studio delle linee sul palmo non è assolutamente la unica forma di lettura della mano; in effetti, dopo il viso, le mani sono la parte più espressiva del corpo umano. Per quanto impercettibili, i movimenti delle mani sono indicativi dello stato d'animo elle persone; basti pensare che quando un movimento non riesce a dare sufficiente enfasi al discorso, abbiamo la tendenza a ripeterlo con entrambe le mani. Lo abbiamo già detto, ma è vero soprattutto nel caso delle mani: ricordate sempre che spostandosi da un paese all'altro i significati dei gesti potrebbero cambiare; ciò che è appropriato presso una particolare cultura potrebbe non esserlo presso un'altra.

- Gesti di controllo: se una persona tiene le mani con le dita aperte e i palmi rivolti verso il basso, sta cercando, in senso figurato, di trattenersi o di trattenere un'altra persona. Potrebbe essere un gesto autorevole che dice: "fermati", o un invito alla calma. Il palmo rivolto verso il basso, durante una stretta di mano, rappresenta il tentativo di spingere verso il basso la mano dell'altra persona, indica volontà di prevalere. Il medesimo significato si attribuisce al gesto di appoggiare i palmi delle mani sulla scrivania. Infine, il palmo delle mani rivolto all'esterno, verso una specifica persona, indica la volontà di mantenere la distanza, di fermarla, al limite di allontanarla. Se un dito o l'intera mano puntano verso la porta, il significato è chiarissimo: "vattene".

- Saluti: il gesto più importante che possa fare una mano, è stringere la mano di un'altra persona. L'origine di questo gesto, come anche di quello di agitare la mano per salutare, sta nell'intenzione di mostrare il palmo vuoto, chiarendo che non si porta con sé un'arma. Inoltre, questo gesto ci porta a toccare l'altra persona, permettendo di ampliare le sensazioni e aggiungere dettagli al processo di conoscenza. Abbiamo già detto che stringere la mano con il palmo abbassato, ponendo la propria mano al di sopra di quella dell'altra persona, è un gesto che manifesta la volontà di imporsi; l'intenzione viene enfatizzata se, una volta stretta la mano, usiamo anche l'altra per coprirla, come fanno molti politici. Anche la durata e la potenza della stretta dicono molto. Ad esempio, stringere la mano con vigore, muovendo la propria rapidamente su e giù, può indicare affetto, ma assomiglia molto a una stretta di mano dominante; forse quella persona vuole dimostrarvi amicizia quando in realtà, dentro di sé, si sente superiore? Al contrario, salutare con il palmo rivolto verso l'alto indica rispetto, al limite sottomissione. Anche le strette di mano flosce, nelle quali la mano viene immediatamente ritratta, sono segno di sottomissione. Nella maggior parte dei casi le strette di mano esprimono uguaglianza tra le persone, pertanto entrambi presentano la mano verticale, con il palmo rivolto verso l'interno, e durano il minimo indispensabile, così che ciascuno sa benissimo quando deve lasciare la presa. Il saluto con la mano aperta è particolarmente efficace a distanze che non permettono in contatto fisico; una sua variante è il saluto militare, che deve rispettare una forma piuttosto rigida.

- La presa delle mani: presentare entrambe le mani, a coppa, quando si prende o si riceve un oggetto, indica delicatezza e attenzione; stiamo dando l'impressione di essere coscienti del valore di ciò che prendiamo, e magari della sua fragilità. Afferrare strettamente invece indica desiderio, possessività o magari proprio il desiderio di far capire agli altri che l'oggetto è nostro. Tenere la propria mano potrebbe indicare il bisogno di essere consolati; se si tiene la propria mano stringendola, probabilmente ci si sta trattenendo, ad esempio quando non siamo d'accordo con quello che una persona dice, ma riteniamo sia meglio non interromperla mentre parla. O magari siamo arrabbiati e stiamo cercando di trattenere una reazione violenta. Se poi le mani vengono torte una nell'altra, probabilmente siamo estremamente nervosi. Chi tiene le mani dietro la schiena probabilmente è tranquillo e sicuro di sé, dal momento che non le usa per proteggersi, caso mai ce ne fosse bisogno. Oppure, se una persona è nervosa o preoccupata, potrebbe tenere le mani nascoste per evitare di manifestare il proprio stato emotivo. Anche in questo caso, più forte la stretta, maggiore la tensione.

Capitolo 7. Smascherare le Bugie

È un dato di fatto che solo una piccola parte delle bugie possano venire smascherate con sicurezza. La ricerca ha mostrato che, mediamente, le persone riescono a smascherare solo il 18% delle bugie, e anche che le persone estroverse hanno una maggiore propensione alla menzogna rispetto a quelle introverse.

La buona notizia è che, con il dovuto allenamento, possiamo migliorare molto nella nostra abilità, e arrivare a smascherare fino al 90% delle bugie. Come facciamo? Il primo passo è capire come si comporta e soprattutto come parla una persona in condizioni normali.

Il comportamento base di una persona, ossia il suo modo di comportarsi quando è rilassata e non si sente minacciata, è sostanzialmente anche il suo modo di comportarsi quando sta dicendo la verità. Smascherare una bugia diventa più difficile se non abbiamo la minima idea di come una persona si atteggi quando dice la verità, anche perché le tecniche per smascherare le bugie possono risultare confuse, addirittura contraddittorie. È sempre bene essere molto sicuri prima di muovere un'accusa, eliminare ogni possibile dubbio, a meno che non lo si faccia per provocare una persona e studiarne le reazioni.

Vediamo alcuni segnali che possono indicare che la persona con cui parliamo sta mentendo.

Pausa Comportamentale

Quando facciamo una domanda a qualcuno, potremmo inizialmente non ottenere alcuna risposta, o riceverla con un certo ritardo. Naturalmente la domanda che ci poniamo subito è: qual è il ritardo che indica che il nostro interlocutore sta mentendo? Non è una risposta semplice, dipende da vari fattori, vediamo un esempio.

Supponiamo che chiediate ad un vostro amico: "cosa stavi facendo nella giornata di oggi, esattamente sei anni fa?"; è naturale che, ammesso che vi risponda, il vostro amico si prenda una pausa di riflessione, non è certo il tipo di domanda che presuppone una risposta immediata. Ora provate a chiedergli: "esattamente sei anni fai, in questo momento, stavi per caso rapinando un negozio di liquori?"; se il vostro amico si prende una pausa per rispondere, beh, forse dovreste scegliere meglio i vostri amici. Scherzi a parte, in questo caso il vostro amico semplicemente dirà di no, immediatamente, lasciando cadere la cosa. Il senso di questo esempio, un po' estremo, è che in determinate situazioni una pausa di riflessione indica che la persona a cui avete fatto una domanda potrebbe prepararsi a mentire, ma valutate bene il contesto.

Discordanza Verbale - Non Verbale.

Il cervello umano è progettato per generare reazioni verbali e non verbali congruenti tra loro. Quando tra linguaggio verbale e linguaggio del corpo notiamo una discordanza, è probabile che ci si stia mentendo. Se, in conseguenza di una vostra domanda, una persona risponde affermativamente ma scuote la testa, oppure nel caso contrario, probabilmente questa persona sta mentendo. Magari penserete che ci voglia una grande abilità per affermare qualcosa mentre il vostro corpo lo nega, che sia un esercizio di volontà troppo impegnativo per chiunque; se la pensate così siete persone sincere. Chi mente abitualmente non ha di questi problemi, ha sviluppato queste attività nel tempo, riesce a farlo senza neanche accorgersene.

E bene considerare un paio di avvertenze. Primo: questo indizio ha valore soprattutto su risposte discorsive, su quelle monosillabiche è meno veritiero. Una persona che esclama "no!" potrebbe anche muovere la testa verso il basso per accentuare la risposta, e non per questo sta comunicando in modo contraddittorio. Secondo: abbiamo già spiegato in precedenza che il linguaggio del corpo non è universale, ma varia a seconda della nazionalità; ebbene, sappiate che ci sono posto nel mondo dove annuire significa: no.

Nascondere gli Occhi o la Bocca

È un dato di fatto che le persone ingannevoli tendano a nascondere gli occhi o la bocca quando mentono. Si tratta di un meccanismo istintivo, un tentativo di coprire la propria menzogna; se fate una domanda a qualcuno, e questa persona copre la bocca mentre risponde, probabilmente vi sta mentendo.

Per quanto riguarda gli occhi, il meccanismo è ancora più interessante. Mentire e coprire gli occhi può essere un modo inconsapevole per proteggersi dalle conseguenze; è come se la persona che ha appena mentito avesse paura di vedere cosa la propria menzogna possa scatenare nell'interlocutore, e preferisse coprirsi gli occhi per non vedere. Solitamente questo tipo di schermatura viene effettuata con una mano, in altri casi chi mente potrebbe chiudere gli occhi. Naturalmente il battito di ciglia non ricade in questa casistica; se invece, ad una domanda che non richiede particolare riflessione il vostro interlocutore rispondesse a occhi chiusi, si potrebbe trattare di un tentativo di inganno.

Deglutizione o Schiarimento della Gola

La deglutizione rumorosa e lo schiarimento della gola prima di rispondere ad una domanda indicano un potenziale problema. Se questi comportamenti si verificano dopo la risposta non c'è da preoccuparsi, ma se avvengono prima, è bene prestare attenzione ad alcuni fattori. Ad esempio, se prima di rispondere alla domanda il vostro interlocutore sì è profuso in dichiarazioni di sincerità, magari giurando su parenti o dei, probabilmente stava cercando di presentare al meglio la propria bugia; questo potrebbe aver creato un picco di ansia che, fisiologicamente, potrebbero aver causato fastidio e secchezza alla gola.

Mani sul Viso

Quando vogliamo valutare la sincerità di una persona, risulta interessante osservare cosa succede nell'area della sua testa e del suo viso quando le poniamo una domanda. Se questa persona si lecca o morde le labbra, o magari tira il lobo dell'orecchio, è sicuramente nervosa. Sta mentendo? Esaminiamo un attimo la situazione; se poniamo una domanda a una persona, e questa persona si rende conto che dicendo la verità avrà problemi, si andrà a creare un picco di ansia. A questo punto, il sistema nervoso autonomo risponderà a questo stimolo cercando di ridurre l'ansia, e questo processo toglie parte del sangue dalle estremità del corpo, dalle orecchie e dal viso in generale, sua volta causerà nelle suddette parti una sensazione di freddo o di prurito. Pertanto, senza rendersene conto, la persona che mente, o si appresta a mentire, potrebbe portare le mani al viso, alle orecchie, oppure sfregarle tra loro.

Toccarsi il Naso

Iniziamo col dire che le donne sono meno propense a questo gesto, perché per abitudine cercano di non rovinarsi il trucco. Gli uomini non hanno questo problema, per cui nel loro caso si tratterà di un gesto maggiormente plateale; in ogni caso andateci piano con i giudizi, perché, ad esempio, chi ha un po' di raffreddore è propenso a toccarsi frequentemente il naso, che menta o meno.

Secondo ricerche scientifiche, mentire stimola la produzione di catecolamine che, essendo vasocostrittori, possono provocare un rigonfiamento dei tessuti del naso, e conseguente sensazione di prurito. Il fenomeno è verificabile tramite una speciale macchina fotografica agli infrarossi, in grado di fotografare il flusso di sangue all'interno del corpo umano; quando una persona mente deliberatamente si osserva chiaramente che, a causa dell'aumento della pressione sanguigna, i tessuti interni del naso si gonfiano. In questo caso si parla di "effetto Pinocchio"; naturalmente a occhio nudo non vediamo il naso gonfiarsi, ma è questo che causa il prurito e, di conseguenza, il tentativo di alleviarlo sfregando il naso con una mano. Tenete comunque conto che questo effetto si può verificare anche in caso di rabbia, ansia, turbamento.

Un esempio interessante. In America, lo psichiatra Charles Wolf e il neurologo Alan Hirsh hanno condotto un'analisi dettagliata sulla testimonianza di Bill Clinton al Grand Jury a proposito della relazione con Monica Lewinsky. Ebbene, hanno osservato che quando Clinton rispondeva sinceramente non c'erano particolari gesti da analizzare; al contrario, quando mentiva faceva una smorfia prima di rispondere, e aveva la tendenza a toccarsi il naso, per un totale di ventisei volte, il che non è normale.

Naturalmente una persona potrebbe grattarsi il naso semplicemente perché gli prude il naso, è una ipotesi che non dobbiamo trascurare, ma in realtà dovremmo essere in grado di distinguere tra chi deliberatamente e vistosamente si gratta il naso in un'unica occasione, e chi durante tutta la conversazione ha la tendenza a sfiorarlo discretamente.

Strofinare gli Occhi

Che fa un bambino quando non vuole vedere qualcosa? Si copre gli occhi. Con entrambe le mani. È un gesto infantile che evidentemente rimane in qualche modo nella nostra memoria muscolare, perché anche un adulto potrebbe avere la tendenza a strofinare gli occhi quando deve assistere ad una scena sgradevole. È un modo istintivo con cui il cervello si difende da una situazione di dubbio, da un possibile inganno, o comunque da qualsiasi cosa risulti sgradevole alla vista. Ebbene, uno di questi casi è quello in cui mentiamo ad una persona; non abbiamo desiderio di vedere la possibile espressione del suo volto dopo aver ascoltato la nostra bugia, e istintivamente potremmo strofinare gli occhi per smettere di guardare.

Nel caso degli uomini questo gesto è plateale, e addirittura potrebbero distogliere lo sguardo e girare la testa, se la bugia che stanno raccontando è particolarmente grossa. Le donne invece si limiteranno a sfiorare le palpebre inferiori, per due motivi: primo, per evitare di sciupare il trucco; secondo, perché da bambine è stato loro insegnato ad atteggiarsi in modo composto, cosa che non si fa più di tanto nel caso si un bambino maschio. Non è frequente che strofinino gli occhi, più facile che distolgano lo sguardo.

Una gestualità tipicamente associata alla menzogna è quella comunemente chiamata "mentire tra i denti". Sorriso forzato, denti stretti, sfregamento degli occhi; viene tipicamente utilizzata dagli attori del cinema quando vogliono dimostrare disonestà, ma viene anche utilizzato da persone appartenenti a culture che preferiscono dimostrare la disapprovazione tramite il linguaggio del corpo, piuttosto che criticare apertamente, perché considerano maleducata quest'ultima opzione.

Capitolo 8. Come Individuare l'Attrazione

E ssere in grado di capire se una persona è seriamente interessata a noi, può essere molto vantaggioso, quando parliamo di relazioni sentimentali. Può evitarci molte sofferenze e, perché no, perdite di tempo. Ci sono movimenti del corpo che indicano attrazione in modo inequivocabile, e sono diversi da uomo a donna. Le parole hanno il loro peso, ma il linguaggio del corpo è molto più potente perché ha radici ancestrali e parla direttamente al nostro istinto, esattamente come in natura accade praticamente nei modelli di corteggiamento di tutte le specie animali.

Quando nei cartoni animati si rappresenta il corteggiamento, per incredibile che sia, il risultato è piuttosto realistico. Certo, si tratta di caricature, ma i modelli comportamentali di uomini e donne sono ben stilizzati. Una donna sa benissimo che tipo di gestualità attrae un uomo, sa come esaltare la propria femminilità, è un fatto istintivo. Allo stesso modo gli uomini, seppure involontariamente, adottano tutta una serie di comportamenti che ne mettono in luce la virilità, la mascolinità. Questi comportamenti generano stimoli così intensi da provocare il rilascio di ormoni legati all'attrazione sessuale. In effetti, è durante il corteggiamento che il linguaggio del corpo raggiunge l'apice della potenza, e in effetti questo è sensato, dal momento che lo scopo ultimo di tutto questo rituale è l'accoppiamento, che non è certo fatto di parole.

Detto questo, dal primo appuntamento alla camera da letto passa del tempo (spesso), e in questo periodo di transizione possiamo osservare molti indizi che possono rafforzare il nostro convincimento o, al contrario, farci cambiare strada. Vediamo in dettaglio maggiore come uomini e donne esprimano l'attrazione.

Segnali Femminili

Se una donna prova attrazione per un uomo, generalmente lo esprime innanzitutto con lo sguardo. Magari lanciando un'occhiata per poi distogliere lo sguardo. Più volte. È un modo per esternare il desiderio di essere inseguita, cercata. Anche toccare leggermente il proprio corpo, o mettere le mani nei capelli, sono modi per farsi notare, per evidenziare la propria fisicità, la propria femminilità. In fase di dialogo, un segnale di attrazione è rappresentato dell'alzarsi delle sopracciglia; questo esprime ammirazione, o magari attrazione fisica, oppure apprezzamento per quello che sta dicendo. Le labbra esprimono indizi molto forti: mordicchiarle o accarezzarle con le dita sono segnali inequivocabili. Se una donna guarda intensamente le labbra di un uomo e poi lo guarda negli occhi, sta inconsciamente invitandolo a baciarla.

Le gambe incrociate, dirette verso l'interlocutore, costituiscono una posa che indica interesse e livello sessuale. Un altro segnale interessante è l'inarcamento della schiena, quasi a cercare di allungarla, perché la curvatura della schiena femminile è particolarmente attraente per un uomo. Ruotare il seno verso l'interlocutore è un segnale molto intenso, non ci si può sbagliare, si sta evidenziando la propria femminilità perché c'è un forte interesse.

Anche l'atto di sbattere le ciglia indica corteggiamento, ed è per questo che a volte le donne le allungano, perché attirano l'attenzione degli uomini che le trovano molto gradevoli. Spesso questo è accompagnato da una risatina, altro segnale involontario che si sta apprezzando molto il momento.

Abbiamo già parlato di body mirroring, ossia dell'abitudine di rispecchiare i movimenti di una persona sulla quale vogliamo fare colpo. Abbiamo anche detto che non si applica tra persone di genere diverso, perché maschi e femmine solitamente hanno gestualità molto differenti, ma in realtà una forma di body mirroring esiste anche nel corteggiamento, più che altro intesa come un assecondare i movimenti dell'altra persona. Pensate a una coppia che balla; solitamente il ballerino conduce la ballerina, che ne segue i movimenti. Questo è precisamente body mirroring. Similmente, durante il corteggiamento, la donna tende istintivamente a seguire i movimenti del maschio, come a segnalare disponibilità.

Segnali Maschili

Testa leggermente inclinata, sopracciglia sollevate, narici dilatate, sono tipici segnali dell'attrazione maschile. A maggior ragione se abbinati a un sorriso, che ne rafforza il messaggio. Gli uomini, all'inizio del corteggiamento, hanno la tendenza e evitare il contatto visivo diretto, per nervosismo, o per incertezza sulle intenzioni della donna che hanno davanti, ma più che altro perché gli uomini tendono a parlare con il petto; la direzione verso cui è rivolto il petto indica l'oggetto del loro desiderio. In questo senso, il petto rivolto altrove non è esattamente un bel segnale, indica il desiderio di allontanarsi.

Gli uomini generalmente vogliono apparire decisi, virili, e vogliono essere percepiti in questo modo dalle loro possibili future compagne; per questo motivo potrebbero posizionarsi a gambe larghe, con le mani sui fianchi, per apparire più imponenti fisicamente. Le mani poste vicino al girovita sono un gesto inconscio che ha lo scopo di portare l'attenzione sui genitali, e si tratta ovviamente di un invito al rapporto sessuale, per quanto inconsapevole. Se un uomo ha la tendenza a sfiorare una donna, sulle braccia o sulla schiena, ne è sicuramente molto attratto. Una pacca sulla spalla però non ha questo significato, anzi, indica amicizia e, conseguentemente, scarso interesse dal punto di vista romantico.

Segnali Comuni

Alcuni segni di attrazione non dipendono dal genere delle persone, sono comuni. I sorrisi e il desiderio di ridere sono tra questo, e si tratta di segnali potenti. Anche la consapevolezza delle distanze è molto indicativa; due persone attratte l'una dell'altra hanno la tendenza istintiva ad avvicinarsi. Le spalle sono alzate e raccolte verso l'interno, come a richiudere il corpo verso la persona desiderata.

Abbiamo già visto che i piedi puntano verso ciò che interessa, e il corteggiamento non fa eccezione; uomini e donne anche in questo si comportano allo stesso modo. Anche le punte dei piedi rivolte le une verso le altre sono un segnale di corteggiamento, si tratta di un tentativo di porsi in modo timido, segnalando inoffensività, per convincere l'altra persona che non rappresentiamo un pericolo.

Infine, un segnale molto interessante è rappresentato dai palmi delle mani; se solo esposti, aperti, indicano invariabilmente apertura, disponibilità al contatto, desiderio di conoscersi. I pugni chiusi, al contrario, non sono un bel segnale, ce ne rendiamo conto anche istintivamente.

Abbiamo visto una serie di segnali del corpo che indicano attrazione, e occorre tenere presente che, nonostante usi e costumi siano cambiati con passare del tempo, e nonostante il linguaggio del corpo non sia il medesimo in tutte le culture, l'attrazione fisica è tutto sommato universale, per cui i segnali sono sostanzialmente gli stessi. Osservarli e analizzarli può essere di grande aiuto, perché permette di indovinare le intenzioni di un potenziale partner, evitandoci di compiere errori grossolani.

Capitolo 9. Fiducia e Manipolazione

Si dice che la fiducia in sé stessi sia la chiave per conquistare il cuore di una persona. C'è sicuramente molto di vero in questo, l'autostima e la sicurezza sono armi molto potenti e, in alcuni casi, strumenti di manipolazione estremamente efficaci. Pensate a un truffatore che riesce a ingannare abitualmente le persone; come ci potrebbe riuscire se non dimostrasse grande sicurezza? Detto questo, non c'è bisogno di essere truffatori per desiderare di usare tecniche di persuasione per ottenere di più dalle persone e migliorare la propria vita. In entrambi i casi comunque, la chiave del successo è la medesima: fiducia in sé stessi.

L'incapacità di avere fiducia nei propri mezzi è un grosso handicap nei rapporti interpersonali, perché se non crediamo in noi stessi, per quale motivo dovrebbero farlo gli altri? Senza contare il fatto che qualsiasi tecnica di persuasione e manipolazione richiede sicurezza, scioltezza, diversamente non avrà alcuna possibilità di funzionare.

È bene ricordare, inoltre, che se la nostra intenzione è quella di manipolare le persone, non è sufficiente avere una buona parlantina e un atteggiamento spavaldo, ma bisogna effettivamente sapere cosa stiamo facendo, e di cosa stiamo parlando; è questo che fa sì che le persone ci ascoltino e si fidino di noi. Bisogna padroneggiare gli argomenti che vogliamo usare; la manipolazione richiede grande preparazione, anche nel caso in cui non siamo truffatori ma desideriamo semplicemente ricavare il meglio delle persone che conosciamo.

La sicurezza, quando è supportata da una adeguata preparazione, costruisce credibilità è fiducia, che sono requisiti indispensabili per il vostro successo personale; ricordate che impossibile manipolare, o persuadere se preferite, qualcuno che non si fida di voi.

La prima cosa per generare fiducia è parlare come una persona che genera fiducia, e in questo la preparazione è basilare; dovete pronunciare le parole in modo calcolato, e portare la conversazione su in terreno nel quale siate in grado di anticipare le domande e le eventuali obiezioni. Qui entra in gioco la conoscenza dell'argomento, perché come abbiamo detto, la fiducia si crea tramite preparazione e conoscenza.

Per riuscire a generare fiducia occorre pratica; le prime volte che cercate di influenzare qualcuno potreste fallire, perché mancate di esperienza; ricordate che prima ancora di convincere gli altri dovete essere bravi a convincere voi stessi. Una volta convinti voi stessi, sarete in grado di persuadere le altre persone, sempre lavorando sulla vostra preparazione, perché se è vero che essere sicuri di sé è importante, non significa che dobbiate atteggiarvi a sbruffoni; ricordate sempre che non basta essere un buon comunicatore, dovere sapere quello che dite, oltre che saperlo dire.

Altra cosa importante da tenere presente: cercate di impedire agli altri di leggervi, di analizzarvi, se non volete correre il rischio di essere voi a essere manipolati. Mantenete un velo di mistero che, oltre a proteggervi dall'analisi, vi renderà più affascinanti; le persone prevedibili, lineari, regolari, spesso alla lunga risultano poco interessanti, noiose. La prevedibilità sminuirà il vostro valore; cercate invece di rendere sempre imprevedibile la vostra prossima mossa. Create aspettativa, stupite, fate mosse inaspettate; questo crea immancabilmente interesse. Vale anche nel caso di azioni concrete; se state corteggiando qualcuno, piuttosto che solito invito a cena, provate a scrivere una canzone o una poesia su questa persona. Stupitela.

Naturalmente, non è necessario essere perennemente imprevedibili; anche l'imprevedibilità alla lunga annoia, inoltre le persone potrebbero capire che la vostra è una strategia studiata a tavolino; non dimenticatelo, specie se state cercando di manipolare qualcuno, perché se il vostro gioco viene scoperto fallirete immancabilmente.

Rendetevi anche conto del fatto che la parola "manipolazione" non suona bene. Non è un concetto ben visto, dal momento che essenzialmente di tratta di ottenere vantaggi personali a spese delle altre persone; se intendete avvalervi di tecniche di manipolazione, è bene che lo teniate per voi e che facciate di tutto per non essere scoperti.

Essere imprevedibili non implica azioni eclatanti, al contrario, si può applicare questa tecnica anche solo nelle conversazioni quotidiane. Cercate, ogni qual volta parlate con qualcuno, di esprimere sempre almeno un concetto interessante, perché se riuscite a interessare il vostro interlocutore sarà più facile convincerlo a schierarsi dalla vostra parte. Dal momento che il fine ultimo si questa tecnica è portare le persone ad apprezzarvi maggiormente, siate imprevedibili in modo positivo, perché sennò riuscireste solo a dare l'impressione di voler attirare l'attenzione. In un mondo che bene o male ci inquadra tutti in modelli stereotipati, una persona che agisca o parli in modo inaspettato non può che attirare l'attenzione; se poi il suo essere inaspettato porta a qualcosa di piacevole, le conseguenze non possono che essere positive. Una volta che siate stati notati da qualcuno, si crea una connessione, che potete sfruttare per iniziare ad applicare altre tecniche di manipolazione. In effetti, lo scopo ultimo di questa strategia è fare sì che le persone non solo si accorgano di voi, ma si sentano portate a concordare con voi, a seguirvi.

Capitolo 10. Tecniche di Seduzione

L o scopo della seduzione è far sì che qualcuno vi desideri, che si senta sessualmente attratto da voi. A livello di persuasione, occorre essere particolarmente efficaci, perché volete convincere questa persona a donarsi interamente a voi. Ci sono molte tecniche a disposizione, e generalmente funzionano sempre, indipendentemente da chi siate voi e da chi stiate cercando di sedurre. Inoltre, si tratta di consigli di uso immediato, che non richiedono lunga preparazione, applicabili quotidianamente. Vediamone alcuni.

Scegliete la Persona Giusta

Sembra un consiglio stupido, ma forse è il più importante. Naturalmente cercheremo di sedurre qualcuno che ci piace, ma, ove possibile, cerchiamo di semplificarci la vita. Le persone che tendono a essere più timide e riservate facilmente sono più vulnerabili e hanno maggiore bisogno di attenzione. Dare loro l'attenzione che richiedono è decisivo e ci può aprire la strada.

Inviate Segnali Contrastanti

Questa tecnica è vecchia come il mondo. Alternando interesse e disinteresse, si va a disorientare le persone, che pertanto non riescono a ignorarvi. Inoltre, si crea una sorta di sfida, e molte persone non riescono a resistere alle sfide e cercano di vincerle sempre; guarda caso, il premio della sfida siete voi.

Create il Bisogno

Cercate di arrivare alla situazione in cui la persona che cercate di sedurre ritenga di avere bisogno di voi. Che si tratti di bisogno affettivo o puramente fisico, il bisogno crea una sensazione di ansia, di malcontento, che non lasciano a quella persona altra scelta se non continuare a cercarvi.

Date Sicurezza

Non significa essere rassicuranti, questa non è una buona idea. Stiamo parlando del fatto di far sentire sicura una persona quando si trova con voi, perché questo crea immediatamente un legame, e per preservare questo legame le persone si sentiranno propense ad accontentarvi. Naturalmente non è affatto detto che la fiducia in voi sia ben riposta, ma questo è secondario, giusto?

Siate Desiderabili

A nessuno piace perdere. Prendiamo il caso di una persona che magari non sia neanche troppo interessata a voi. Fate in modo che questa persona vi veda in compagnia di altre persone; immediatamente questa persona avrà la sensazione che qualcuno le stia portando via qualcosa che potenzialmente le appartiene, si sentirà a disagio e farà sicuramente delle mosse per non perdervi.

Inducete in Tentazione

Sentirsi tentati e non poter possedere l'oggetto della tentazione è terribile; vale per tutto: cibo, carriera, sentimenti. Tentare una persona e poi fermarla quando è al limite del desiderio la farà impazzire. In questo momento potete praticamente chiederle qualsiasi cosa, e probabilmente la otterrete.

Create la Suspence

Date alle persone un po' di attenzione, ma non tutta. Come nel caso della tentazione, questo le renderà iper-competitive, e sarete la sola persona a cui penseranno. Di più: il pensiero di voi andrà a influire su tutti gli aspetti della loro vita, e questo è proprio il vostro obbiettivo, perché in questo modo ne avrete il pieno controllo.

Siate Misteriosi

Le persone adorano il mistero. Li attira a prescindere, e farebbero di tutto per risolverlo. Creare mistero significa automaticamente sedurre le persone curiose. La chiave di questa strategia è fornire alcuni indizi stuzzicanti, ma tenere nascoste le informazioni più succose, lasciando presagire qualcosa che potrebbe in realtà anche non esistere. Si può creare mistero su ogni cosa, tuttavia evitare di tirare in ballo le vostre storie precedenti, perché questo potrebbe facilmente farvi ottenere l'effetto opposto. Ci sono molti modi per creare mistero; utilizzare lo sguardo, rispondere alle domande con altre domande, usare il sorriso più che le parole, parlare sempre in tono neutro, come se nulla avesse davvero importanza.

Non Fatevi Notare

Ebbene sì. Ma in che senso? Ovvio che vogliamo farci notare, ma non vogliamo che il gioco sia palese. Piuttosto che indossare una camicia sgargiante, mettetene una che vi sta particolarmente bene. Scegliete sempre elementi apparentemente ordinari, che però applicati su di voi abbiano il potere di farvi risaltare in mezzo alla folla.

Giocate con il Profumo

Sapevate che a volte il profumo è ampiamente sufficiente a sedurre una persona? Naturalmente ciascuno ha le sue preferenze in fatto di profumo, per cui, potendo, sarebbe buona cosa cercare di indagare preventivamente. Il potere del profumo sta nella sua capacità di arrivare direttamente alla mente inconscia delle persone, di fornire informazioni su di noi senza nemmeno che l'altra persona se ne renda conto. Si tratta senza dubbio del modo più potente ma allo stesso tempo sottile per farvi fare progressi verso il vostro obbiettivo.

Fisicità Consapevole

L'attrazione fisica è un elemento determinante della seduzione, questo lo sanno tutti. È bene essere consapevoli dei propri pregi fisici, ma al tempo stesso fingere di non esserlo. Ad esempio: un uomo con braccia muscolose potrebbe indossare una canottiera per evidenziarle, ma la sua intensione sarebbe palese e si cadrebbe nel ridicolo; una camicia a maniche corte ottiene lo stesso effetto e vi fa apparire naturali, come se tutto sommato non vi importasse minimamente di mettervi in mostra. Al femminile il discorso è analogo un vestito che cade sotto il ginocchio ma che mette in risalto le forme può essere molto più efficace di una minigonna.

Create Confusione

Alternate tra comportamenti contrastanti; quando vedere la persona che siete intenzionati a sedurre, datele tutta la vostra attenzione, statele addosso; la volta successiva siate cortesi ma senza darle confidenza. Questo comportamento genera confusione nelle persone, che si interrogheranno su di voi, si chiederanno dove abbiano sbagliato e saranno propense a rimediare. Il mistero e la confusione sono armi potenti, ma non esagerate, mantenete un certo equilibrio, perché disorientare eccessivamente una persona potrebbe portare a perderla.

Siate Audaci

La fortuna aiuta gli audaci, lo sapete benissimo. Quando avete designato il vostro obbiettivo, siate risoluti e coraggiosi. Una persona decisa non passa inosservata, e a questo punto il peggio è fatto. Non aspettate mai che sia l'altra persona a fare la prima mossa, sappiate cosa volete, fate capire che lo sapete e cogliete l'attimo.

Capitolo 11. Leggere gli Occhi

Abbiamo già puntualizzato come la direzione dello sguardo, come anche il cercare o lo sfuggire il contatto visivo siano importanti segnali di comunicazione; in effetti gli occhi, in concomitanza con i segnali espressi da tutto il viso, sono in grado di manifestare quasi tutte le emozioni, e in particolare riescono immediatamente a far capire se la persona con cui parliamo sia interessata al nostro discorso o non aspetti altro che andarsene.

Chi mantiene il contatto visivo generalmente prova interesse, dimostra attenzione nei nostri confronti e nei confronti di ciò che abbiamo da dire o da offrire. Allo stesso modo, se vogliamo manifestare attenzione verso qualcuno che parla, genuino o meno, il modo migliore è quello di mantenere il contatto visivo. Generalmente le persone tengono molto all'attenzione degli altri, e una volta che credono di averla catturata fanno di tutto per mantenerla.

Evitare il contatto visivo o interromperlo è un segnale di noia o disinteresse, per la persona che parla o per l'argomento che sta trattando. Chi si accorge che le persone non lo ascoltano, in genere cerca di riportare a sé la loro attenzione alzando il volume, o enfatizzando ciò che dice manifestando maggiore entusiasmo nel tono con cui lo dice.

In realtà, se una persona fatica a seguirvi e distoglie lo sguardo, non significa a priori che non sia interessata. Potrebbe aver lavorato troppo, essere esausta, e non avere proprio le energie per ascoltare; questo non significa che in un secondo tempo non si possa dimostrare più interessata.

Un'altra possibile spiegazione per la mancanza di contatto visivo è l'imbarazzo. Una persona che ascolta un discorso che lo mette a disagio potrebbe distogliere lo sguardo, non perché sia distratto, al contrario, però potrebbe voler nascondere il proprio pensieri o sentimenti, o magari si sente chiamato in causa dall'oratore e preferisce non incrociarne lo sguardo. Ci sono persone che non hanno problemi ad affrontare tematiche personali o imbarazzanti, anche se le riguardano da vicino; altre però non se la sentono, preferiscono evitare; non vogliono esprimerlo verbalmente per non attirare l'attenzione su di sé, preferiscono guardare altrove. Il questo caso la mancanza di contatto visivo è un sintomo di elusione.

Abbiamo già parlato del battito delle ciglia, e del fatto che un battito accelerato possa comunicare eccitazione o nervosismo; tutti sbattiamo le ciglia, ma la frequenza con la quale si verifica il fenomeno è del tutto involontaria, è un meccanismo indotto dal cervello in risposta a determinati stimoli emotivi. In questo senso, c'è un'altra possibilità; una persona potrebbe battere le palpebre perché è stanca o annoiata, e sta cercando di mantenere la concentrazione.

Un altro modo di comunicare tramite gli occhi è quello di rotearli, o comunque alzarli in risposta a una frase o una battuta. Il significato di questi segnali è in genere piuttosto chiaro: alzare gli occhi al cielo in risposta ad una battuta sciocca indica scherzosa (o meno) esasperazione. Chiudere un istante gli occhi durante un discorso indica disappunto o disaccordo con quanto è stato appena detto.

Nonostante gli occhi dicano molto, così come le espressioni del viso e le espressioni verbali, in realtà i segni da cogliere sono molti, tra cui gesti delle mani, postura e altri, di cui abbiamo già parlato e parleremo ancora; cogliere i sentimenti profondi e le intenzioni reali di una persona significa nono solo cogliere tutti gli indizi che trasmette, ma anche riuscire a correlarli e costruire un quadro generale.

Capitolo 12. Psicologia delle Strette di Mano

È usanza, nel mondo occidentale, quando si saluta formalmente o ci si presenta per la prima volta, stringere la mano. Si tratta di un saluto abbastanza intimo, perché si pone il proprio palmo contro quello di un'altra persona e, in un certo senso la si attira nel proprio spazio personale. A differenza dei paesi orientali, dove da sempre si usa un inchino, in occidente la stretta di mano è nata per mostrare all'altra persona che non si nascondevano armi nella mano. Addirittura, nell'antica Roma, ci si afferrava a vicenda lungo l'avambraccio, per verificare che non si fossero pugnali nascosti nella veste.

Indipendentemente dal fatto che ci stiamo presentando, o che salutiamo un amico o un collega, la stretta di mano dovrebbe essere salda e rapida, meglio ancora se guardando negli occhi l'altra persona e accompagnando il tutto con un sorriso amichevole. Sembra un gesto semplice, ma dalla stretta di mano si possono capire molte cose di una persona; questi differenti significati sono universalmente riconosciuti, tanto che a volte una persona può usare un determinato tipo di stretta di mano per comunicare un messaggio e, viceversa, in genere in base alla stretta di mano che si riceve, si tende ad attribuire all'altra persona caratteristiche ben definite.

Nonostante la stretta di mano sia a questo punto un gesto universale, può venire eseguita in una varietà di modi. Vediamone alcuni.

Stretta Ferma

Come abbiamo detto è la stretta di mano ideale, che di certo si applica nel caso di presentazioni, ma va benissimo in qualsiasi altra situazione. Non implica alcun tentativo di controllo o sottomissione, anzi, esprime parità.

Palmi Sudati

Il sudore dei palmi delle mani in genere indica nervosismo. Se vi capita di stringere la mano ad una persona con il palmo sudato, non ignorate questo segnale, fatevi delle domande. Ad esempio, se l'altra persona fosse un venditore, chiedetevi quanto ansioso sia di piazzare un certo prodotto, o quanto sia convinto della sua bontà; fate tutti i controlli del caso prima di buttarvi in un incauto acquisto. Ricordate comunque che circa il 5% della popolazione mondiale soffre di sudorazione eccessiva che non è in grado di controllare, per cui, come sempre, questo segnale non va interpretato alla lettera.

Stretta Politica

Si parla di stretta di mano del politico quando, dopo aver afferrato la vostra mano, l'altra persona una l'altra sua mano per coprirla, in modo da trattenerla tra le sue due mani. A dire il vero si usa anche tra amici, per indicare affetto, nel qual caso facilmente diventa una stretta a quattro mani, oppure l'altra persona potrebbe afferrare il vostro braccio; sono tutte dimostrazioni di amicizia e intimità. Quando però questo avviene tra semplici conoscenti o addirittura estranei, questa stretta di mano rappresenta un tentativo forzato e, spesso poco sincero. In questo caso siate prudenti, non concedete troppo presto la vostra fiducia. Se desiderate, potete ritrarre la vostra mano per prima, come a indicare che non desiderate tutta questa confidenza.

Pesce Lesso

Quando qualcuno si limita a porgervi la propria mano, senza convinzione, senza quasi stringere la vostra, probabilmente di tratta di una persona timida, insicura, magari anche noiosa, senza argomenti. Difficilmente di tratta di una persona socievole.

Chela di Granchio

Definiamo così la stretta di mano nella quale l'altra persona, più che porgere il palmo, si limita ad appoggiare le punte delle dita contro il vostro. È un gesto che mostra scarsa disponibilità all'apertura, e tipicamente appartiene a persone che hanno difficoltà a costruire relazioni durature, che non amano mostrare molto di sé. È bene non forzare la confidenza con queste persone, lasciare che sia aprano quando lo desiderano e se lo desiderano.

Morsa per Dita

A volte succede che voi porgiate il palmo della mano e l'altra persona, invece, si limiti a stringere le vostre dita. Si tratta di una espressione di presunta superiorità, come se l'altra persona volesse farvi capire chi comanda. In realtà questa persona desidera ardentemente dominare ma, sotto sotto, si tratta di un insicuro. Non mostrate debolezza nei confronti di questo tipo di persone. Se vi tornano utili, trattatele con cortesia. Diversamente, ignoratele.

Tazza da Tè

Si chiama così la stretta nella quale l'altra persona non presenta la mano piatta, ma la tiene raccolta, come una tazza, in modo che il suo palmo non tocchi il vostro. Generalmente questo modo di stringere la mano indica riluttanza a rivelare qualcosa, tentativo di nascondete tutta o parte della verità. Se fate affari con questa persona accertatevi di leggere bene il contratto, soprattutto le scritte piccole in fondo.

Dominio

Quando una persona stringe normalmente la mano, ponendola però sopra la vostra, con il palmo rivolto verso il basso, indica la precisa volontà di sottomettervi, perché di fatto spinge la vostra mano verso il basso. Potrebbe essere una buona idea, se vi torna utile, accettare questa stretta, lasciando che la vostra mano venga messa in stato di sottomissione; probabilmente l'altra persona si sentirà gratificata e proverà un senso di sicurezza, rendendosi vulnerabile.

Mano della Regina

Tipicamente è una forma di saluto tra uomo e donna, nella quale quest'ultima porge la mano a faccia in giù, quasi a richiedere un baciamano. Di norma questo indica desiderio di mantenere le distanze, dal momento che si rifiuta l'intimità di una vera stretta di mano. Porgere la mano in questo modo obbliga chi la riceve a stringere le dita, come a imporle la propria superiorità.

Abbiamo elencato e analizzato alcuni modi diffusi di stringere la mano; alcuni sono tipici di una determinata persona; peraltro, alcune persone potrebbero usare strette di mano diverse a seconda della situazione, proprio perché la stretta di mano esprime la considerazione nei confronti dell'altra persona. L'analisi della stretta di mano non riesce sempre a fornire una lettura infallibile delle persone, ma riesce comunque a rendere l'idea di cosa ci potremmo aspettare, aiutandoci a impostare le relazioni con le persone in modo maggiormente oculato. Tenendo presente che la stretta di mano viene anche utilizzata per suggellare un accordo, provate a capire se si tratta della medesima stretta di mano utilizzata nelle presentazioni; questo potrebbe fornire una buona indicazione sul fatto che abbiate sottoscritto un contratto vantaggioso o meno.

Nonostante, come abbiamo detto, ormai in tutto il mondo la stretta di mano sia riconosciuta e accettata come segno di saluto o accordo, in quasi tutti gli ambiti, e nonostante il modo di stringere la mano invii un segnale che si interpreta con facilità, ricordate sempre che non tutte le culture la utilizzano allo stesso modo. Vediamo alcune delle usanze, diverse dalle nostre, che potremmo incontrare girando il mondo.

- Gli uomini potrebbero essere più propensi a stringere la mano solo alle donne
- Potrebbe essere educato stringere prima la mano alle donne, poi agli uomini
- I bambini potrebbero essere abituati a stringersi la mano tra loro
- Una stretta decisa potrebbe essere considerata scortese
- Un bacio potrebbe fare normalmente parte della stretta di mano

- Potrebbe essere appropriato stringere entrambe le mani
- Una stretta leggera potrebbe essere segno di rispetto
- La stretta di mano potrebbe essere mantenuta a lungo, durante tutta la conversazione

Indipendentemente dalla zona geografica e dalla cultura, ci sono persone che preferiscono non stringere la mano, o addirittura ne hanno paura; alcuni di questi hanno una paura immotivata del contagio e delle malattie, altri semplicemente non amano il contatto fisico di nessun genere. Tenete sempre presente questo fatto, quando vi accingete a stringere la mano ad una persona. In quasi tutte le culture che praticano la stretta di mano, rifiutarla è sempre stato considerato una mancanza di rispetto, e spesso è ancora così; in realtà, nella società moderna, dominata dalla cultura del commercio e degli affari, non ci si formalizza troppo e si è anche disponibili a fare a meno delle strette di mano e ad usare differenti gesti di socializzazione. Una persona che non ama il contatto fisico potrebbe porgere il gomito, e tutto sommato la cosa verrebbe giudicata come accettabile.

Infine, un aspetto molto importante da tenere presente, parlando di strette di mano, è la presenza o assenza del contatto visivo; è sempre bene guardare negli occhi la persona a cui stringiamo la mano, almeno brevemente; questo comunica onestà e sincerità. Al contrario, una stretta di mano tra persone che guardano altrove indica immancabilmente diffidenza o disprezzo. Ricordate sempre che, in caso vi imbattiate in un individuo di natura ingannevole, contatto visivo e stretta di mano potrebbero essere intenzionalmente impostati, nel tentativo di ingannarvi. Come detto più volte, non focalizzatevi unicamente su questi segnali, cercate sempre di analizzare le persone il più complessivamente possibile, così da avvicinarvi ad un quadro maggiormente accurato.

Capitolo 13. I Vampiri Psichici

Tipicamente, i rapporti tra due persone possono appartenere a tre categorie. Nel primo, entrambe le persone ricavano un vantaggio personale dal rapporto; nel secondo, una delle due persone ricava un vantaggio e l'altra non ricava nulla; nel terzo, infine, la prima persona ricava un vantaggio personale che va a scapito della seconda persona. L'esperienza ci insegna che nella vita possiamo incontrare persone che tendono a dare e persone che tendono a prendere. I donatori sono persone che donano il proprio tempo, la propria attenzione e le proprie risorse per cercare di aiutare il prossimo; i fruitori, al contrario, si appoggiano agli altri per ricavare sostegno fisico, emotivo, e spesso anche economico.

Naturalmente stiamo presentando casi estremi, nessuna persona appartiene totalmente a una delle due categorie; diciamo che, tendenzialmente, si tende verso una o l'altra delle due categorie, in una certa misura quantomeno.

Osservate che, nell'universo, le sorgenti ricche di energia tendono ad alimentare quelle più povere. È una legge generale. Pensate all'economia: le persone molto ricche tendono a fornire denaro a quelle meno abbienti, tramite impiego, tasse, elemosina. I paesi più ricchi della terra di norma aiutano quelli meno ricchi, e molti cittadini di paesi più poveri si recano in quelli più ricchi per guadagnare soldi da inviare a casa. Ancora, pensate ad una famiglia: in ogni famiglia ci sono membri con maggiore energia che tendono ad aiutare gli altri. La stessa cosa capita a scuola, quando in un gruppo di lavoro c'è sempre uno studente che tende a fare il lavoro di tutti gli altri.

Abbiamo detto che non ci sono persone totalmente donatrici o totalmente fruitrici, ma in realtà c'è la categoria degli empatici, persone così sensibili nei confronti degli altri da arrivare a dare tutte sé stesse per aiutare chi lo chiede. Che siate empatici o meno, è bene che sappiate che alcune persone sono più nocive di altre; chiamiamo "vampiri psichici" queste persone. Il vampiro psichico è una minaccia reale, non solo per individui empatici, ma per chiunque abbia la naturale disposizione a dare una mano a chi è in difficoltà. Ci sono cinque specie principali di vampiri psichici, anche se a volte la distinzione tra categorie non è così netta. Alcune di queste categorie verranno esaminate più in dettaglio nei capitoli successivi.

La Vittima

Appartengono a questo gruppo le persone che ritengono che qualsiasi loro azione (quelle sbagliate soprattutto) siano imputabili a qualcun altro; non hanno letteralmente la capacità di assumersi le loro responsabilità. Si tratta di personalità passivo-aggressive, trasmettono perennemente negatività, si autocommiserano e hanno una loro personalissima visione di tutto ciò che hanno subìto nella vita. Sono degli autentici martiri.

Il Narcisista

I narcisisti sono persone perennemente compiaciute di sé stesse. Gonfie, potremmo dire. Avidi di attenzioni, cercano l'approvazione in qualsiasi cosa facciano. Si arrabbiano molto con chi mette in discussione la loro grandezza, e possono diventare vendicativi. Non ammettono mai i propri errori e, quando capita, sono pronti a trovare scuse e a dare la colpa agli altri. Sono abilissimi manipolatori, sanno essere affascinanti e carismatici, e in genere sanno come ottenere ciò che desiderano. Non è difficile capire il loro gioco, ma molte persone cadono nelle loro tattiche e finiscono per reputarli persone superiori.

L'Invidioso

Questa categoria di persone ha come scopo ultimo l'abbattimento del morale altrui. Piuttosto che cercare di essere felici, preferiscono occuparsi dell'infelicità altrui, e hanno il vizio di parlare continuamente delle altre persone, spesso male. Sono persone pettegole, che godono delle disgrazie altrui. Può sembrare che si preoccupino e che cerchino di aiutare chi è in difficoltà, ma in realtà sono felici quando gli altri soffrono, perché non sono minimamente empatici. Hanno una autentica dipendenza dai problemi degli altri, non si fanno alcun problema a giudicare e, soprattutto, nutrono profondo rancore per le persone felici, che hanno successo nella vita.

Il Pessimista

Questa persona vive in una perenne aura di malinconia e oscurità. Non ama stare in mezzo a persone felici, questo lo rattrista. Vive nell'ansia e nella preoccupazione, è ossessionata da tutto ciò che di brutto è accaduto, che sta accadendo, e che sicuramente accadrà in futuro. Ha un bisogno compulsivo di trasmettere a tutti la propria negatività ed è quasi impossibile rallegrarla o confortarla. Sono persone demotivate, senza energia, con la tendenza a lasciarsi sopraffare dagli eventi. Per qualche strano motivo trovano sempre qualcuno che si occupi di loro.

Lo Psicopatico

Qui si fa sul serio. Fortunatamente queste persone non si incontrano frequentemente, perché si tratta della categoria più pericolosa. Si tratta di autentici predatori, inclini alla manipolazione, all'abuso, alla violenza. I criminali e i truffatori rientrano in questa categoria; se riescono a mantenere il controllo raggiungono risultati incredibili, per quanto deprecabili. Gli psicopatici non hanno la minima empatia, agiscono unicamente per il proprio piacere e per la gratificazione personale, e niente li può fermare se non le conseguenze delle loro azioni. Si tratta di persone realmente pericolose per la società.

Queste sono alcune categorie di persone che rientrano nella categoria di vampiro psichico; naturalmente non ci sono al mondo due persone uguali, e in ogni modo alcune categorie sono più nocive di altre; il pessimista, ad esempio, non è una persona pericolosa, perché non è un malvagio. Narcisisti e psicopatici sono di gran lunga più dannosi, perché non si fanno scrupolo di fare del male alle altre persone per fare fronte alle loro insicurezze; si tratta di persone spesso molto abili, e li si può ritrovare anche annidati all'interno di circoli spirituali, dove usano il loro grande intuito per motivi egoistici.

La vita non è sempre facile, ci sono persone che diventano vampiri psichici perché soccombono alle proprie debolezze, ma hanno sempre la possibilità di migliorare, se opportunamente aiutati. D'altronde, anche le persone di successo possono avere difficoltà e, per un periodo della loro vita, ricadere nella categoria dei vampiri psichici; a volte si risollevano, a volte no. Non è necessariamente una condizione permanente.

È sicuramente giusto provare compassione per chi soffre, capire che spesso queste persone si comportano come si comportano perché non stanno bene con sé stessi e con gli altri, ma d'altronde permettere loro di farci del male è inaccettabile. In molti casi non resta altra scelta se non evitarle.

I vampiri psichici sono perennemente alla ricerca di persona compassionevoli, perché il loro istinto sa che soddisferanno i loro bisogni, in quanto fonti di energia. Detto chiaramente, sono come parassiti in cerca di un ospite, e sanno riconoscerne uno quando lo trovano. Proteggersi da loro è nostra responsabilità, perché alla fine siamo noi a permettere loro di comportarsi così.

Se ci sentiamo esausti, sopraffatti, prosciugati, potremmo essere entrati in contatto con vampiro psichico. Altri segni del contatto con queste persone sono il senso di colpa per non aver soddisfatto il loro bisogni, provare vergogna per noi stessi, sentirsi obbligati ad aiutarli, e avere paura della loro reazione in caso decidessimo di chiudere il rapporto con loro. Se pensando al vostro prossimo incontro con una determinata persona provate ansia, o addirittura paura, consideratelo un campanello d'allarme: probabilmente questa persona non giova alla vostra salute.

Capitolo 14. Come Individuare i Narcisisti

Succede a tutti, e sarà successo anche a voi, di incontrare una persona che, per chissà quale motivo, si sente più importante di tutte le altre persone presenti. Un amico, o un collega, che cerca di essere sempre al centro dell'attenzione, e che si comporta come se il mondo girasse intorno a lui. A volte anche all'interno di una famiglia si evidenzia chiaramente una persona che umilia tutti i suoi familiari perché si ritiene più intelligente.

Interagire con un narcisista può essere sfiancante, e per questo motivo è importante riconoscere per tempo i loro tratti caratteriali dominanti. Ovviamente, non trattandosi di una malattia, non si può accertare il narcisismo tramite un test, però possiamo osservare e analizzare alcuni comportamenti e reazioni, così da identificare per tempo questi personaggi. Vediamo alcuni esempi.

Autostima Smisurata

Gli psicologi chiamano questa caratteristica grandiosità, e va ben oltre l'arroganza e la vanità e rappresenta, di fatto, il tratto distintivo principale del narcisismo.

Nel mondo del narcisista esiste una gerarchia ben precisa, e lui si trova al vertice. Lui è il migliore, il più competente, tutto gli appartiene e tutti devono seguirlo; tutto deve essere fatto a modo loro, solo così si sentono soddisfatti. Il narcisista si sente eccezionale, speciale, e ammette l'interazione unicamente con persone speciali quanto lui. Vale troppo per le persone ordinarie e gli ambienti comuni, si merita esclusivamente il meglio.

Il narcisista si sente superiore a chiunque, e desidera spasmodicamente essere riconosciuto come tale, anche quando tale riconoscimento è palesemente immeritato. Ha la tendenza a esagerare i propri successi e le proprie capacità, e non manca di far notare a tutti quanto siano fortunati ad averlo vicino. È un autentico eroe, e tutte le altre persone devono necessariamente appartenere al suo seguito di ammiratori.

Senso del Diritto

A causa dell'importanza spropositata che attribuiscono alla propria persona, i narcisisti si aspettano un trattamento di favore ovunque vadano. Si considerano speciali e credono di poter (e dover) ottenere tutto ciò che vogliono; si aspettano che tutti siano a loro disposizione, pronti a soddisfare ogni loro desiderio o capriccio. Se questo non capita, beh, allora hanno sprecato il loro tempo in compagnia di gente inutile.

Desiderio Smodato di Lodi

Il senso di grandiosità dei narcisisti è come un palloncino che ha bisogno perenne di essere gonfiato; allo stesso modo, il loro ego smisurato ha un costante bisogno di applausi e riconoscimenti. Le lodi occasionali non sono sufficienti, per questo motivo il narcisista si circonda si ammiratori, perennemente pronti a incensarlo e applaudirlo. Naturalmente, si tratta di rapporti unilaterali. È dovere dei sostenitori lodare il narcisista, ma lui non ha alcun dovere nei loro confronti, e non nutre alcuna riconoscenza. E guai se qualcuno oserà ribellarsi o anche smettere di lodarlo: sarà considerato un traditore, e dovrà subire conseguenze terribili.

L'ironia di tutto questo sta nel fatto che, indipendentemente dalla quantità di lodi ricevute, il narcisista non sarà mai, mai soddisfatto. Questo perché sotto sotto mancano di autostima e, nonostante tutta la loro arroganza, nel profondo sono insicuri e timorosi. Sanno che nessuno li ama davvero e coprono questa lacuna lasciandosi ricoprire di elogi e riconoscimenti suscitati ad arte. Sono sostanzialmente persone fragili, e il loro perenne bisogno di approvazione lo dimostra.

Vita Illusoria

Dal momento che la realtà non sempre riesce ad accontentare il loro desiderio di grandezza, i narcisisti si creano un mondo di fantasia nel quale vivere. In questo mondo la realtà è distorta, ingannevole: in esso il narcisista vive fantasie di successo illimitato, attrattiva, brillantezza, potenza; insomma un mondo perfetto.

Il narcisista vive in questa sorta di bolla generata dalla fantasia, e tutto ciò che minaccia di farla esplodere viene affrontato con aggressività o estrema indifferenza. I fatti e le opinioni in contrasto con la loro idea di perfezione personale vengono semplicemente rifiutati, oppure violentemente confutati; per questo motivo chi deve convivere con un narcisista ha imparato a non contraddirlo mai, per amor del quieto vivere, lasciandolo a bearsi della sua percezione distorta della realtà.

Mancanza di Empatia

Il narcisista non ha la minima capacità di immedesimarsi nelle altre persone, per questo motivo non ha alcuna remora a sfruttarli in modo vergognoso. Le persone che hanno attorno hanno la unica funzione di servirli e soddisfare la loro smodata sete di approvazione.

Un narcisista non esita mai a servirsi delle altre persone. A volte lo sfruttamento è palese, a volte meno evidente, più sottile. In qualsiasi caso, il narcisista non si preoccupa mai delle conseguenze sulle altre persone del proprio comportamento manipolatorio; se glielo si fa notare, semplicemente non lo capisce. La sua unica preoccupazione riguarda la soddisfazione dei suoi bisogni e la gratificazione del suo ego.

Un altro aspetto tipico della personalità narcisista sta nel perenne tentativo di sminuire e mettere in ombra le altre persone, soprattutto di quelle più dotate di loro, che rappresentano una minaccia insopportabile. Quando un narcisista incontra una persona che gode di maggiore popolarità, o che non è disposta a piegarsi ai loro comandi, semplicemente lo combattono con il disprezzo. È il loro meccanismo di difesa; per mantenere intatto il loro ego dimostrano a tutti e, soprattutto, a sé stessi, quanto quella persona sia irrilevante e insignificante.

Meticolosità

La maggior parte dei narcisisti sono perfezionisti; hanno bisogno di pianificare minuziosamente ogni minimo dettaglio della loro vita, e si aspettano che tutto accada esattamente come lo hanno pianificato e immaginato. Naturalmente questo non succede mai, e per questo motivo il narcisista è spesso infelice e depresso.

Per lo stesso motivo, il narcisista è difficile da accontentare; niente di quello che fate sarà fatto abbastanza bene, e mentre lo fate ricordatevi di continuare e elogiarli e gratificarli, perché se non lo fate, e magari il narcisista è il vostro capo, potrebbe bastare questo a farvi licenziare; ricordate che un narcisista non accetta risposte negative e si aspetta di essere servito senza dover chiedere.

Mania del Controllo

Abbiamo già detto che i narcisisti sono inguaribili perfezionisti; dal momento che nulla potrà mai essere fatto al livello che loro desiderano, sviluppano questa necessità di controllare minuziosamente tutto ciò che gli altri fanno per loro. E una volta che controllano tutti, non riescono a resistere alla tentazione di manipolarli.

Il narcisista ha un irrealistico senso del diritto, e pertanto non trova strano pretendere di controllare le azioni degli altri; è la cosa più logica, dal momento che la loro mente superiore ha capacità di giudizio a dir poco uniche. Nella loro mente, tutto è già stato deciso, e ogni persona deve ricoprire un ruolo prestabilito; se così non avviene, il narcisista si agita molto, perché se il copione non viene rispettato, l'immagine idilliaca nella sua mente rischia di venire infranta. Le altre persone non sono individui con il diritto di avere opinioni diversi, ma sono semplici comparse del grande film del quale il narcisista è unico regista, e chi non si adegua rappresenta una minaccia.

Irresponsabilità

Nonostante il narcisista desideri avere il controllo di tutto ciò che accade, non desidera di certo la responsabilità di un eventuale fallimento. Se le cose non vanno secondo i piani, la colpa è sempre, sempre, di qualcun altro. A volte i narcisisti generalizzano: tutti i professori sono odiosi, tutti i poliziotti sono corrotti, e via discorrendo. Altre volte la colpa viene scaricata su una ben precisa entità, fisica o intangibile: il padre, il fratello, le leggi del paese, il sistema.

Notate inoltre che, nel perverso gioco dello scaricare le responsabilità, il narcisista molto spesso se la prenderà con il suo sostenitore più fedele, con il suo servitore più devoto; così facendo sarà sicuro di poterlo fare senza scatenare ribellioni. In effetti il narcisista è bravissimo a insabbiare i propri errori, e il modo migliore per farlo è scaricare le colpe su qualcuno propenso ad accettarle.

Bisogno di Emozioni

Il narcisista ha una dipendenza fisica dall'adrenalina, ama il rischio; questo perché le situazioni rischiose aprono per lui nuovi scenari di gratificazione e riconoscimento. Vivere pericolosamente attira su di loro l'attenzione degli altri, sollecitando la loro ammirazione. Se cercherete di farli ragionare sui rischi ai quali si espongono e ai quali espongono gli altri vi ignoreranno; anzi, si giustificheranno dicendo che sono costretti a correre rischi per colpa dell'inettitudine degli altri.

Lavorare a fianco di un narcisista è un po' come salire sulle montagne russe: uno scossone continuo. Il narcisista prenderà sempre la direzione maggiormente adrenalinica, il che inevitabilmente porterà al crollo di qualsiasi strategia sensata, in favore di una reazione convulsa e istintiva, che è proprio ciò che lui ricerca, perché il brivido lo fa stare bene con sé stesso, anche perché si tratta di una ottima valvola di sfogo per la pressione e l'aggressività che perennemente covano in lui.

Intolleranza alle Critiche

I narcisisti si considerano esseri superiori e infallibili, e in tal modo pretendono di essere visti. Non esistono vie di mezzo, per loro le persone sono perfette o inutili. Sono profondamente intolleranti alle critiche, perché nel loro universo immaginario non esistono errori; indipendentemente dal modo in cui cercherete di approcciarli, qualsiasi critica, per quanto pacata e costruttiva, scatenerà un attacco oppure la chiusura totale nei vostri confronti. Qualsiasi scusa sarà buona per giustificare il loro operato, e pretenderanno che voi vi adeguate alle loro motivazioni superiori.

Biasimare un narcisista è reato di lesa maestà; provarci significa ricevere ogni sorta di insulti e venire allontanato dalla loro regale presenza. Nella sua mente distorta, l'allontanamento è una punizione terribile, e il narcisista si convincerà di avervi provocato un grande dolore, la qual cosa lo riempirà di orgoglio e soddisfazione, dal momento che è convinto che le persone senza di lui non sappiano vivere.

Abbastanza sorprendentemente, la sua intolleranza alle critiche non gli impedisce di criticare continuamente tutti gli altri; sono ciechi sui propri difetti, ma abilissimi e vedere quelli degli altri e immancabilmente pretendono che vengano corretti.

Mancanza di Senso dell'Umorismo

I narcisisti sono estremamente seri. Non scherzano e non capiscono le battute, salvo le loro, che spesso sono più che altro giochi di parole o commenti sarcastici. La loro totale mancanza di empatia rende loro impossibile cogliere i contesti e le emozioni, per cui le situazioni umoristiche sono del tutto incomprensibili. Dal momento che non hanno la capacità di immedesimarsi in altre persone, non trovano divertente neanche la scenetta più spassosa. D'altra parte, sono maestri di sarcasmo, che scambiano facilmente per arguzia.

Mancanza di Tatto

Il narcisista non percepisce le altre persone come entità dotate di personalità e sentimenti propri, bensì come semplici estensioni della propria persona, atte a soddisfarne le esigenze; pertanto, non riconoscono loro alcun diritto, e non si preoccupano minimamente che queste persone abbiano anch'esse bisogni, obblighi familiari, esigenze. Non sono persone, sono risorse, pertanto devono essere a completa disposizione, sempre, in ogni momento.

Sono questi confini indefiniti tra ciò che è lecito fare e ciò che non lo è a fare sì che i narcisisti spesso parlino a sproposito, magari rivelando particolari imbarazzanti della propria vita. Non hanno problemi a raccontare dettagli scabrosi o comunque inappropriati, senza porsi il minimo problema a proposito dell'effetto che le loro parole possano sortire sugli altri; allo stesso modo, a causa della loro scarsa considerazione per gli altri, non si fanno alcun problema a divulgarne i segreti, a umiliarli e a metterli in imbarazzo di fronte a tutti.

Capitolo 15. Il Lavaggio del Cervello

Il concetto di lavaggio del cervello, per qualche motivo, è diventato incredibilmente popolare nei media. Dai cartoni animati ai film horror, il lavaggio del cervello è un espediente grottesco e ormai abusato per spiegare comportamenti irrazionali, tenendo lo spettatore incollato allo schermo, avvincendolo e spaventandolo al tempo stesso.

Pur non rispecchiando le descrizioni presenti nei film di seconda categoria, che abbondano in magia, incantesimi, maledizioni e possessione demoniaca, il lavaggio del cervello è in realtà un concetto molto reale in psicologia, e viene tuttora applicato, soprattutto nei casi di prigionieri di guerra e adepti di sette religiose.

Il lavaggio del cervello non è assolutamente un modello di obbedienza totale, innescato a comando, come vediamo nei film; è piuttosto una pratica di manipolazione brutale e traumatizzante, particolarmente pericolosa per le conseguenze che può avere sulla salute mentale di chi lo subisce. Non per niente pratiche di questo tipo sono abusive e illegali. Non ne parliamo qui certo per spingervi ad usarle; è rischioso per chi le applica e per chi le subisce. Ciò nonostante, è interessante capirne il funzionamento.

Cos'è il Lavaggio del Cervello?

Si parla di lavaggio del cervello quando si induce una persona ad adottare e interiorizzare opinioni e credenze differenti da quelle che questa persona aveva in origine; si tratta di tecniche quasi sempre coercitive. Questo comporta l'attacco alla personalità e all'identità di una persona, fino a reprimerla, cancellarla e rimodellarla a proprio piacimento tramite l'utilizzo dell'abuso e del senso di colpa, per tutto il tempo necessario. Ciò che rende il lavaggio del cervello deprecabile è proprio la distruzione intenzionale e maliziose delle idee di qualcuno per sostituirle con le proprie, nella totale incuranza degli inevitabili danni che ne derivano.

Perché?

Il lavaggio del cervello, nonostante il fine ultimo sia sempre quello di costringere le persone ad allinearsi, viene praticato in ambiti diversi. Uno dei più tipici è la setta religiosa; in questo tipo di ambiente vengono richieste obbedienza e lealtà assolute, e il lavaggio del cervello risulta utile per indottrinare gli adepti e convincerli ad abbandonare la propria vita e a dedicarsi totalmente alla setta e ai suoi interessi, perdendo la propria identità e, soprattutto, la propria capacità di giudizio. Un esempio eclatante di lavaggio del cervello si è riscontrato nella setta del *Tempio del Popolo* del predicatore americano Jim Jones, tristemente noto per aver indotto i suoi seguaci all'omicidio di un deputato del Congresso e, successivamente, per difenderli da una presunta invasione del male, e suicidarsi in massa. Queste persone, totalmente soggiogate dalla sua personalità, nel novembre del 1978 sono morte dopo aver assunto volontariamente un cocktail a base di cianuro, che hanno somministrato anche ai loro figli, per un totale di 909 morti.

Un altro tipico caso di utilizzo di questa pratica si è riscontrato nel caso di prigionieri di guerra, la cui personalità è stata frantumata per obbligarli ad allinearsi alle idee del proprio nemico e renderli a lui fedeli in ogni situazione. Negli anni '50 ad esempio, un gruppo di prigionieri di guerra americani in Cina sono stati sottoposti a questo tipo di pratica prima di essere rispediti in patria, con il preciso scopo di costringerli a lodare e diffondere le teorie politiche del regime comunista cinese, di fatto deprecando e ripudiando gli ideali del paese di origine. Qualcosa di molto simile è accaduto in Corea del Nord negli stessi anni; alcuni soldati statunitensi e britannici, a seguito della manipolazione mentale, effettuata con l'ausilio di sevizie e torture, hanno preferito abbandonare gli ideali originari e trasferirsi in Cina, dove hanno iniziato una nuova vita.

È interessante notare come, in tutti questi casi, il processo del lavaggio del cervello non sia assolutamente qualcosa di subdolo, al contrario le persone che lo subiscono sono perfettamente consapevoli di cosa stia succedendo, ma ciò nonostante finiscano per conformarsi e allinearsi a ciò che si vuole imporre loro. In altri casi, le persone che percepiscono un tentativo di manipolazione sono in grado di reagire e prendere le distanze, ma non è questo il caso del lavaggio del cervello; chi vi è sottoposto alla fine decide di adeguarsi e lasciarsi plagiare per fermare un abuso troppo doloroso da sopportare. Pur di interrompere la sofferenza, l'individuo sceglie di cedere e, per puro istinto di sopravvivenza, accetta questa sorta di reincarnazione all'interno di una nuova personalità.

Il processo del lavaggio del cervello è generalmente reversibile; quando una persona che lo ha subito viene riportata alle condizioni di vita precedente, dopo una iniziale fase di rigetto, riesce a ritornare alla personalità precedente; ciò che invece non è reversibile sono i traumi psicologici dovuti all'utilizzo di pratiche inumane, che la accompagnano per il resto della sua vita.

Un Processo Graduale

Nonostante l'idea di lavaggio del cervello possa sembrare qualcosa di complicato, in realtà non è difficile annullare la personalità di un individuo e costringerlo ad adottarne una nuova, a patto che non ci si faccia scrupoli ad adottare metodi estremi. Se non ci si preoccupa della salute mentale dei soggetti, il lavaggio del cervello può essere applicato con successo mediante un processo costituito da fasi successive. Con questo non stiamo dicendo che si tratti di un processo rapido; per applicarlo occorre tempo, e ancor di più occorrono l'ambiente giusto e la possibilità di applicare indisturbatamente pratiche inumane e palesemente illegali. Vediamo alcuni passaggi tipicamente utilizzati mediante i quali individui senza scrupoli e regimi totalitari sono riusciti con successo a piegare la volontà delle loro vittime.

Assalto all'Identità

Non possiamo parlare di lavaggio del cervello se non si convince la vittima ad abbandonare la persona che era in precedenza; pertanto, la prima fase della manipolazione consiste nel mostrare alla vittima quanto sia deprecabile la sua condizione attuale. L'individualità viene attaccata cercando di dimostrarne tutti gli aspetti negativi, nel tentativo di spingere la vittima a odiare e disprezzare sé stessa e la cultura o ideologia dalla quale proviene.

Supponiamo di voler convincere una persona a ripudiare la propria esistenza precedente; possiamo chiedere come si chiami, e quando risponde con il proprio nome, punirla. Continuare a punirla finché non si convinca a rispondere con un nome diverso, imposto dall'aguzzino. Adottando lo stesso processo per qualsiasi informazione riguardante la vita o le idee originarie di questa persona, la si porterà ad associare la sua personalità precedente all'idea di sofferenza, spingendolo di fatto a ripudiarla.

Senso di Colpa

Il senso di colpa è una componente fondamentale all'interno del processo di lavaggio del cervello. Affinché la tortura, fisica o psicologica che sia, abbia effetto, è necessario convincere la vittima che la colpa di tutto ciò che accade è solo sua. Sua personale, o della sua cultura, o della sua famiglia, o della sua fazione, in ogni caso non dell'aguzzino, che viene di fatto scaricato da ogni responsabilità; è costretto a fare ciò che fa, se la sua vittima fosse diversa, tutto ciò non accadrebbe. È incredibile quanto sia efficace questo metodo di manipolazione; tramite l'abuso ripetuto si può portare una persona a incolpare sé stessa per qualsiasi cosa, anche per eventi o circostanze delle quali non ha mai neanche sentito parlare. Senza tenere conto del fatto che, accumulando il senso di colpa nei riguardi di una persona, la si porta a odiare sé stessa e a desiderare di diventare qualcosa di diverso.

Tradimento di Sé Stessi

Con l'accumularsi del senso di colpa e della paura di essere torturato, chiunque prima o poi arriverà alla conclusione che è di gran lunga più semplice tradire la propria identità che rimanere fedeli a sé stessi. Quando la morte diventa un'ipotesi concreta, l'istinto di sopravvivenza può spingere anche la persona più solida ad abbandonare le proprie idee, pur di salvaguardare la propria esistenza. La sottomissione diventa accettabile quando è l'unica strada che porti alla sopravvivenza.

Punto di Rottura

Quando una persona, a causa delle pressioni e delle torture subite, arriva al punto di condannare e denunciare sé stessa, si arriva ad un punto di rottura in cui ogni speranza è perduta. Si accetta di intraprendere una vita nuova, dal momento che qualsiasi reazione è totalmente inutile e porta a ulteriori sofferenze. È qui che si verifica la svolta; una volta ripudiata la sua esistenza precedente, una volta compreso che l'alternativa è la morte o comunque una sofferenza infinita, la vittima del lavaggio del cervello si arrende e si incammina in direzione della propria nuova personalità.

La Ricompensa

Nel mezzo della disperazione arriva un raggio di luce: l'aguzzino che vi ha torturato fisicamente e psicologicamente fino a portarvi sull'orlo della pazzia, se non della morte, mostra la propria clemenza; può trattarsi di cibo, acqua, di una sigaretta, o magari anche solo di qualche parola gentile. Non potrete non aggrapparvi a questa flebile speranza, che vedrete come l'unica carta da giocare per uscire dall'inferno. A questo punto l'aguzzino ha conquistato la fiducia della sua vittima, che ha finalmente capito che esiste la possibilità concreta di una nuova vita, e che tutto questo passa dall'approvazione del proprio manipolatore, e dalla completa adesione alle sue richieste.

Desiderio di Confessare

Una volta intravista la luce, il senso di colpa diventa insopportabile, e si crea nella vittima un incontenibile desiderio di ammettere i suoi crimini, confessare le sue malefatte, reali o presunti che siano. Il manipolatore sa come incoraggiare questo impulso, e la vittima in breve confessa qualsiasi cosa lui desideri, anche se sa di esserne totalmente estraneo; qualsiasi cosa pur di far scomparire quella sensazione di colpa.

Progresso verso l'Armonia

Dopo la confessione iniziale, la vittima di lavaggio del cervello si incammina verso la sua nuova istruzione e formazione. Gli vengono trasmette una nuova identità e una nuova cultura. Dimenticare il proprio passato è qualcosa di fortemente incoraggiato. La paura dei maltrattamenti è ancora viva e, per scongiurarla, si è disposti ad apprendere, a sottomettersi. D'altra parte, la somministrazione di continue ricompense li convince definitivamente di stare camminando sulla strada verso la redenzione.

Confessione Finale

Verso la fine del processo arriva la confessione finale: la vittima ora è convinta di aver sbagliato e condanna duramente tutto ciò che è stata in precedenza. È sinceramente pentita, vede la bellezza delle nuove idee, si identifica con la cultura e l'ideologia che l'anno accolta tra i loro braccia. Anzi, si crea un senso di urgenza, di impazienza di farne parte totalmente per potersi sentire finalmente redenti.

Rinascita

Siamo arrivati alla conclusione del processo di lavaggio del cervello. Il prigioniero viene rilasciato. Non c'è più alcun bisogno di manipolarlo, è pronto per venire accolto all'interno della nuova società, per la quale ora si sente preparato. Se da parte sua ha un desiderio ardente di essere accettato e accolto, le persone che lo circondano lo guardano con sospetto, continuando a vederlo come straniero e potenzialmente ostile. Nonostante tutti i suoi sforzi, spesso è condannato a rimanere sostanzialmente un estraneo all'interno della società della quale disperatamente ambisce a fare parte.

Capitolo 16. Linguaggio del Corpo e Rapporti Sociali

Q uando interagiamo con una persona, sono molte di più le informazioni che ricaviamo dal suo linguaggio del corpo rispetto a quante ne riceviamo dal linguaggio verbale. Può sembrare strano, perché quando parliamo di comunicazione pensiamo sempre alla parola, eppure è così. Effettivamente, quando desideriamo scambiare informazioni con qualcuno, lo facciamo parlando. Quando ci presentiamo, lo facciamo con formule che variano da una cultura all'altra, ma restiamo in ambito verbale. "Ciao, mi chiamo Enrico". "Ciao Enrico, piacere di conoscerti". Per avere chiara l'importanza del linguaggio non verbale, cercate però di focalizzarvi su tutte le altre informazioni che vengono trasmesse a livello di comportamenti e gestualità.

Prendete l'esempio precedente; se una persona che si presenta ripetesse le stesse identiche parole, ma restando immobile, con un viso inespressivo, vi sembrerebbe qualcosa di normale? Pensereste che siete davanti ad un automa, o a una persona con qualche grave problema fisico. Questo perché siamo abituati a tutta una serie di comportamenti, gesti ed espressioni facciali che associamo per abitudine all'atto di presentarsi, a che ci fanno percepire quella particolare situazione come "normale".

In realtà, i segnali che mandiamo e riceviamo durante la più semplice delle interazioni, sono così tanti da non poter essere notati tutti, perlomeno non a livello conscio. Ad esempio, ci sono microespressioni del viso che magari sono troppo veloci per essere razionalmente analizzate, ma il nostro subconscio le registra insieme ad altri segnali più macroscopici e le traduce nella percezione complessiva di un'emozione ben precisa.

Tutti noi abbiamo avuto l'impressione di ricevere vibrazioni positive o negative da parte di una persona, senza che questa persona abbia bisogno di parlare; si tratta precisamente della miriade di informazioni che le persone ci trasmettono a livello di linguaggio del corpo, che razionalmente non siamo in grado di analizzare, ma che a livello inconscio comunicano una impressione ben definita.

A volte il linguaggio del corpo comunica sensazioni lievi, quasi impercettibili, a volte invece può capitare che susciti in noi un'emozione molto intensa; magari anche un semplice movimento ci ha ricordato una persona o un'esperienza che in passato ci hanno segnato profondamente; una persona in questo senso può creare in noi una sensazione di sgomento, angoscia, prima ancora di aver pronunciato una parola.

Torniamo per un istante all'esempio del saluto, e cerchiamo di esaminare più nel dettaglio cosa stia accadendo in questa circostanza. Quando due persone si incontrano e si salutano formalmente, in un paese occidentale, una delle due tenderà la mano, lentamente o più velocemente, eserciterà una pressione nei confronti della mano dell'altro, più o meno forte, e in genere lo guarderà negli occhi. Potrà sorridere, per trasmettere amicizia e accessibilità, o al contrario potrà rimanere seria, per trasmettere superiorità ed esigere rispetto. Questi sono solo alcuni segnali che il corpo trasmette; potremmo osservare la posizione delle spalle e della testa, potremmo verificare se questa persona mantiene il contatto visivo o meno, o ancora la direzione indicata dalle punte dei suoi piedi; l'insieme di tutti questi segnali, quando ben interpretati, possono dare moltissime informazioni, in particolare sull'opinione che questa persona ha del proprio interlocutore. Questa breve analisi riesce a rendere solo vagamente l'idea di quante siano le informazioni scambiate in un semplice gesto di saluto, e aiuta a capire che nessuno potrà mai essere in grado di notarle e analizzarle tutte, perlomeno in modo consapevole e razionale. Eppure, un gesto semplice e scontato come una stretta di mano riesce a comunicare molte sensazioni non verbali che potrebbero addirittura influenzare fortemente la prima impressione che qualcuno potrebbe avere di noi.

Se il vostro intento è di fare una buona impressione su qualcuno, in modo ottenere il suo favore e magari applicare su di lui, in seguito, tecniche manipolatorie, è molto importante farlo con equilibrio, in modo che questa persona percepisca il vostro desiderio di esserle amica, ma al tempo stesso non sospetti i vostri secondi fini. In particolare, sarà molto più facile esercitare la vostra influenza in seguito se siete riusciti a dare l'idea di essere amici disinteressati, e non concorrenti o sfidanti a livello personale o gerarchico.

Una buona idea, come abbiamo visto in precedenza, potrebbe, soprattutto nelle prime conversazioni, adottare la tecnica del mirroring, tramite la quale rispecchiate il modo di fare e i gesti del vostro interlocutore, con l'intento di risultare familiare e rassicurante. Questo tipo di impressione raggiungerà la loro mente inconscia senza che nemmeno se ne accorgano, perché le vostre microespressioni saranno da loro captate a livello subliminale.

Un altro strumento veloce ed efficace è il contatto visivo; tenere gli occhi fissi su qualcosa è un modo inequivocabile per dimostrare interesse, e lo stesso vale per le persone. È anche un gesto che comunica rispetto, fa capire a chi sta parlando che siete davvero interessati, e che non volete perdere nemmeno una parola del suo discorso, perché lo ritenete prezioso e volete assimilarlo pienamente.

Queste due tecniche combinate sono un mezzo molto potente per ottenere il favore di qualcuno, perché questo qualcuno al tempo stesso si rispecchia in voi, e si accorge che lo rispettate e considerate preziose le sue opinioni. Naturalmente non esagerate; il contatto visivo non deve essere qualcosa di imbarazzante, di tanto in tanto abbassate lo sguardo, o muovete la testa leggermente a destra o a sinistra. Questo darà l'impressione che di tanto in tanto abbiate bisogno di riflettere per elaborare al meglio le informazioni che il vostro interlocutore vi sta passando, come a dire che si tratta di un discorso di spessore, che necessita e merita una analisi approfondita. Cercate di mantenere un sorriso cortese, e magari di ridere alle sue battute, almeno ridacchiare, se proprio non le trovate divertenti, perché anche questo colpisce in profondità. Una volta di più, attenzione a non sembrare forzati, rivelereste le vostre intenzioni.

Altro aspetto da tenere presente; ogni tanto assicuratevi di dare una controllatina all'orientamento del vostro corpo; cercate sempre di essere indirizzati verso il vostro interlocutore, per comunicargli, di nuovo, il vostro interesse. Resistete all'impulso di guardare l'orologio o il cellulare, e non muovetevi troppo, perché sono tutti segnali di impazienza e noia, e non è certo questo quello che vogliamo comunicare, soprattutto in fase di costruzione di un rapporto. Distrarsi per leggere un messaggio sul cellulare darà al vostro interlocutore l'impressione che stiate parlando con lui solo perché vi sentite in dovere di farlo e che, potendo, fareste bel altro. Fate una bella cosa: silenziate il telefono o spegnetelo.

Da quanto abbiamo visto, la chiave per il successo, qui e in molte altre situazioni, è la piena consapevolezza dei segnali inviati dal nostro corpo, in particolare le microespressioni, che come abbiamo detto arrivano istantaneamente al subconscio delle persone; in tal senso, microespressioni di noia, o comunque contrarie a quello che vorremmo esprimere, possono essere colte immediatamente dal vostro bersaglio, rovinando così i vostri piani, ancora prima che lui ne sia consapevole.

Le medesime strategie possono essere applicate nel campo del corteggiamento; consideriamo, per esempio, l'approccio di un giovane uomo nei confronti di una giovane donna, supponendo che lui sia consapevole di sé stesso e dei messaggi trasmessi dal suo corpo, e anche in grado di interpretare il linguaggio del corpo della ragazza che spera di conquistare. Supponiamo che questa giovane donna, durante una festa, sia seduta da sola su un divano. Di fianco, un'amica sta conversando con un ragazzo, per cui lei guarda il cellulare mentre sorseggia birra da una bottiglia. Il giovane, chiamiamolo Frank, è attratto da questa ragazza, per cui decide di avvicinarsi. Come procedere? Se non aveste prestato attenzione a quanto abbiamo detto finora potreste suggerire: va dritto da lei e la saluta. Ma Frank ha prestato attenzione, per cui per prima cosa osserva, perché vuole agire in modo intelligente e raccogliere tutti gli indizi che può osservando la comunicazione non verbale trasmessa dalla ragazza che vorrebbe conoscere. Questo perché, se lei fosse particolarmente abile, potrebbe smascherare una strategia troppo elementare, mettendolo in difficoltà; meglio quindi raccogliere più informazioni possibili, per cercare di essere preparati a qualsiasi cosa possa succedere.

Ebbene, Frank inizia ad osservare, e nota che la ragazza sta sì osservando il telefono, ma che non muove gli occhi come se stesse leggendo qualcosa; inoltre beve la sua birra più rapidamente delle altre persone, e di tanto in tanto alza lo sguardo per controllare cosa stiano facendo le altre persone. Quando ha verificato che la sua amica sta ancora parlando con quel ragazzo, torna a guardare distrattamente il telefono. Cosa suggerisce questo? Iniziamo a dire che questa ragazza non è davvero interessata al suo telefono, sta fingendo, in realtà di sente a disagio perché la sua amica l'ha lasciata sola per parlare con un ragazzo, anche se fisicamente seduta di fianco a lei. Poi Frank si concentra sulla sua posizione; la ragazza siede rigidamente, con i muscoli contratti, gambe e piedi uniti e paralleli. Non è rilassata, non ha assunto una posizione comoda. Se fosse davvero a suo agio e concentrata sul telefono, si sarebbe abbandonata sullo schienale del divano, in posizione rilassata, e non continuerebbe a guardare la sua amica. In definitiva, che approccio consigliare a Frank? Potrebbe usare la tecnica del mirroring, e avvicinarsi a lei come se l'ambiente lo mettesse un po' a disagio, come se non conoscesse nessuno e cercasse qualcuno con cui parlare. L'aspetto cruciale di questo approccio è dare l'impressione di essere vulnerabile e innocuo allo stesso tempo; questo perché avvicinarsi con aria baldanzosa a una persona a disagio potrebbe non ottenere l'effetto sperato. Inoltre; Frank potrebbe presentarsi con una birra in mano, in modo da non dare l'impressione di calamitare su di lei tutta la sua attenzione, perché diversamente potrebbe metterla in imbarazzo. Al contrario, sorseggiando la sua birra, dando ogni tanto un'occhiata al telefono (con parsimonia, mi raccomando), Frank potrebbe evitare di farla sentire sotto i riflettori. Dunque, Frank si avvicina con andatura un po' goffa, cattura la sua attenzione, sorride e le presenta la mano; lei non può che sorridere di rimando e offrirgli la sua; a questo punto Frank chiede se si può sedere, e questo è un momento cruciale, perché se la ragazza accetta significa che Frank è riuscito a entrare nel suo spazio personale senza intimidirla o spaventarla, ed è una grande vittoria.

Da qui in poi, le possibilità sono infinite; per chi non è esperto di Programmazione Neuro-Linguistica o, comunque, di tecniche avanzate di comunicazione non verbale, il mirroring è sempre, e dico sempre, la strategia più efficace; tentare una tecnica che non si padroneggia a dovere avrà immancabilmente l'effetto di rivelare il nostro gioco, portandoci a fallire.

Abbiamo, in definitiva, esaminato alcuni aspetti di comunicazione non verbale che possono essere decisivi nel cogliere un'occasione, una volta che si presenti; La capacità di lettura del linguaggio del corpo e l'abilità nel cogliere i segnali più sottili possono fare la differenza, quando vogliamo capire se una persona è disposta ad accoglierci nella sua cerchia personale, indipendentemente dal fatto che stiamo cercando di impressionare il nostro datore di lavoro, o che stiamo cercando di combattere l'ansia e di deciderci ad avvicinare quella persona che ci piace tanto.

Capitolo 17. Come Analizzare gli Affari di Cuore

Leggere in profondità nelle faccende di cuore è complicato. Anche le persone che ci amano potrebbero avere motivi per nascondere la verità o comunque addomesticarla. Se così non fosse, il vostro partner non riuscirebbe mai a farvi neanche una sorpresa! Inoltre, per quanto una coppia possa essere affiatata, gli individui non rinunciano quasi mai totalmente a un minimo di privacy, e questo non significa assolutamente comportarsi in modo subdolo; quindi, prima di parlare di analisi degli affari di cuore, ricordate sempre che la fiducia è tutto.

Sia che conosciate il vostro partner da poco, sia che vi frequentiate da un po' di tempo, di certo ne avete assimilato i comportamenti di base. Questo vi permette di notare eventuali discostamenti da comportamenti che possiamo considerare normali; tenete però sempre presente che ci sono persone, e non sono poche, che cercano di impressionare il partner comportandosi in modo studiato, pertanto diventa più difficile capire cosa succede, dal momento che il concetto di comportamento di base assume contorni più sfumati

Menzogna e Imbroglio

È innegabile che tutti mentano, anche la persona a noi più vicina. Questo non deve sconvolgerci più di tanto; il nostro partner potrebbe semplicemente mentire per paura. Paura di cosa? Beh, paura di deluderci. Paura di ciò che potremmo pensare di loro, paura di non aver fatto abbastanza per noi, paura di come potremmo reagire a determinati stimoli. Una menzogna del nostro partner molto spesso è semplicemente legata a un problema personale che non riesce a risolvere.

Detto questo, purtroppo ci sono anche ipotesi più sgradevoli, ed è queste che vogliamo analizzare. Se notate un cambiamento nel comportamento, o altri indizi che vi fanno sospettare che qualcosa non torni, allora cercate di analizzare espressioni facciali, linguaggio del corpo, linguaggio verbale, tramite gli strumenti che vi abbiamo fornito. Ricordatevi sempre, d'altra parte, che non potete semplicemente basarvi su un indizio non verbale per accusare una persona e mandare a monte una relazione.

Incongruenze

Probabilmente conoscete bene il vostro partner. Magari così bene da poterlo considerare un'estensione di voi stessi. Questo risulta molto utile perché le eventuali incoerenze nella loro vita, a livello di comportamenti e sentimenti, possono essere molti difficili da notare

Distanze

Una cosa fondamentale da considerare se sospettiamo qualcosa, è la distanza. Quando due persone sono molto intime e ad un certo punto iniziano a permettere che tra lori si crei una distanza fisica, mentale o emotiva, probabilmente sta succedendo qualcosa. È normale che il nostro partner abbia bisogno di un po' di tempo per sé stesso, ma se improvvisamente per ore preferisce non sentirvi e non vedervi, qualcosa non quadra. Non sempre i segnali sono così evidenti, ma se lo diventano non ignorateli.

Disagio

Quando parliamo con una persona, chiunque sia, e tocchiamo un argomento non particolarmente scabroso o imbarazzante, e questa persona sembra essere a disagio e visibilmente cerca di evitare il discorso, è molto probabile che abbia qualcosa da nascondere a proposito di quel particolare argomento. A maggior ragione, se questo capita con il vostro partner, la cosa è sospetta, perché si presuppone che sostanzialmente andiate d'accordo su molte cose e abbiate la confidenza necessaria per parlare quasi di tutti.

Se poi il vostro partner mostra segni di disagio quando si toccano temi come amore, lealtà o fedeltà, non è da escludersi che possa esservi infedele o, comunque che i suoi sentimenti verso di voi si siano affievoliti. Lo ripetiamo: non mandate a monte una relazione per un indizio; usate questi segnali come campanelli d'allarme, e indagate a fondo, prima di commettere azioni sconsiderate. Come minimo, cercate di collegare altri segnali come, ad esempio, modi di dire inusuali, espressioni o gesti che confermino il vostro sospetto.

Reazioni Forzate

Molto probabilmente conoscete la tipica reazione del vostro partner a un determinato stimolo e che, ad esempio, siate in grado di distinguere un sorriso artificiale da uno sincero. Se vi accorgete che le sue reazioni, le sue espressioni facciali o i suoi gesti sembrano forzati, costruiti, chiedetevi cosa stia succedendo.

Suscettibilità

Se il vostro partner è particolarmente irritabile e si mette subito sulla difensiva, c'è qualcosa che non va, sono tipici atteggiamenti di chi si sente costretto a recitare una parte che non rispecchia i suoi veri sentimenti. Tenete presente però che ci sono persone che sono suscettibili per natura, magari il vostro partner è tra queste; preoccupatevi solo se il suo comportamento è insolito.

Silenziosità

La comunicazione è qualcosa di fondamentale all'interno di una relazione di coppia. Un mutamento nel modo in cui il vostro partner vi risponde quando interpellato o, peggio, se proprio non vi risponde, cercate di scoprire che succede, perché si tratta di reazioni dovute a rabbia, insofferenza. Magari sta seriamente meditando di interrompere la relazione, ma ha deciso che non è il momento buono e cerca di trattenersi, ma non è semplice mascherare l'irritazione di avere accanto una persona che non vuoi più avere accanto.

Questioni di Famiglia

Se il vostro partner non è la sola persona con cui vivete, e magari avete figli, o ci sono altri parenti, o avete uno o più compagni di stanza, la situazione si complica. In realtà i meccanismi sono gli stessi, ad esempio il vostro compagno di stanza potrebbe dimostrare disagio perché vi ha rubato dei soldi e ha paura che lo scopriate. La sola differenza e che si suppone che la confidenza con il vostro partner sia maggiore, facilitandovi il compito di notare differenze di comportamento anche minime rispetto a quello che abbiamo definito come comportamento base. Inoltre, se la vostra attenzione è divisa tra più persone, è più probabile che vi scappi qualche indizio che, diversamente, avreste notato.

Confronto

Affrontare qualcuno che, avete scoperto, vi sta ingannando, può essere difficile. Se vi sbagliavate, creerete un contraccolpo emotivo, dal momento che al vostro partner non piacerà vedere fraintese le proprie buone intenzioni e scoprire che avete indagato perché non vi fidate. Se avevate ragione, probabilmente otterrete una reazione violenta, perché sicuramente chi vi ha ingannato ha motivi di rancore verso di voi, meritato o meno che sia.

Detto che, se avete buoni motivi di credere di essere stati ingannati, sarete arrabbiati, cercate di mantenere la calma. Aggredire una persona non porta mai ad alcun risultato utile. Siate aperti e disponibili al dialogo; magari vi sbagliate e, se non fosse così, potreste aver totalmente frainteso le intenzioni, oppure il vostro partner ha agito come ha agito per colpa vostra; cercate di non trarre mai conclusioni affrettate. Magari il vostro partner ha mentito perché ha paura di deludervi e di perdere il vostro affetto; se affrontaste la cosa con dolcezza e disponibilità potreste aiutarlo a risolvere un problema interiore; aggredirlo invece lo porterebbe a chiudersi e magari a reiterare la menzogna, dal momento che non vi siete dimostrati comprensivi nei suoi confronti.

Detto questo, purtroppo ci sono anche persone bugiarde per natura, e in questi casi la comprensione non paga, perché un bugiardo resterà sempre un bugiardo, e senza fiducia qualsiasi relazione è destinata ad avere vita breve. Non sto dicendo che un bugiardo non possa provare sentimenti sinceri; dico solo che dovrà perennemente combattere con la propria tendenza a mentire, e se anche non lo facesse mai più, riuscireste a fidarvi? Per quanto si possa volere bene a una persona, se scoprite che vi ha mentito non vi libererete mai dalla paura che possa succedere di nuovo.

Conclusione

Quando parliamo di analizzare le persone, bisogna innanzitutto considerare le persone in quanto razza umana, e chiedersi, in base a fisiologia e psicologia, cosa determini un dato comportamento, anche da un punto di vista storico ed evolutivo.

Secondariamente, accertiamoci di avere ben presente il contesto sociale e culturale e, ove possibile, cerchiamo di raccogliere un minimo di informazioni sul carattere e la situazione della persona che ci accingiamo a osservare.

Solo a questo punto possiamo pensare di iniziare ad analizzare le persone che incontriamo senza commettere errori grossolani dovuti alla nostra ignoranza delle circostanze, e cercare di valutare i sentimenti e le emozioni che si celano dietro alla gestualità.

L'analisi potrebbe iniziare dagli arti inferiori; questa parte del corpo spesso viene trascurata, perché si tende a presumere che sia poco espressiva, ma si tratta di un grosso errore, dal momento che gambe e piedi inviano segnali altamente significativi, tanto più che si tratta di segnali che in genere le persone inviano in modo inconsapevole. Il fatto che quasi nessuno si ponga il problema di comunicare con la parte inferiore corpo fa sì che il linguaggio non verbale ad essa associata sia particolarmente sincero e genuino; abbiamo visto come dalla semplice osservazione dell'orientamento della punta dei piedi si possa capire molto a proposito dei sentimenti di una persona nei confronti di un'altra.

Anche mani e braccia funzionano allo stesso modo, ma si tratta di parti del corpo soggette a maggiore controllo e maggiore consapevolezze, oltre che dotate di espressività molto maggiore; in effetti la gamma di gesti legati a mani e braccia è praticamente infinita. Per questo motivo, è bene considerare la gestualità degli arti superiori considerando anche le interazioni che li possono collegare alla testa e viso, perché quando questo accade, qualsiasi gesto viene notevolmente amplificato e, in una certa misura, chiarito.

La maggior parte delle persone, quando si tratta di analizzare gli altri, si concentra quasi esclusivamente su tratti del viso e sui movimenti della testa, e non è difficile capirne il perché. Naturalmente il linguaggio non verbale trasmesso dal viso è di enorme importanza, ma occorre tenere presente, proprio perché il viso è perennemente in vista, che le persone sono molto consapevoli delle proprie espressioni facciali, e di certo sono più allenate e abili a controllarle; così come i giocatori di poker, ci sono persone che addirittura si esercitano e rimanere impassibili o a manifestare una certa emozione anche quando si pensi tutt'altro, basti pensare ai venditori e, in generale, a chiunque per lavoro abbia a che fare con il pubblico.

Il fatto che le espressioni del viso siano più controllabili rispetto ad altri segnali, ci porta a voler individuare indicazioni contrastanti, per svelare il trucco. Oltre a segnali semplici, quali battito delle ciglia e rossore, abbiamo visto quanto siano importanti le interazioni tra mani e viso, e in quali casi questi segni possano indicare che la persona che stiamo analizzando, per quanto appaia impassibile, possa avere dentro di sé un turbine di emozioni che sta disperatamente cercando di controllare.

Essere in grado di analizzare emozioni e sentimenti delle persone a partire dal loro linguaggio, verbale e non verbale, è un talento essenziale per chiunque desideri comunicare in modo efficace. Risulta inoltre estremamente utile per facilitare l'inserimento in un contesto sconosciuto e migliorare la qualità delle proprie interazioni sociali e sentimentali.

Grazie a quanto avete imparato, sarete in grado di accorgervi da soli che moltissime persone famose o di successo sono innanzitutto grandi comunicatori, che sono diventati maestri nella decodifica dei segnali corporei altrui e nel conseguente adeguamento dei propri, in modo da ottenere sempre il meglio in qualsiasi situazione che implichi l'interazione con una o più persone.

CPSIA information can be obtained
at www.ICGtesting.com
Printed in the USA
LVHW010117070121
675853LV00005B/263